明代都察院体制の研究

小川尚著

汲古書院

目次

序言

中国の監察制度は独自に発達し、漢代以来、行政、軍事と並んで三大機関とされた。近代では孫文が監察を五権の一つとし、糾察権と位置づけたことでも知られる。君主独裁制の下での監察は君主の奴隷であると考えられ、御史については陰険なイメージが先行し、皇帝のスパイのような印象を与えることになった。しかし、皇帝権力の維持という必要悪としてのみ、監察制度を考えるべきなのであろうか。確かに明代の場合、中央の都察院から各道巡按御史が派遣されると、各省の官吏の中には己の地位の保全を目論んで官属を従えて迎えに出るようになり、後にはそれを禁止する条令も出た[1]。正七品と品秩の低い御史に対し、それよりも品秩の高かった地方官が御史に頭が上らなかったのは、御史が中央官僚である以上に官吏考察権を握っていたからに他ならない。その反面、現地の官の横暴により冤罪等に苦しむ軍民の側からすれば、地方官が畏れた各道巡按御史を恰も正義の象徴としてとらえ、彼等が分巡して来るのを待ち望み、窮状を訴える風潮が起こったのも事実であった。その為に、各道巡按御史や按察司官が府州県を分巡すると、その執務兼宿泊所であった察院や按察分司が「巡迴法廷」と呼ばれるように[2]、多くの訴訟が出されて裁判所と化したのである。

漢代に御史台が組織され、隋代には監察御史が誕生した。監察機関が御史台組織として整備されたのは唐代であった。宋代に入ると御史台の権力は伸張し、皇帝権力の維持の為の官僚制度を支えたとされる。けれどもそういう理由だけで監察制度の発展をみたと考えるのは余りにも一面的であろう。例えば、漢代に刺史が地方へ派遣されるに当って、九条の監察項目に遵って按治し、唐代に入ると六条にまとめられた。その六条とは、(1)官人善悪、(2)戸口流散、籍帳隠没、賦役不均、(3)農田不勤、倉庫減耗、(4)妖猾盗賊、不事生業、為私蠹害、(5)徳行孝悌、茂才異等、蔵器晦迹、応時用者、(6)黠吏豪宗、兼併縦暴、貪弱冤害、不能自申者、とあり、この六項目を察することであった。[3]何時の時代にあっても、不正な官吏を罰し、戸口の流散をとどめて籍帳を確保して税収入を図り、賦役の均等に努め、農業に励むことを奨励したし、府州県の倉庫の公正な維持を図ったり、生業を怠って盗賊となって害をなす者を罰することは、政権安定の必須の条件であった。また地方に埋もれた人材を発掘して登用することも政権にとって有用であり、地域の有力者の横暴を押さえ、冤罪に苦しむ軍民の訴えをきいて処理することは、国家の安定と維持を齎した筈である。時代や国家が異なっても、「公正」を維持することが監察制度であったと言えよう。

中国の監察制度が大きな展開をみたのは、金、元両代であった。それまでは唐の御史台のように、中央に置かれた監察機関から監察御史が地方へも派遣されて実情を監察するという一元的方法であった。ところが金、元両代に入ると地方にも監察機関を設置して監察するという二元的方法が生れた。この方法の採用は地方政治の乱れがひどくなり、地方に於いても処理する必要が生じたからであろう。地方監察機関の設置は、当然監察する際に客観性が求められたに相違ない。その際には刑法（律令）が最も妥当であった。それ故、金、元両代の地方に置かれた機関は提刑按察司であったのも肯定できる。[4]そうなると監察に当る官は刑法に通じていなければならず、憲職官としての知識が要求された。即ち監察官は憲職官として職務を遂行することにもなった。元代になって地方監察官に対する法規が何回も出され、それ等が台綱としてまとめられたのは、地方監察官に客観性が求められたからであるとも考えられる。[5]

明代も直接には元制を踏襲し、地方に提刑按察司を置いたし、中央の監察御史も憲職官として位置づけられた。監察官が風憲官と呼称されたのは、風紀を匡す官であると共に刑法に通じた官でもあるという意味であり、その結果、都察院、按察司は風憲衙門と称された。

このように明代の監察制度でも中央と地方に監察機関が置かれ、地方監察官は憲職官としても地方按治に当った。明代に於ける地方按治の特色は、地方の各省城から按察司官が派遣され、各分道に随って分巡するだけでなく、更に中央から各道巡按御史や巡塩御史等が派遣されて分巡するという二重の按治を行ったことが指摘できる。また地方監察官に対し、分巡の際の指針となる法規が数多く出されたのも特色の一つである。建国以前の「按察事宜」、洪武四年の「憲綱四十条」、洪武十五年の「巡按事宜」、正統四年の「憲綱三四条」と四つの法規が頒布された。その上、嘉靖年間に入ると「巡按御史満日造報冊式」、「按察司官造報冊式」が頒布されたが、(6)この冊式の頒布から考えられることは、明代を通じて地方監察官として重視されたのは各道巡按御史と按察司官の二者であったのであり、地方監察官としても活動した巡撫官、布政司官はその補助者として考えられていたことが明らかとなる。

本書は第一章から第四章を第一部とし、全二章を第二部として構成した。第一部は明初の監察機関であった御史台、都察院、按察司を検討した。特に都察院衙門の成立過程を通じて、地方監察制度が明初に確立されたことを考察し、この地方監察制度が巡撫官、布政司官を組み込んで一層詳密になっていった点を強調したい。第二部では都察院体制の例として、提学憲臣と兵備憲臣をとりあげ、それらの活動を考察した。

第一部、第一章の「明代都察院衙門の確立」で、洪武十五年設置の都察院衙門の成立過程を検討し、御史台から都察院への移行が単なる名称の変更ではなく、十二道御史による地方統治の掌握にあったこと、同十七年に都察院が三法司の一つとなって都察院衙門の確立をみた点を考察した。また、監察都御史の職が監察御史の管理にあったし、洪武十七年に六部尚書と並んで監察都御史が「七卿」の一員となったことで、皇帝側近という特殊な寵臣でなく、官僚の一員になった点を提起した。

第二章の「明代都察院体制の成立」で、太祖が意図した監察制度が地方監察の整備にあり、都察院が各道按察司を管理して都察院体制を組織化することにあった点を述べた。

第三章の「建文朝の御史府」では、建文帝の設置した御史府を検討し、それが御史台の復活を目指す逆行的政策であったけれども、成祖による都察院の再置で太祖の意図した監察制度が維持されたことを明らかにした。その上、成祖の監察政策は太祖の方針の維持にとどまらず新しい地方監察強化策を行ったことを述べた。

第四章の「明代の都察院の再編成」では、靖難の変や北京遷都事業を推し進めた成祖の時代は国内政治の混乱を齎したが、宣宗、英宗は太祖以来の地方監察をより強化して国内政治の再建を図った。巡按御史、按察司官の出巡の月を法令化したり、成祖の例に倣って巡撫を地方へ派遣し、後の巡撫制の契機となった点を明らかにした。ことに宣宗は地方監察制度の強化を行い、太祖の頒布した「憲綱四十条」の条文を取捨選択し、当時の状況に適応するように再編して刊行するなど、明代監察制度を再編成した点を考察した。

第二部の第一章「提学憲臣と臥碑」では、明代の府州県学に頒布された三種の臥碑の条文を検討し、地方監察官と府州県学との関わりについて検討した。正統元年に提学憲臣が設置されたが、これは当時の監察強化策の一環として派遣されたのであり、提学御史は出差御史、提学副使・僉事は増設按察司官であった点を明らかにした。また天順六年の臥碑が明代を通じて最も重要であったことを考察し、更に万暦三年の合行事宜の条文を検討すると、以前の臥碑条文と異なる条文が多いことから、これを第四の臥碑と考えるべきである点を提起した。

第二章の「明代の兵備道」では、成化以後に流賊の反乱や倭寇の侵入が起こると、その対策の一つとして兵備道が各地で設けられたが、江西の九江兵備道を例にあげてその成立事情を明らかにした。更に二直隷十三省に設置された各兵備道を検討し、その成立年代や特色について考察した。

註

(1) 明実録宣徳六年五月己巳の条に、「申明御史巡按有司迎送之禁。初御史傅吉巡江西、布政使孟桓等率官属、出郭迎送」とある。
(2) 楊雪峯『明代的審判制度』(黎明文化事業公司、民国七〇)の中で、巡按御史、按察司官の按察行署を「巡廻法庭」と指摘した。
(3) 彭勃・龔飛『中国監察制度史』(中国政法大学出版社、一九八九)の第四章、第四節の隋、唐地方監察制度を参照。
(4) 註(3)の第六章、第三節の遼、金、元御史制度的北南融合與発展に「提刑司。世宗時、設提刑司、分按九路刑獄、同時兼采訪事務。章宗明昌時、改提刑司為按察司、成地方専職監察官」とあり、臨時に提刑司を派遣し、金熙宗の皇統二年に行台を置いた。元は金国に二十二道監察区を設置し、監察区毎に提刑按察使を置いた。
(5) 金、元両代に台官法規が作成された。これは漢代、唐代の刺史六条、察吏六条を発展させたとする(註(3)の第六章、第三節を参照)。尚、元の世祖の至正五年に「憲台格例三六条」が頒布され、監察官の法規となった。後に何回か頒布され、「台綱」として編成された。
(6) 万暦会典巻二一一、回道考察の条の、「巡按御史満日造報冊式」と「按察司官造報冊式」を参照。

第一部　明代都察院体制の発展

第一章　明代都察院衙門の確立

はじめに

明初の統治機関は呉元年に中書省、大都督府、御史台の三大府が置かれて発足した。中書省は行政、大都督府は軍事、御史台は監察を担当した。洪武十三年正月、胡惟庸事件が発覚すると、中書省は廃止されて六部が陞格し、大都督府は五軍都督府に分割された。その結果、六部の上に君臨する皇帝権力は強大となり、五人の都督を総轄する最高統帥権も皇帝が掌握することになり、皇帝権力は中国史上、絶大な伸張を齎したとされる(1)。

ところで、三大府の一つを構成した御史台の場合、中書省、大都督府と異なり、その改革は複雑であった。洪武十三年正月、御史大夫を左御史中丞に降格して、御史大夫を実質的に廃止し、同年五月になって漸く御史台及び各道按察司を廃止したからである。しかもこの時に廃止されずに存続したのが察院であった。翌年三月に各道按察司が復置されるまでの約一年間は、察院が唯一の監察機関であった。(2) その後、洪武十五年十月までの約一年半は、中央に察院、地方に各道按察司が置かれて監察に従事したから、この約二年半を「察院時代」と呼ぶことができる。(3)

察院時代の監察御史の活動は顕著であり、洪武十五年に入ると、六部、五軍都督府と並んで統治の中枢機関としての権力を持つまでになった。ところが洪武十五年十月、察院を都察院として更置した時、その品秩は察院の正七品衙門のままに低く押さえられた。その理由として、御史台官が胡惟庸事件に深く関連した為であるとも、指摘されている。(4) しかし、洪武十五年当時、察院が六部、五軍都督府と並んで統治の中枢機関として活動していたことを考慮すると、六部が正二品、五軍都督府が正一品衙門であるのに比べ、更置された都察院が正七品衙門に止まったのは腑に落ちない。しかも、翌十六年六月になると、都察院は正七品から一挙に正三品衙門に陞格し、更にその翌年の十七年正月には正二品衙門に陞格して、長官の監察都御史は六部尚書と対等の立場になったからである。

そこで、洪武十五年十月に行われた都察院更置の状況について検討し、更に翌十六年六月と十七年正月の二回にわたって行われた都察院衙門の改革には如何なる理由があったのかを考察してみたい。

一　都察院衙門の成立

洪武十五年十月、都察院が更置された。明実録洪武十五年十月丙子の条に、

都察院を更置す。監察都御史八人、正七品、秀才の李原名（明）、詹徽等を以て之と為す。浙江、河南、山東、

北平、山西、陝西、湖広、福建、江西、広東、広西、四川十二道御史、正九品を設く。其の文移は、則ち都察院が牒を各道監察御史に故《おこな》い、監察御史は都察院に呈す。

とある。この条によると、(1)都察院を更置した。(2)監察都御史として秀才の李原明、詹徽等八人を置いた。(3)浙江等十二道御史を置いた。(4)文移上では都察院が上位にあり、各道監察御史に牒を出し、各道監察御史が都察院に呈出することになった。

(1)は、従来の察院の上に、都察院を更めて置いたと解される。何故ならば、唐代以来の御史台は三院、即ち台院、殿院、察院で組織されたが、呉元年十月に御史台が設置された時、太祖は「台・察の任、実に清要たり」と述べ、この時の御史台組織は、台院と察院の二院であったことが分る。但し、呉元年十月には殿中侍御史を置かれているから、当時、元制の御史台組織であった、台院、殿中司、察院の「二院一司」を継承して、二院一司で構成されたのであり[5]、中でも台院と察院の二院が重要であると太祖が述べたとも考えられよう。洪武十三年五月、御史台を罷められたとあるが、この時に廃止されたのは御史中丞、侍御史、治書侍御史、殿中侍御史の四者であって、台院の廃止であった。以後も存続したのが察院であって、察院を構成していたのが監察御史であったから、監察御史を察院監察御史と呼ぶことができる。既に述べたように、察院は洪武十三年五月から十五年十月まで存続したことになる。では、この条で「更めて都察院を置いた」という意味は如何に解すべきなのであろうか。都察院が正七品衙門になったとすると、正七品であったのは監察都御史の八人であるから、正九品の監察御史は含まれない。監察御史は附属機関に属するの意であって、従来の察院監察御史を正九品と定めたと考えられる。そうなると、従来の察院の上に監察都御史を設置して、都察院を更めて置いたとするべきであろう[6]。呉元年十月の時には台院と察院の二院で構成されたが、洪武十五年十月の時は、都察院と察院の二院で構成されたと考えられる。即ち広義の意では、都察院は都御史と監察御史の二者

を指すが、狭義の意では監察都御史を指したとするべきであろう。(7)

(2)は、監察都御史に就任したのは監察御史の中から選任されたのではなく、秀才の李原明、詹徽等の初仕の人物であった。既に述べた如く、洪武十五年当時、察院は六部、五軍都督府と並んで統治の中枢機関として活動していたことが確認されるのに、監察都御史に選任されたのが初仕の人物であったとは、如何に考えるべきであろうか。過去の因襲にとらわれない人物を選任して、適確公正な監察の任務を遂行させることにあった点を考慮しても、初仕の人物には荷が重かったと推察される。(8)それ故に都御史の秩は正七品として従来の察院監察御史の品秩に止め、監察御史を正九品と二段階下げたのであろう。しかし、初仕の人物を都御史に充てるには、かなりの決断を迫られたことは容易に推察できる。

(3)は、浙江等十二道御史を置いて、監察の上での中央集権体制の確立を意図したことである。ところで、十二道御史に監察御史を振り分けたのは洪武十五年十月、都察院を更置した時でなく、それ以前であった。初めて監察御史印を鋳造した洪武十五年の九月の時であって、(9)都察院更置の約一ヵ月以前のことであったから、この時に改めて十二道御史を置いたことになる。そうみてくると、洪武十五年九月に監察御史を十二道御史に配置し、翌十月、察院組織の上に監察都御史を設けて都察院と称したと考えられる。言い換えると、十二道御史を統べる（都）意味で監察都御史を設けた訳であり、都察院とはこの監察都御史八人を指したと推察される。(10)実録の条の都察院を更置して監察都御史八人と、十二道御史を設けたという記載は、広義の意であって、狭義の都察院とは監察都御史八人を指したと考えられよう。

(4)は、文移の上では都察院が監察御史に牒を出し、監察御史が都察院に呈出する形式となったとある。ここで監察都御史が各道御史に牒を出すとせず、都察院が各道御史に牒を出して各道御史が都察院に呈出するとあり、明らかに都察院が上位に位置し、この場合の都察院は狭義の意で使用されていることが分る。

以上の点から、洪武十五年十月に更置された都察院は、広義の意では監察都御史と十二道御史で構成され、従来の察院の上に監察都御史を設けた組織であったと解される。しかし、狭義の意では都察院は監察都御史で構成され、十二道御史は含まれなかった。しかも監察都御史に就任したのは秀才等の初仕の人物であったから、この時点での都察院は未整備であったと言わざるを得ない。

洪武十五年十月に更置された都察院が行った政策は地方監察の整備にあり、二点があげられる。一点は洪武十五年九月、天下府州県に設置された試按察僉事に対する監察であった。この試按察僉事は、洪武十四年三月に各道提刑按察司が復置された時に新たに置かれた按察分司を分巡する按察司官（副使、僉事）とは別系統であって、洪武十五年九月に置かれた試按察僉事であった(11)。明実録洪武十五年十一月辛亥の条に、
上、都御史趙仁に諭して曰く、近ごろ秀才を以て試僉事と為し、各府州県を按ぜしむ。皆、初仕の人なり。朕、其の才能を観せん。宜しく各按察司に其の所行の事を訪じ、歳終に類奏し、以て黜陟に憑らしめん。

とあり、太祖は都御史趙仁に命じ、試按察僉事による地方按治の実態を各按察司に類奏させ、試按察僉事の考察を図らした。他の一点は巡按事宜の頒布である(12)。明実録洪武十五年十一月戊辰の条に、以下の様にある。

都察院に命じ、巡按事宜を以て各處提刑按察司に頒ち、各々其の職を挙げしむ。凡そ府州県の社稷、山川壇壝、帝王陵廟は必ず修潔し、祭祀は時を以てしむ。忠臣、烈士の未だ祀典に入らざる者、孝子、順孫、義夫、節婦の未だ旌表せられざる者は必ず其の実を詢訪し、以聞せしむ。学校を興挙し、吏治の得失を察し、豪強を戢め、賦役を均しくす。鰥寡孤独、廃疾にして以て自ら振うこと無き者を存問す。郷飲酒礼及び民間の戚欣慶慰を挙行し、宴会の際は必ず歯序を以てす。獄囚の寃滞を伸理し、諸司案牘を稽考す。官吏の廉能なる者は之を挙げ、貪鄙な

る者は之を黜く。遺逸を徴求し、以て諸朝に進め、流民を賑贍し、以て其の業に復せしむ。倉庫、銭糧は必ず其の羸縮を会し、山川道里、風俗物産は必ず其の所宜を知り、来朝の日は則ち條列して以聞せしめよ。著して令と為す。

巡按事宜の内容は多岐に亘っており、広く地方政治を監察する法規であった。それは府州県の社稷・山川壇壝・帝王陵廟を修潔して祭祀することに始まり、忠臣、烈士、孝子順孫、義夫節婦の旌表する者を挙げさせ、学校の興挙、吏治の得失、豪強の抑制、賦役の均等に留意し、鰥寡孤独等の存問、郷飲酒礼の挙行、罪囚の審録、案牘の刷巻、官吏の挙劾、遺逸の徴求を行い、流民の賑贍、倉庫・銭糧の点検、風俗物産等を掌握する項目で構成されており、各道按察司官が来朝の日に提出させた。末尾に「令と為す」とあり、巡按事宜が各道按察司官が地方監察を行う際の法規であったことが分る。

ところで地方監察に関する法規は洪武十五年十一月に初めて頒布された訳ではない。太祖は建国以前から元制の地方監察制度を採用し、政権の拡大地域内に按察司官を派遣して地方を分巡させて綱紀粛正に努め、至正二十六年（一三六六）には「按察事宜」を頒布した。(13) 呉元年十月、御史台、察院、各道按察司の監察機関を設置後も、各道内では按察司官による分巡按治を行わせた。洪武元年八月、応天府等による直隷区画が成立すると、察院監察御史に直隷府州県を分巡按治させた。両者の分巡按治の際の便宜の為に、洪武元年以後、行省府州県には按察司官の按察行署が、直隷府州県には監察御史の按察行署が建てられた。前者を按察分司といい、後者を察院と称した。(14) 按察司官と監察御史はこれらの按察行署を執務兼宿泊所として利用し、「按察事宜」に遵って分巡按治を行った。この時点での察院監察御史と按察司官の地方監察は、直隷と行省の府州県という対象の相違はあっても、地方監察にあっては対等の関係にあった。言い換えると御史台と各道按察司は対等の関係に立ち、前者を内台、後者を外台と称したと考えられる。

しかし洪武四年正月に、「憲綱四十条」が頒布されて[15]、察院監察御史が直隷府州県のみならず行省にも派遣された結果、中央官の優位さもあり、察院監察御史が地方監察の指導権を獲得する傾向を強めた。即ち御史台と各道按察司の対等関係が破られ、前者が後者を支配、監督することになった。そして、洪武十五年十一月、巡按事宜が都察院から各道按察司に頒布されたことによって、都察院が地方監察を総轄することが明確になった。その結果、十二道御史は各道按察司官による分巡按治の報告を収集、整理することにより、各道内の統治状態を把握した。各道に問題が生じて按察司官の手に負えない場合、各道に派遣された巡按御史が処理したり、新たに監察御史を派遣することもあった。

このように洪武十五年十月以後の都察院は、十二道御史が各道按察司を管轄することにより、当時の中央機関の中にあって最も地方状態に精通する機関となった。何故ならば、六部の中で、十二部（清吏司）が設置されたのは戸部と刑部であったけれども、明史巻七二、職官志一、戸部の条に、

初、洪武元年、戸部を置く……二十三年、又四部を分ち、河南、北平、山東、山西、陝西、浙江、江西、湖広、広東、広西、四川、福建十二部となす。

とあり、戸部に十二部を置いたのは洪武二十三年のことであったし、刑部の場合も戸部と同じであったからである。都察院に十二道が置かれたのが洪武十五年のことであったから、戸部、刑部ではそれよりも八年も遅れたことになる。しかも、明史同条に、

十三司、各々其の分省の事を掌どり、所分の両京、直隷の貢賦及び諸司、衛所の禄俸、辺鎮の糧餉并に各倉場の塩課、鈔関を兼領す。

とあるように、十二部（後に十三司）は各省を管理したに止まらず、辺鎮の糧餉、倉場の塩課等も兼領することになっており、

凡そ差三等。吏部に由りて選授するを註差といい、疏名上請するを題差、劄委するを部差と曰う。或は三年、或は一年、或は三月にて代る。

とあり、戸部の郎中、員外郎、主事の派遣には、註差、題差、部差の三者があった。宣徳七年、山西司に郎中一員を添設して大同の糧儲を総理し[16]、正統二年に主事一員を添設して陝西の固原の靖虜衛の糧斛を提督した[17]。けれども後になると戸部、刑部官の派遣は少なくなり、巡按御史等の出差御史に兼務させたり、辺鎮の糧餉、倉場の塩課等も、分守、分巡官に担当させることが多く、戸部、刑部等の郎中等の地方派遣は制度化せず、専ら都察院体制下の御史や守巡官の職務となった。

二　都察院衙門の改革

洪武十五年十月に更置された都察院は、八人の監察都御史が十二道御史を管理して監察に従事する組織であり、広義の意では従来の察院を総合した機関であった。それ故に都察院衙門と称した場合、監察都御史と十二道御史の両者を含んだが、狭義の意では都察院衙門は監察都御史の組織を指したと考えられた。六部の戸部、刑部の場合では、十三清吏司は両部の下部組織であったのに対し、都察院では十二道御史はその附属機関としての組織となり、監察機関の御史台が察院を合わせて、「台・察」と称された形式を温存した結果であった。即ち正七品の監察都御史が正九品の十二道御史を管理する体制であったが、逆に十二道御史が監察都御史の考察も行えた点で、六部の行政機関の組織とは相違があったと言わざるを得ない。

しかも、洪武十五年十一月の都察院は、当時六部、五軍都督府が正二品、正一品衙門であったのに対し、正七品衙門と低く押さえられたし、都御史に就任した人物も秀才出身の初仕の人であったことから、組織としては未整備であって、その権限も弱体であった。けれども都察院は十二道御史と各道按察司官によって地方監察を重視する機関であることが明確となり、当時にあっては最も地方情勢に精通した機関となった。

洪武十六年六月になると都察院にも考覈制度が導入され、都御史が十二道御史の考覈に当り、都御史が十二道御史の上司であると、改めて確認された。(18)その九日後、都察院衙門は正七品から一挙に正三品衙門に陞格した。明実録洪武十六年六月戊子の条に、

都察院を改めて正三品となす。左右都御史各一人、正三品。左右副都御史各一人、正四品。左右僉都御史各二人、正五品。経歴司経歴一人、正七品。知事一人、正八品。

とあり、都察院は正三品衙門となった。洪武十五年十月に更置された都察院では、監察都御史八人と規定されたに止まったが、それを左右都御史二員、左右副都御史二員、左右僉都御史四員と改められた。即ち都御史の間に上下の統属関係が導入された。そして都御史官の下に経歴司が設置されて経歴、知事各一員が設けられ、都察院の組織が整備された。

正三品衙門となった洪武十六年六月以後、都察院の活動として挙げられるのは、罪囚の審録と分巡按治の奨励である。洪武十六年七月、監察御史を浙江等處に派遣して罪囚の審録に当らせたが、(19)ここで罪囚の審録について検討してみたい。太祖は建国以前から按察司官に録囚（罪囚の審録）させているように、罪囚の審録は分巡按治の際に重視された項目の一つであった。しかし、洪武七年五月、楊基を山西按察司副使、苔禄与権を広西按察司僉事に任命した際、太祖は「風憲の設は本より紀綱を整粛し、吏治を澄清するに在り、刑名を専理するに非ず」と述べ、(20)按察司官の職務は刑名を専理することでなく、紀綱の粛正、吏治を正すことにあると強調した。ところが、明実録洪武十四年十月癸

亥の条に、御史の林愿、孫栄等を派遣して各道の罪囚を審録させた時には、

王者は天時に順い、以て政令を修むるは古の制なり。今天気嚴粛、當に刑典を修むべし。御史の職は法を司り、寃抑を伸理するに在り。今爾等を遣し、各處に往き、獄囚を審決し、其の罪重き者は悉く京師に送り、大理寺をして詳讞せしむ。

と勅諭し、御史の職は法を司り、寃罪を晴らすことにあると強調した。洪武七年の時点で、風憲官（御史、按察司官）の設置の目的は刑名を専理するのでなく、紀綱の粛正、吏治の澄清にあったことと比べると、風憲官の職務に対する考え方に相違がみられる。恐らく洪武十四年十月に御史を全国に派遣して審録に当らせたのは、前年正月に生じた胡惟庸事件が大規模であって、胡党が全国に波及していたことも理由の一つであったと考えられる。しかし、これ以後も明代を通じて罪囚の審録は御史にとって重要な職務となった。巡按事宜は皇帝巡狩の代行の意で、官吏考察、罪囚審録は監察官の重要な項目であったが、この洪武十四年十月に御史を四出按治させて審録に当らせ、且つ罪重き者を大理寺に覆審させる方式が、その後の審録に於ける基本的姿勢になった点は見落せない。後に刑部、都察院、大理寺の三法司が成立し、朝審、熱審、会審等の会官審録(21)の制を生み出すことになったからである。

罪囚の審録、官吏の考察の両者は、分巡して按治する際は当然、重視された。明実録洪武十六年八月甲戌の条に、上、僉都御史詹徽等に諭して曰く、民の休戚は牧民の賢否に係わる。得失を咨詢し、激濁揚清は、則ち風紀に係わる……其れ御史及び按察司をして、郡県を巡歴せしむ。凡そ官吏の賢否、政治の得失、風俗の美悪、軍民の利病は悉く究心すべし。

とあり、太祖は民の喜憂が牧民官の賢否に左右される故に、政治の利点と弊害を判断して悪を除き、善を勧めるのが監察の職務であるとした。その為に御史、按察司官が郡県を分巡按治するのであり、彼等の責任が重い点を強調した。

洪武十六年六月、正三品衙門となった都察院には、都御史間に上下の統属関係を導入して、都御史、副都御史、僉都御史とし、その品秩も定め、その下に経歴司を置いて都察院の組織は以前と比べて整備された。同年七月、礼部は都察院の文移体式を定め、

各道監察御史も亦、止だ本院に由りて行移し、諸司とは行無し。

とあり、[22] 十二道御史は都察院を通さずには諸官庁と直接には行移できないことになり、十二道御史は都察院の「属」という立場になった。既に述べたように、十二道御史は都察院の属官になったと言っても、六部等の行政組織と異なり、同じ監察官である所から、相互に監察できた点に特色があった。都察院と察院十二道御史との関係は、嘗ての御史台と察院に類似しており、その意味では御史台組織の復活であったと言えよう。

洪武十七年正月になると、都察院衙門はまた陞格された。明実録洪武十七年正月辛亥の条に、

都察院を陞せて正二品となす。左右都御史、正二品。左右副都御史、正三品。左右僉都御史、正四品。経歴一員、正六品。都事一員、正七品。

とあり、都察院は半年後に正三品から正二品衙門に陞った。洪武十六年六月に正三品衙門となった時と異なるのは、都御史以下の官の品秩が二段階上ったことと、知事が都事と改称されたことの二点である。ところで明通鑑同年正月の条に、

都察院官制を更定し、詹徽を以て左都御史となす……又、都御史を正二品、副都御史を正三品、僉都御史を四品に陞す。其れ十二道監察御史も亦、陞せて正七品となす。此れ自り、台職は部権と並んで重し。七卿の名、遂に一代の定制となる。

とあり、この時に十二道御史も二段階上って正九品から正七品となった。その結果、明一代の都察院官制は洪武十七

年正月、正二品衙門となった時、都御史以下、十二道御史の品秩が決定したことになる。監察都御史は六部尚書と同じく正二品となり、六部尚書と都御史官を併せて七卿と称されたと明通鑑は記載し、台職は部権と並んで重しとするが、嘗っての御史台官が皇帝の諫官、言官的役割を果たすことが可能であったのに対し、七卿の一員となった都御史は六部尚書と共に官僚構成員に甘んじることになったとも推察されよう。

正二品衙門となった洪武十七年正月以後、都察院活動の顕著な事柄として、二点が挙げられる。第一点は監察御史と按察司官が科挙の際に監試官になったことである。洪武十七年三月、

礼部に命じて科挙成式を頒布せしむ。凡そ三年大比、子午卯酉の年、郷試、辰戌丑未の年、会試……監試官、在内は監察御史二人、在外は按察司官二人。

とあり[23]、三年毎に科挙の施行が決定した。郷試、会試の監試官として、在内は監察御史、在外では按察司官が二人派遣された。洪武十五年十一月に頒布された巡按事宜の中に、地方監察官は「学校を興挙す」とあったが、洪武十七年三月には監試官として派遣され、学校に直接干与する端緒となった。正統元年になると、南北直隷には提学御史、在外には提学僉事等の派遣をみるまでになった。

第二点は都察院が三法司の一つを担うこととなり、罪囚の審録に止まらず、刑部官と同様に法の処理に当ることになった。洪武十七年三月、「詔して刑部、都察院、大理寺、審刑司、五軍断事官公署を、太平門外に改建す。太平門は京城の北に在り、刑の陰粛を主るを以て、故に改建す」とあり[24]、都察院は罪囚の審録に当り、且つ軍民の訟訴を処理することから、刑部、大理寺、審刑司、五軍断事官の公署と共に京城の北に位置した太平門外に改建された。更に同年六月、大理寺に置かれていた司獄司は廃止されて、大理寺は純然たる覆審機関となり[25]、同年閏十月になって都察院は刑部と共に審決機関となった。明実録洪武十七年閏十月癸丑の条に、

天下諸司に命じ、刑獄は皆、刑部、都察院に属し、詳議平允ならば又大理寺に送り、之を審覆せしむ。然る後に之を決す。

とあり、刑名の処理は刑部、都察院が審決した後に、更に大理寺がそれを覆審することになった。

以上のように、洪武十五年十月に都察院が成立したが、監察都御史八人と属官の十二道御史を設置した組織であって、未整備であった。洪武十六年六月、都察院は正三品衙門へ陞格し、都御史間に上下の統属関係を導入して、都御史、副都御史、僉都御史とし、経歴司を設置してその組織は整備された。洪武十七年正月、都察院は正二品衙門へ陞格して、六部と同格となり、ここに明一代の都察院官制が整備された。都察院設置の目的は、監察都御史が十二道御史を管理し、十二道御史が各道按察司官を監督、指導することによって、地方監察体制を確立することにあった。都察院の地方監察が更に強化されたのは、洪武十七年閏十月に、刑部、大理寺と並んで三法司となってからである。洪武十五年十一月に巡按事宜が頒布され、地方監察官の職務の中で軍民の訴訟受理、罪囚の審録が官吏考察と共に重要な項目であると確認されたように、地方監察官にとって法の処理、刑名の所擬は更に重要な項目となった。その結果、都察院は刑部と共に審決機関として活動したことは留意されなくてはならない。中央機関の中で司獄司が置かれたのは刑部と都察院であり、洪武十七年六月には、大理寺に置かれていた司獄司は廃止されて覆審機関となった結果、審決機関は刑部と都察院の両者になった。刑部は在京と直隷府州県の刑名に携わったが、都察院は各道按察司、各道巡按御史を通して刑名の処理に当り、当初は刑部官も地方へ派遣されたが次第に地方監察官に委ねる傾向を強めたと推察されよう。

ところで、都察院衙門の性格を如何に考えるべきなのであろうか。先にあげた明通鑑の条に、監察都御史が正二品に陞格し、六部尚書と同格になった結果、都御史と六部尚書の権限は重くなり、両者は「七卿」を形成したとあった。

そうなると、都察院は六部と並んで統治機関を形成したと考えなくてはならない。

唐代以来、中国の監察機関は行政区画とは異なる監察区画があった。それ故に監察の独立、客観性を維持できたと考えられる。しかし、明代に入ると監察区画と行政区画は同一となった[26]。監察区画の十二道は行政区画の十二布政使司の領域と同じであった。行政と監察との相違はあっても、その対象が同地域であると、監察官が監察事項を行政官に指示するに止まらず、その処理を監察官に付与される権限が与えられることになれば、監察官と行政官との相違は失われ、両者の区別が曖昧になったのも当然の成り行きであった。特に巡按御史の如き中央官が分巡した際には尚更であった。十二道巡按御史が各道を分巡按治して上奏したり、地方官等に指示するに止まらず、次第に地方統治に干与した原因は、監察と行政区画が同一であったことによると考えられる。十二道巡按御史が官吏考察権を有していたこともその原因の一つであった。

一方按察司官の場合も、布政使司内を幾つかの分道に随って分巡按治し、その按治する官を分巡官と称したが、正統五年以後になり、布政司官も幾つかの分道に随って分巡按治し、それらの官を分守官と称した。しかし、その分道が同一である時には、一年の内、前期は分巡官が、後期は分守官が分巡按治する方式も地域によっては生じ、分巡、分守官の交代による分巡按治の方法が生まれたのも、監察区画と行政区画が同一であった為に、監察官と行政官との区別が曖昧になった点に求められよう。本来、憲職官、風憲官と称した御史や按察司官は、官吏考察に当り、法の処理者であり、行政官とは区別された。けれども、按察司官が布政司官に転じたり、その逆の場合も生じるようになると、分巡、分守官の区別は解消されたと考えられる。このような傾向が強くなったのは成化、弘治年間に入ってからであり、嘉靖年間になると各地で分巡、分守官の交代による分巡按治方式が誕生することになった[27]。

洪武十七年正月、都察院が正二品衙門になると、その長官の都御史は六部尚書と並んで七卿の一人となり、同年閏十月には刑部、大理寺と三法司を形成し、都察院は監察機関であると同時に行政機関的役割を果たすことになった。監察官の特異性の一つに監察権は監察官に等しく与えられていた点が挙げられる。即ち、御史が都御史を、按察司官の副使、僉事が按察使を監察できたのである。御史を管轄した都御史は御史を考覈したに止まり、行政官に於ける所属関係とは異なった。ここに監察官の独立性があったと考えられる。洪武十七年八月、考績法が定められた時、吏部尚書余熂等は、

三年一考、九年通考は乃ち本朝考績の常法なり……近侍の監察御史は乃ち耳目風紀の司、及び王府官属は倶に常選に入らず、任満、黜陟は上裁自りを取る。

とあり、[28] 監察御史の任満、黜陟は皇帝の権限下にあった。そうみてくると、監察機関の独立性とは、都御史によっては御史の任満、黜陟は行われず、皇帝権限下にあったこと、上司の都御史を御史が監察できたことの二点に求められる。明代に入って監察区画と行政区画が同一になった為に、監察機関の独立性、独自性は弱体化したが、逆に監察機関が行政機関的役割を果たす余地が生まれたと考えられよう。

三　都察院成立期の観察都御史

洪武十五年十月、都察院が成立し、都御史と十二道御史が置かれた。この時の都御史は秀才（生員）の李原明、詹徽等の八人で、御史の中からは選ばれなかった。御史の場合は十三日に同じく秀才の木通甫ら三人、[29] 十六日に秀才の呉荃ら五人が試監察御史に任命された。[30] 十九日に監察御史傅則成ら五三人に文綺衣一襲ねが与えられた。御史は重複を含めたとしても、合計すると六一員となる。洪武十六年六月、都察院が正三品衙門に陞格すると、都御史八員は都

御史、副都御史、僉都御史に分けられ、都御史と副都御史は左右各一員、僉都御史は左右各二員が置かれた。

洪武十五年十月、都御史に就任した人物は、実録等により推定すると、李原明、詹徽、林顒[31]、趙仁、宗中、徐仕謙、楊克銘の七人が確認できる。これら七人の都御史の内、洪武十六年六月、都察院が正三品衙門に陞格した時には、詹徽一員であってかつ、僉都御史であった。李原明はこの六月に礼部主事に、楊克銘は通政司右参議となったし、宗中、徐仕謙は十六年正月に四川布政使、広東左参議に転じ[32]、趙仁は十五年十一月、都御史就任後、僅か一ヵ月後に兵部尚書となった[33]。不明なのは林顒である。洪武年間、最も長く都御史の地位にあったのは詹徽で、洪武二十四年十二月、吏部尚書に陞ったが、二十六年二月、藍玉の獄に係わり処刑された。洪武年間にあって、左右都御史の孰れかに就任したのはこの詹徽の他には、湯友恭、凌漢、楊克銘、袁泰、曹銘、呉斌、王平、来恭、鄧文鑑、楊靖、厳震直、暴昭であり、都合十三員であった。間野潜龍氏は南京都察院志巻三、都御史諸官の条と、実録の条から詳細な都御史の年表を作成されているが、後考の為に、それらを参考にして以下の如く、改めて年表を作成してみた。尚、この表は洪武十五年十月以後から洪武三十年四月までの期間とした。

	都御史
洪武15年	
10月	李原明　由秀才任　16年6月陞礼部主事
	趙仁　由秀才任　11月陞兵部尚書
	詹徽　由秀才任
	宗中　(由秀才任)　16年正月　陞四川布政使

	洪武15年	洪武16年	洪武17年
都御史	徐仕謙（由秀才任）16年正月　陞広東左参議 楊克明（由秀才任）16年6月　陞通政司右参議 林駟　由秀才任	正月　邵質　正月任 6月	詹徽（左）　正月任 湯友恭（右）　□月任
副都御史			藍子貞（右）　六月由薦挙任 張伯益（右）　六月任
僉都御史		詹徽　六月任 紀著　六月由試御史任 茹太素　九月任　十月降翰林検討 邵質	邵質（右）　正月陞刑部左侍郎 薬理（右）　正月由人才任　八月降県丞 阮仲志（右）　五月由明経任 張文通（右）　五月由明経任　八月降県丞 陳玄（右）　八月任 黄政（右）　□月由吏員任　八月降県丞 元善（右）　九月由静寧州判官任 高翼（左）　九月由湖広副断事任 戴荘（左）　九月由懐慶府通判任 張紳（右）　十二月由衢県教諭任

	洪武18年	洪武19年	洪武20年	洪武21年	洪武22年	洪武23年
	詹徽（左） 湯友恭（右）由人才任	詹徽（左） 湯友恭（右）	詹徽（左） 湯友恭（右）	詹徽（左） 湯友恭（右）□月免 淩漢（右）　正月由副都御史任 八月転刑部左侍郎	詹徽（左）	詹徽（左）　四月兼通政司 六月兼吏部尚書
	唐鐸（右）　由御史任、十一月陞刑部尚書 曹九皐（左）　由秀才任	岐亨（右）　由賢良方正任	斉魯（左）　由賢良任	淩漢（右）　正月由秀才任		袁泰（右）　四月任 茹璫（瑺）（右）　四月任 咬住（右）　九月任
	張紳（右）　正月転浙江布政司 袁泰（右）　正月由羅山県丞任	袁泰（左）　十一月由試僉都任 劉文進（左） 馬守中（右）　由御史任		高鐸（右）　八月由刑部右侍郎任	黄歐（右）　□月由薦挙任 来恭（右）　由歳貢任	鉄古思帖木兒 夏長文（左）　九月由御史任 桂満（左）　十月由御史任 戴瑀（左）　由人材任 劉士英（右）　由御史任

洪武26年	洪武25年	洪武24年
	詹徽　二月解院務 袁泰　八月卒	詹徽（右）　十二月遷吏部尚書、仍兼院務 楊克明（左）　由明経任 袁泰（右）　由左副都任
解放　正月転江西按察使 李鎬（右）　由薦挙任	周志清（右）　二月由大理卿任　五月降河南道御史 解敏（右）　七月由僉事任署院事 張庭蘭（左）　七月由大理卿任署院事　七月浙江按察使 呉斌（左）　十月由刑部員外郎	
淩漢（右）　六月任 周志清（右）　四月陞刑部左侍郎 李文吉（左）　三月由右僉都御史任	淩漢　九月左春坊左賛善 周志清（右）　七月任 韓得春　七月由陝西布政使任 李文吉（右）　□月任　七月転少詹事　十月任 張景徳　九月由観察使任署都察院事 何均実　九月同右 張希仁　九月同右 徐志行　九月同右 呉中覧（右）　九月由進士任 劉倫（右）　由人才任	淩漢（左）　八月任 桂満（左） 張構（左）　七月任 馮堅（左）　十月由南豊県典史任 温原（左）　由御史任

	洪武26年	洪武27年	洪武28年	洪武29年
		曹銘（右）　九月由左副都任	曹銘（右）　九月罪死 呉斌（左）　正月由刑部主事任 王平（右）　二月由左副都任	来恭　□月任　八月降侍郎 鄧文鏗（鑑）　十一月
		曹銘（左）　三月由右僉都任	張志（右）　由御史任	
	曹銘（右）　三月由大理少卿任　六月転通政司右参議 曹銘（左）　六月由右僉都任 李欽（左）　由薦挙任 王良（右）　由刑部右侍郎	王平（左）　三月由河南僉事任 張克誠（左）　由御史任 劉湌（右）　由人材任 李謙（左）　由歳貢任	厳徳珉（左）　二月由御史任 范俊（右）　二月任 常権（右）　二月任 辛彦徳（右）　三月由御史任　六月転詹事府丞 周慎（右）　由郷挙任	張春　七月由刑部郎中任 郭資（左）　七月由戸部主事任 辛彦徳（左）　三月由御史任　六月転詹事府丞

洪武30年	
楊靖（左）　四月由刑部主事任　七月賜死 厳震直（右）　四月由御史任　八月転工部尚書	暴昭（左）　四月由刑部侍郎任
韓宜可（左）　由才貢任 鄭楚龍（右）　由薦挙任 馬恭（左）　由挙人任	
何晏（左）　由才貢任 郭資（左） 劉観（左）　正月任署院事　八月陞嘉興府知府 鄧文鏗（右）　正月由刑部主事任　十一月陞武昌府知府 景清（左）　正月由御史院事署任　十一月陞金華府知府 王中　七月由御史任署都察院事 林崧　七月同右 楊直　七月同右 康鸞　七月同右 鮑（紀）正　七月同右 李昇　七月任署院事 張亨　七月由御史任院事 聞良輔　七月同右 裴承祖　七月同右 司中（左）　正月同右 潘長寿（右）	郭資（左）　四月遷戸部主事

王良　□月任　四月陞刑部郎中
周璿（左）　四月由天策衛経歴任
張春（左）　□月任　四月陞刑部員外郎
周顒（右）　由薦挙任
程本立（左）　由明経任

この表から気付く第一点は、約七〇員の都御史の中で、その半数の三五員が御史、刑部、大理寺、断事官等の司法官から就任していること、第二点は、秀才、明経、郷挙、挙人、進士、薦挙、人材、賢良方正、歳貢による新人が約二五員もいること、第三点は、都御史、副都御史に就任した人物の中で、薦挙、科挙出身者が多く、洪武十五年十月の李原明ら八人を含めると、藍子貞、馮友恭、曹九皐、岐亨、斉魯、淩漢、李鎬、韓宜可、馬恭、鄭楚龍の十員を数えるから、都合十八員となることである。この三点から、都察院衙門の成立期に於て、薦挙、科挙出身者による新しい人材登用を行ったことと、洪武十七年閏十月に都察院が三法司を形成したこともあって、御史、大理寺等官の司法に通じた人物を採用したことが確認できる。

次に都御史の職務を検討したい。洪武二十六年刊行の諸司職掌、都察院の条に、

右左都御史、副都御史、僉都御史の職は専ら百司を糾劾し、寃枉を辯明し、各道を提督し、一応の不公不法等の事に及ぶ。其の属に十二道監察御史あり。凡そ刑名に遇わば、各々道分に照し、送問発落す。其れ監察御史を差委し、出巡、追問審理、刷巻等の事有らば、各々事目を具し、請旨點差す。

とあり、都御史の職務として、(1)百司の糾劾、(2)寃枉の辯明、(3)各道の提督、(4)不公不法の四項目が挙げられている。しかし、(1)、(2)、(4)は監察御史の職務でもあって都御史の専職とはいえない。ただし、寃枉の辯明の項目は永楽以後

になると都御史にとって重要な職務となり、三法司の長官として会官審録に当った。けれども、後の嘉靖四十五年の題准に、「五年大審の獄囚、河南道掌道御史も亦、審に與る」とあり、[34]都御史の他に河南道の掌道御史も審録に携わったことを考えると、厳密な意味でこれも都御史の専職とは言えないかもしれない。そうなると都御史の専職とは、(3)各道の提督にあったとしなければならない。各道の刑名書類が都察院に届くと、各道に分類し、それらを覆考して決済させた。次に監察御史による地方派遣を監督することであり、出巡、追問審理、刷巻等の必要が生じると、その旨を記載して監察御史名を皇帝に提出して派遣を決定した。それ故に都御史の専職は、十二道御史を監督する人事面にあったといえよう。洪武年間に都御史の専職は決定し、都御史下の副都御史、僉都御史は都御史を助けて都察院の職務を分担したと考えられる。

おわりに

洪武十五年十月、都察院が設置されたが、従来の察院の上に監察都御史を設けた組織であった。都察院設置の目的は呉元年十月に置かれた御史台とは異なり、明代極初から採用した地方監察制度を徹底することにあった。しかも、就任した都御史は秀才等の出身による初仕の人物であった。その理由として新制度発足に当り、太祖には旧来の陋習を打破する意図があったと考えられる。と同時に都察院を正七品衙門と低く押さえたことから、都察院の設置自体が組織の改革を目指したものであり、いわば実験的要素も加わっていたのではないかと推察される。しかし、都察院組織にある程度の自信を得たこともあり、翌十六年六月になると、都察院衙門を一挙に正三品衙門に陞格し、且つ都御史間に統属関係を導入して都御史の下に副都御史、僉都御史を置いて体制を確立した。更に洪武十七年正月、正二品衙門に陞格し、ここに明一代の都察院組織が整備されることになった。

都察院設置の目的が地方監察の徹底化を推し進めることにあったから、十二道御史が各道を監督し、更に各道の按察司官による地方監察をより推進させる為に、都察院は彼等に巡按事宜を頒布した。十二道御史が各道按察司を指導、監督することになった結果、当時にあって都察院は中央官庁の中で最も地方情勢に精通した機関となった。

都察院成立期の都御史を検討すると、科挙出身者や薦挙された者が多かったのは、地方監察を推進するという新制度の確立の為に、初仕の人物に期待する所が大きかったと考えられた。また洪武年間に都御史となった人物の約半数が御史、刑部、大理寺等官の司法に通じた者が多かったのは、洪武十七年に都察院が三法司の一つとなったことと関係していると考えられる。

都御史の専職として各道の監督があった。都御史は地方監察を充実させる為に、十二道御史の中から、出巡、追問審理、刷巻等に派遣する人物を選択することが重要な職務となった。この他、都御史は登聞鼓御史、糾儀御史、監試御史等の選択を行い、副都御史、僉都御史の協力を得て、主として人事面の活動に重点が置かれたと考えられよう。

註

（1）山根幸夫「明太祖政権の確立期について―制度史的側面より見た」（史論一三、一九六五）。阪倉篤秀「明初中書省の変遷」（東洋史研究三六―一、一九七七）。
（2）間野潜龍「明代都察院の成立について」（史林四三―二、一九六〇）。
（3）註（2）の中で、「洪武十三年五月御史台をすでに廃止したので、それ以後を察院時代とよぶことができるであろう」と指摘した。
（4）註（2）の論文参照。

（5）徐式圭『中国監察史略』（中華書局、一九三七）の中で、御史台と察院で構成したとするが、張徳信『明朝典制』（吉林文史出版社、一九九六）の中で、御史台の下に元制に倣って殿中司と察院を設けたと指摘している。

（6）間野潜龍「洪武朝の都察院について」（大谷大学研究年表一三、一九六一）の中で、都察院の開設について、察院の綜合化、或は統合化であると指摘した。

（7）直隷府州県を分巡した直隷巡按御史や各道巡按御史の按察行署を「察院」と称したのに対し、監察都御史が後に巡撫として派遣されるとその按察行署は「都察院」と称し、御史の按察行署と区別する場合が多かった。

（8）註（6）の論文参照。

（9）明実録洪武十五年九月壬戌の条に、「始鋳監察御史印、文曰縄愆糾繆」とある。

（10）彭勃・龔飛『中国監察制度史』（中国政法大学出版社、一九八九）の中で、「洪武十五年更置都察院。都者、首領也、頭目也。都察院即察院之首、或曰最高監察院」と指摘する。

（11）小畑龍雄「分巡道の成立」（山口大学文学会誌三―一、一九五二）を参照。

（12）註（6）の論文参照。

（13）明実録至正二十六年春正月の条に、「是日……命按察司僉事周湞等、定議按察事宜、条其憲綱所當務者、以進」とある。

（14）拙著『明代地方監察制度の研究』（汲古書院、一九九九）七五―七八頁参照。

（15）明実録洪武四年正月己亥の条。

（16）万暦会典巻二二、戸部九の条に、「(宣徳）七年題准、山西司添設郎中一員、總理大同糧儲」とある。

（17）万暦会典巻二二、戸部九の条に、「(正統）二年又添設主事一員、提督固原・靖虜衛広盈倉糧料」とある。

（18）明実録洪武十六年六月己卯の条に、「察院監察御史従都察院考覈」とある。

（19）明実録洪武十六年七月辛亥の条に、「遣監察御史往浙江等處、録囚」とある。

（20）明実録洪武七年五月壬辰の条。

（21）万暦会典巻一七七、刑部、恤刑の条に、「国朝慎恤刑獄、毎年在京既有熱審、至五年又有大審之例、自成化間始。至期刑部

題請勅、司礼監官、会三法司審録」とあり、成化年間より在京では毎年熱審、五年毎に大審が行われた。

(22) 明実録洪武十六年七月己酉の条。

(23) 明実録洪武十七年三月戊戌朔の条。

(24) 明実録洪武十七年三月丙寅の条。尚、註（6）の論文参照。

(25) 明実録洪武十七年六月丁卯朔の条に、「罷大理寺司獄司」とある。尚、司獄が設けられたのは金代であった。王圻の続文献通考巻一〇〇、司獄の条に、「皇明在内両京刑部、都察院、順天府、在外各布政司、按察司、各都司、各府、倶設司獄司司獄官一員、倶従九品」とあり、南北の刑部、都察院、順天府、各布政司、按察司、各都司、各府に司獄司を設けたとある。また応天府にも置かれた。明史巻七〇、職官志一、刑部の条に「司獄司司獄六人、従九品」とあり、同巻七一、職官志二、都察院の条に、「司獄司司獄六人、従九品、初六人、後革五人」とあり、当初、司獄六人の設置をみたのは刑部と都察院であった。元代では刑部と諸路総管府に司獄司が置かれたのにすぎず、明代に入ると増大した。

(26) 註（11）の中で、「明代の按察司の管轄区域は、元代のそれをうけて道と呼ばれるが、これは布政司の管轄区域すなわち元代の旧にしたがって省と呼ばれる地域と全く一致するものとされた」と指摘された。

(27) 註（14）の九七－一〇〇頁参照。

(28) 明実録洪武十七年八月癸未の条。

(29) 明実録洪武十五年十月辛卯の条。

(30) 明実録洪武十五年十月甲午の条。

(31) 罪惟録紀一、太祖紀に、「更制都察院、監察（都）御史八人、以秀才李原明、林馴、詹徽等為之」とあり、林馴をあげる。

(32) 後に記す都御史年表を参照。

(33) 明実録洪武十五年十一月甲戌の条に、「都御史趙仁為兵部尚書」とある。

(34) 万暦会典巻二一一、都察院三、審録罪囚の条。

第二章　明代都察院体制の成立

はじめに

御史は先秦時代、天子の秘書官として設けられ、秦漢時代に入ると御史は監察に携わり、その長官として御史大夫が置かれた(1)。御史は風憲官とも呼ばれたが、監察御史という名称が生まれたのは隋代で、御史台も設置された。唐代になると、御史大夫、御史中丞の下に台院、殿院、察院の三院が置かれて、御史台組織が整備された。中宗以後になって、台院に侍御史六人、殿院に殿中侍御史九人が置かれ、察院には監察御史一五人が置かれた。その中の三人は吏、戸、礼、兵、刑、工部の監察を行い、残りの一二人は百官を考察し、州県を巡按した。巡按は天子の代りに巡狩する意で、官吏の考察等に当ったが、唐代以来、監察御史は察院に所属した。唐の御史台組織は宋代に引き継がれたが、御史台の権力は増大して諫官と並んで「耳目の官」とも呼ばれ、風聞によっても官吏を弾劾することが出来たとされる。(2)

秦漢以来の監察制度に改革が行われたのは、金、元両代であった。第一点は金代に中央の御史台が独立した機関になったことであり、元代になると、唐代以来の御史台組織であった台院、殿院、察院の三院制度を改めて、台院、察院、殿中司の二院一司に変更され、殿院が縮少されたことである。第二点は地方監察官の設置である。金代になって地方に提刑司（後の按察司）を置いて、これを外台と称した。元代に入ると金制を継承し、按察司（後の廉訪司）を置いただけでなく、新たに行御史台を設置して地方監察を重視した。元代の地方監察担当者には二者があり、監察御史と按察司官であった。前者は御史台、行御史台下の直隷府州県を分巡し、後者は行省下の府州県を分巡した。(3)

金代以降、地方監察が重視されるようになると、地方監察官が府州県を分巡按治する際の法規の必要性が生じた。これら金代に「台官法規」、元代には世祖の至元五年（一二六八）、御史台設置とともに「憲台格例」が頒布された。これらの法規は漢代の「刺史六条」、唐代の「察吏六条」等を参考に成文化したと推測される。その後も元代では法規作成が行われて、これらは一括して「台綱」と呼ばれた。官庁文書の点検を指す「照刷」や、地方監察官が府州県を分巡して法規に遵って刑名等を処理する「按治」という語句は元代になって普及し、明代に入ってもその用語は踏襲された。(4)

元の監察制度を踏襲した明の太祖は、中央に御史台を設置して元制同様に台院、殿中司、察院を設置し、元制同様、二院一司を組織したと推察される。(5)地方には元制と同じく提刑按察司を設置し、それぞれ外台、内台と称した。とりわけ太祖は建国以前から按察司官に分巡を行わせて地方監察を重視し、既に至正二十六年（一三六六）に按察僉事周滇等に按治の際の法規の条文を定議させ、地方監察官に頒布し、この法規は「按察事宜」と呼ばれた。その後、洪武四年に「憲綱四十条」を作成して頒布し、更に洪武十五年十一月に「巡按事宜」を頒布しているように、太祖は監察法規の作成には熱心であった。当然、これらの法規は金、元代の「台官法規」、「台綱」の条文を参考にして成文化したと推察される。

このように明代の監察制度は、直接には元制を踏襲して成立したが、更に地方監察制度を一層発展させた点に特色をもつ。そこで改めて明初の監察機関である、御史台、察院、按察司、都察院の四者を通して再検討し、地方監察に重点を置いた都察院体制の成立過程について整理したい。

一　明初の監察機関

御史台は呉元年十月、各道按察司と共に設置され、洪武十三年五月に廃止されるまで約十四年間置かれた。明実録呉元年十月壬子の条に、

御史台及び各道按察司を置く。

とあり、中央に御史台（内台）、地方に各道按察司（外台）を設置して、監察制度が発足した。この時点での按察司は地方の監察権を付与された独立の機関であって、御史台の従属下になかったと推測される。御史台には、以下の官職が置かれた。

左右御史大夫（従一品）

御史中丞（正二品）

侍御史（従二品）
治書侍御史（正三品）
殿中侍御史（正五品）
経歴（従五品）
都事（正七品）
照磨・管勾（正八品）
察院監察御史（正七品）

これをみると、左右御史大夫（従一品）から照磨・管勾（正八品）までが、台院の組織であって、最後の察院とは区別されていることが分る。そして台院の組織の中に殿中侍御史が配置されているから、殿中司が置かれたと推測される。しかも、呉元年十月の監察機関は中央に御史台と察院が置かれ、御史台組織としては台院と察院の二院、或は殿中司が台院の中に組み込まれていたとすると、二院一司であって、元制の御史台組織を踏襲したと考えられる。(6)

この時御史台の左御史大夫に湯和、右御史大夫に鄧愈、御史中丞に劉基、章溢、治書侍御史に文原吉、范顕祖、殿中侍御史に安慶が就任し、経歴に銭用壬がなった。ところが、御史台設置の翌日、左御史大夫の湯和は征南将軍に任じ、副将軍呉禎と共に常州、長興、江陰の諸軍を率いて方国珍の征討に赴いた。一方、右御史大夫の鄧愈は翌洪武元年に征戎将軍に任じ、荛、漢の兵を率いて唐州を取って南陽に進攻した。御史中丞の劉基は就任の二日後、治書侍御史の文原吉、范顕祖、経歴の銭用壬、察院監察御史の盛原輔、呉去疾、趙麟、崔永泰、張純誠、謝如心等と共に、総裁官李善長の下で律令編纂に従事した。(7)この律令（大明令）は洪武元年正月に頒布されたから、劉基以下の御史台官と監察御史は約三ヵ月間、議律官として活動した。洪武元年正月、東宮の官属を設けた時、湯和、鄧愈の二人は諭徳を、劉基、章溢の二人は賛善大夫、文原吉、范顕祖の二人も賓客を兼任し、殿中侍御史の安慶を除いて御史大夫、御史中丞、治書侍御史は東宮官属を兼職したことが分る。湯和、鄧愈はその後も征討に赴き、台事は御史中丞の劉基、章溢の二人が処理した。洪武元年十二月、楊憲は御史中丞に任じたが、翌年二月には山西参政に転じたから、中丞の任期は僅か四ヵ月であった。侍御史王居仁も洪武二年三月に就任したが、同年九月に兵部尚書に転じ、その任期は六ヵ月間に過ぎず、当時、御史台官の異動が多かった[8]。洪武三年六月に朝儀を定めた。国権に

殿廷の失儀は殿中侍御史が之を糾し、大朝会の失儀は監察御史が之を糾す。

とあり[9]、殿廷侍御史は殿廷の、監察御史が大朝会の失儀に当ることになったものの、殿中侍御史は六年後の洪武九年、侍御史と共に廃止され、殿廷の失儀も監察御史の職務となった。

台臣の活動した例として、侍御史商暠があげられる。洪武三年十二月、侍御史に就任した彼は翌年の閏三月に山東、北平に赴き、故元の漢軍を収めて十四万百十戸を按籍し、三戸毎に一卒を出させて北平諸衛に分隷させた[10]。侍御史商暠のように地方按治に従事した例は稀であるが、侍御史も洪武九年に廃止された。御史台の仕事としてあげられるのは、洪武四年正月に頒布された『憲綱四十条』の編纂である。憲綱条文は御史台が進擬し、太祖親らも刪定を加えたもので、この時には元制の「台綱」の条文を参考にしたと考えられる。憲綱四十条は監察御史、按察司官の地方監察官に与えられ、彼等の分巡按治の際の法規であった。洪武四年閏三月、兵部尚書劉貞を治書侍御史に任命した時に

台憲の官、糾察を専らにせざれば、朝廷の政事に或は違闕あり。

と述べ[11]、太祖は御史台官が監察業務を充分に果たしていないことを指摘した。この時の台憲の語句を監察官全体を指すと考えた場合、太祖の指摘は同年正月に「憲綱四十条」を頒布したにも拘らず、地方按治が充分に行われていないことを指摘したと考えられる。既に述べたように、台臣は征討に赴いたり、その異動も多く、且つ人員も揃わない状

態に置かれていたから、太祖の指摘は当を得ていなかったとみるべきであろう。しかも、洪武九年に侍御史、殿中侍御史が廃止されていった状況を考慮すると、御史台の縮少化の傾向は否定しようがない。そうなると、洪武四年閏三月の太祖の発言はむしろ監察御史、按察司官の地方按治が充分に行われない為に朝政に違闕ありと述べたと推察されよう。

察院は御史台組織の一つとして呉元年十月に設置され、何士弘、呉去疾等の御史が置かれた。察院は洪武十五年の都察院設置まで継続して置かれた[12]。御史台の条でみてきた如く、御史大夫等の台臣は征討に赴くことが多く、また東宮官属を兼任したり、人員も揃わなかった。御史台の仕事として憲綱、大明令の編纂事業があげられるにすぎなかったのに対し、察院監察御史の活動は次第に顕著になった。呉元年十月当時、察院には七人の御史が置かれ、前述の如く大明令の議律官として参加したにすぎず、洪武元年に監察御史に任命されたのは高原侃一員のみであった。しかし、同二年に睢稼、呂宗俊等六員、同三年に王鉉等二十員、四年に茹太素等四員が任命され、人員の増加をみた。御史台の縮少と察院の増大を決定づけたのは洪武九年であり、御史台では侍御史、殿中侍御史、治書侍御史の廃止をみたのに対し、察院では御史の数は四四員となった[13]。増員の理由は監察御史の任務の増大である。明実録洪武元年十二月己亥の条に、

登聞鼓を午門外に置き、日々監察御史一人をして之を監せしむ。

とあり、府州県官、按察司官が審理しなかったり、冤罪の重い場合に限って庶民が登聞鼓を撃つことが許され、洪武元年十二月に登聞鼓の管理は御史の職務となった[14]。上述の如く、洪武三年、大朝会の失儀にも御史が当ったが、監察御史増員の最も大きな理由は、地方按治に派遣されたことであった。ところで地方按治の派遣にも二通りがあった。一つは直隷府州県の分巡である。洪武元年八月、応天府を含む地域を「直隷」区画とし、行省下の府州県と区別した。

この直隷府州県を分巡した御史は直隷巡按御史と呼ばれた。洪武二年七月、監察御史謝恕は松江府を分巡して、官租を欺隠した事実を摘発し、百九十余人を逮捕して勾留した(15)。洪武六年十一月、分巡（巡按）御史于永達は揚州府所属の通州の民が秋糧を淮安に輸送する事実を知り、通州には貧困の者が多いので、糧少なく力薄き者の秋糧は通州の地で儲留して官吏、師生の俸廩等に備えたいと上奏した(16)。この謝恕、于永達は直隷巡按御史であると考えられる。他の一つは行省府州県の分巡である。洪武四年正月、憲綱四十条が頒布され、監察御史が行省へも派遣されることとなり、直隷府州県を分巡した直隷巡按御史と異なり、彼等は在外巡按御史とも呼ばれたが、単に巡按御史とも呼ばれた。洪武四年九月、監察御史を山東、北平、河南等の行省府州県に分遣し、塩課並に倉庫逋負の数量を調査させた(17)。洪武七年七月、監察御史が広西より還って、平蛮六策を上奏したところ、太祖はその中の「立威の策」を推奨した(18)。同月、監察御史邢雄は山西を巡按し、大同の民が毎年辺土に糧草を輸送するのは労苦であると上奏し、太祖は中書省臣に命じて歳納を停止した(19)。洪武八年以降になると監察御史の派遣は益々多くなり、同十年二月、監察御史一三人を山東等處に分巡させ(20)、同五月には監察御史六人を各布政使司に派遣した(21)。

一方、地方には呉元年十月、各道按察司が設置され、按察使（正三品）、副使（正四品）、僉事（正五品）、経歴（正七品）、知事（正八品）、照磨（正九品）が置かれた。明実録呉元年十月甲寅の条によれば、総裁官李善長の下で議律官として、按察使の李詳、潘黼、滕毅、僉事の程孔昭、傅敏学、王藻逮、永貞、張引、呉彤が参加している。同条に、

　是に至りて台諫已に立ち、各道按察司、郡県を巡歴するを以て成法を頒ち、内外をして遵守せしめんと欲す。

とあり、呉元年十月の大明令編纂の目的の一つに、各道按察司官の分巡按治の際の指針とする意図があったことを知る。洪武元年八月以後、直隷府州県を分巡した直隷巡按御史にとっても指針となったに相違ない。この時の指針とは

法の遵守であった。そして洪武四年に憲綱四十条が頒布され、各道按察司官の分巡按治の際の法規が与えられたことになる。尚、按察司官の分巡は建国以前の丙申（一三五六）から行われていたから、按察司は明代官制の中で最も長期間置かれたものの一つであったと言えよう。

ところで呉元年十月の各道按察司設置の条で問題となるのは、按察司の語句の冒頭に「各道」と冠している点である。各道の「道」はどこを指すのであろうか。太祖は癸卯（一三六三）に浙東提刑按察司を置き、翌年に湖広提刑按察司を設置した。(22) しかも浙東行省は一三六二年、湖広行省は一三六四年に置かれたことを考慮すると、一三六三年以後、浙東行省を分巡した浙東提刑按察司を浙東道、湖広行省を分巡した湖広提刑按察司を湖広道と呼称したことは充分に推察される。即ち、浙東道は浙東行省、湖広道は湖広行省を指し、「各道」とは、この浙東道、湖広道を意味したのであり、当時から監察道と行政区画が同一であったことを裏付ける。唐代以来、監察道（区画）と行政区画は異なり、それ故に監察の独自性が維持されたと考えられるのに対し、明代に入って監察区画と行政区画が同一になったと指摘されたが、(23) 明代の場合、建国以前から両者が同一であったことが分る。そうなると、明代の監察制度は元制を踏襲したが監察区画と行政区画を異にする制や、行御史台の制を継承しなかったと考えるべきであろう。

按察司官の地方按治の例として、洪武七年八月、北平按察副使劉崧の上奏がある。順天府の宛平駅は要道に位置するとの認識から設置されたにも拘らず、駅馬の数が他駅と同数である為に不便であると劉崧が指摘し、他駅の馬を宛平駅に移すことが許可された。(24) 翌八年五月、陝西按察僉事虞似文は、前年に漢中を巡按した時、多くの民が深山に居住し、平地に居住する民が少ないことに気付いた。その上、彼は漢中の地が沃壌の地であると知っていたので、租賦を減じ傜役を軽くすれば、其の地は開墾され民も恒産を得るであろうと上奏した。太祖は虞以文の言を納れ、陝西行省に命じて租賦を減じ、傜役を軽くした。(25)

以上の様に、呉元年十月に御史台、察院、各道按察司が設置された。御史台は次第に縮少化されたのに対し、察院は洪武四年以後になると御史も増員されてその活動は顕著になった。地方按治の面でみると、建国以前から按察司官の分巡が行われていたが、洪武元年八月以後、直隷巡按御史が誕生し、洪武四年以後、在外巡按御史が按察司官の分巡地域にも派遣された結果、中央と地方との連絡官としての按察司官の存在は、監察御史に比べると次第に稀薄になっていったと推察される。

二　察院時代

呉元年十月、監察機関として中央に御史台と察院、地方に各道按察司が置かれた。御史台官は人員も揃わず、その活動も消極的であったのに対し、察院監察御史の人員は次第に増え、その活動は顕著になった。地方に置かれた各道按察司は府州県を分巡して監察に従事した。ところで、御史台、察院、各道按察司三者の監察機関は如何なる関係にあったのであろうか。明実録洪武七年八月辛丑の条に、この三者の巻宗の点検方法について、次の様に述べる。

刑部侍郎茹太素、三事を言う。一、巻宗の検擧。中書省より内外百司は悉く監察御史、按察司官の検擧を聴す。而して台家は互いに相検擧して、法は則ち未だ善を盡さず。在内監察御史の文巻は御史台が検擧す。在外按察分司の文巻は総司が検擧す。総司の文巻は守省御史が検擧す。独り御史台の行過文書は未だ定考あらず、宜しく守院監察御史をして、一体検擧せしめよ。

刑部侍郎茹太素は、各衙門文書の点検は監察御史と按察司官により行われているが、台家の文書の場合、相互に点検するだけで不充分であると指摘した。ここで言う台家とは監察機関と同じ意味であって、御史台、察院、各道提刑按察司の三者を指す。そこで茹太素は三者による文巻の点検方法について、次の四点を提案した。

① 在内監察御史の文巻は、御史台が点検する。
② 按察司官の文巻は総司（按察使）が点検する。
③ 総司（按察使）の文巻は守省御史が点検する。
④ 御史台官の行過文書は守院御史が点検する。

①の在内監察御史とは、直隷府州県を分巡按治した直隷巡按御史を指す。②の按察司官とは、各行省内の府州県を分巡按治した副使、僉事を指す。③の守省御史とは察院監察御史の中から選ばれて各行省を専門に担当した御史を指す。例えば浙江行省の文巻等を担当した御史、湖広行省の文巻等を担当した御史と、担当が分れていたことを示す。④の守院御史とは察院監察御史の全員を監督した、言わば察院の総轄責任者を指したのであろう。この条から監察官の文巻の点検方法は、㈠御史台は、直隷巡按御史の文巻を点検するだけであること、㈡御史台官の文巻の点検は、察院の守院御史が当ったこと、㈢副使、僉事の按察司官の文巻の点検は、按察使（総司）が当ったこと、㈣按察使の文巻の点検は、察院の守省御史が当ったことの四点が確認できる。その結果、御史台官、按察使の文巻の点検は、察院監察御史が当ることになっていて、御史台は直隷巡按御史の文巻の点検を行うに過ぎず、巻宗の検擧の主導権が察院にあったことが判明する。更に注目すべきことは、洪武七年の時点で察院の組織化が行われている点であろう。少なくとも、察院では総轄責任者としての守院御史、各行省の総司の文巻を点検する専門の守省御史、直隷府州県を分巡する直隷巡按御史、それに文頭にあった在京衙門の文巻を点検する御史と、四種の監察御史に分類することができる。即ち、当時の察院では組織化が進展し、守院御史、守省御史の二者に大きく分れていた。そして十二道御史の殆んどは守省御史に属し、彼等の中から直隷巡按御史、各行省へ派遣された在外巡按御史、中央官衙の文書を点検する御史、大朝

会の失儀に当る御史、登聞鼓を管理する御史等に選ばれて職務を担当したのであろう。

この様に察院では人員が増加するに従い、その組織化も進行したと推測されるが、これに対し御史台の人員は補充されないばかりか、洪武九年閏十二月になると侍御史、殿中侍御史、治書侍御史も廃止されて[26]御史大夫、御史中丞のみとなった。御史台の衰退、察院の発展が明確になり、洪武十三年正月二日、左丞相胡惟庸及び御史大夫陳寧等の謀反が発覚するという胡惟庸事件が生じた。太祖はその五日後の七日に中書省を革去して六部を陞せ、大都督府を廃して五軍都督府に分領させた。やや遅れて同年五月になると、御史台及び各道按察司も罷め、ここに呉元年十月に置かれた中書省、大都督府、御史台の三大府が廃止されることになった。しかし、中書省、大都督府の場合と異なり、御史台と各道按察司を廃止したものの、御史台の所属機関であった察院を中央の監察機関に陞せることはなかった。各道按察司も廃止されていたが、唯一廃止されなかった察院だけが存続することになった。それ故に、洪武十三年五月から、各道提刑按察司が復置された洪武十四年三月までの約一年間は、察院が唯一の監察機関であるという異常な状態が生じた。

洪武十三年五月の御史台廃止から、同十五年十月までの約二年五ヵ月間に及んだ察院時代の特色として第一にあげられるのは、地方監察制度の進展である。各道按察司が翌十四年三月に復置されると同時に、各道按察分司の設置もみた。これは全省を五三分司（区画）に細分化し、各道按察司官にその分司内を分巡按治する制度であった。[27]即ち、各省内を幾つかの区画（分司）に分け、それぞれの区画に副使、僉事を配して分巡按治を隈なく行う方法であり、按察司官の増員となったが分巡按治を徹底する意図があった。洪武二十五年になると分司名を「道」と改称し、この時には直隷府州県も六道に分けられ[28]、直隷巡按御史も隈なく府州県を分巡することになった。

地方監察制度の発展は察院でも見られ、監察御史の地方監察は一層整備された。明実録洪武二十三年八月己巳の条に、洪武十五年九月の時点での察院の組織について、以下の様に述べる。

監察御史印を改鋳す。是より先、既に察院を分ちて河南等十二道となす。毎道鋳印二、其の文、皆な「縄愆糾謬」と曰う。守院御史、其の一つを掌どる。毎道、御史或は五人、或は四、三人、久次なる者を推して之を長とす。分巡印一、内府に蔵す。有事ならば則ち受印して以て出で、復命すれば即ち之を納む。

監察御史印を改鋳したのは洪武二十三年八月の時であるが、この条の「是より先」とは、初めて監察御史印を鋳造した洪武十五年九月当時の察院の状態を述べていることになる。(29) それによれば、察院には河南等十二道御史が設置され、その印文は全て「縄愆糾謬」であった。御史印は各道に二個おかれ、その内の一つは守院御史が管理した。そして各道御史の人員は三～五人で、それらの中から経験のある者が選ばれて各道の責任者となった。御史印の他に、「分巡印」も鋳造され、各道内で事有らば受印して出で、復命すれば戻したという。この状態を既にみてきた洪武七年当時の組織と比較すると、守省御史は十二道御史の前身に当ると考えられる。また守院御史の責任も明確になり十二道監察御史印の一つを管理して監察報告等の厳正さを維持したと考えられる。更に各道には分巡印も置かれることとなり、洪武七年当時の察院よりもその組織化が進展したと考えられよう。

察院時代の第二の特色は、察院が六部、五軍都督府と並んで、中央の統治機関としての役割を果たすことになった点である。洪武七年の巻宗の検擧の条で考察したように、当時の察院は御史台官、按察使の文巻を点検し、官庁文書の監察の主導権を掌握していたが、以後になると更にその傾向は強化された。明実録洪武十五年閏二月甲申の条に、礼部に命じて諸司文移式を定め、

六部が各布政使司を轄し、察院が各按察司を轄し、五軍都督府が各都司、衛所を分轄す。

とあるように、察院が各按察司の文移を統轄することが確認される。同年翌月、太祖が六部諸臣を諭した中で、

朕が懇々と卿等と言う所以の者は、六部が朕の為に庶務を総理し、察院が朕の耳目為《た》るを以てなり。日々内外諸司と事体相い制し、當に心を盡して替輔し、共に理道を成し、以て生民を安んぜんと思う。

とあり(30)、察院は六部と並んで統治運営の中心的役割を果たすことが求められていた。

以上の様に、御史台が置かれていた洪武七年当時の察院の状態と、洪武十三年五月以後の察院時代の状態とを検討してみた。その結果、洪武七年当時、既に察院を中心とする監察機構が成立し、その上、察院では守院御史と守省御史の二種に分類され、その組織化も行われた。ところが洪武十五年九月になると、察院には監察御史印と分巡印の二種の印が鋳造されたし、守省御史は十二道御史と改められて分担が明確になって、地方監察に重点を置いた察院の組織化が一層進んだことが分る。しかも、察院は六部と比べると正七品と低く押さえられた衙門でありながら、六部と並んで統治機関の中心的役割を果たしており、呉元年十月の中書省、大都督府、御史台の三大府に替って、六部、五軍都督府、察院という新たな三大機関が成立したことが確認された。

三　都察院体制の成立

洪武十五年九月、監察御史印が鋳造されたに止まらず、更に分巡印も置かれ、河南等十二道は各道の有事の際に派遣されて事を処理するという、地方監察体制が成立した。翌十月に都察院が更置された。明実録洪武十五年十月丙子朔の条に、以下の様に述べる。

都察院を更置す。監察都御史八人、正七品、秀才の李原明、詹徽等を以て之と為す。浙江、河南、山東、北平、山西、陝西、湖広、福建、江西、広東、広西、四川十二道監察御史、正九品を設く。其の文移は則ち、都察院は牒を各道監察御史に故《おこな》い、監察御史は都察院に呈す。

この条文で問題となるのは、①都察院を設置とせず、都察院を「更置」としたこと、②監察都御史（正七品）を置いたこと、③科挙出身者を監察都御史に任命したこと、④都察院が文移上、監察御史を管轄したこと、の四点である。

前述の如く、一ヵ月前の洪武十五年九月に監察御史印を鋳造した時の察院組織は、総轄責任者の守院御史が守省御史を管理し、有事ならば守省御史が分巡印を持して派遣されていた。実録洪武十五年十月丙子朔の条によれば②と④から監察都御史の八人で都察院が構成されて、文移の上で都察院が十二道監察御史を管理していたことが分る。そうなると察院組織を解体し、守院御史を陞格して監察都御史とし、この監察都御史が守省御史であった十二道御史を管理する組織に変更したことになる。言い換えれば、監察御史間に上下関係を導入して、正七品の監察都御史八人で都察院を構成し、正九品の監察御史を管理したのであって、監察御史は従来の「察院」をその儘継承したことになり、洪武十五年十月の時点で、都察院と察院という監察機関になった。洪武十三年以前の監察機関が御史台と察院のいわば、台・察であったとすると、今度は「都・察」となり、監察機関の形式は維持されたと考えられる。それ故に、監察御史が直隷や各省を分巡した際の執務庁兼宿泊所を「察院」、監察都御史のそれを「都察院」と区別されたのである。[31]

では何故、①の如く、都察院を更置としたのであろうか。若し各道按察司の場合のように、洪武十三年に罷め、翌十四年に従来の組織のまま復活させたならば、察院として「復置」としたであろう。[32]ところが察院はそのまま残し、察院の守院御史を監察都御史として新たに都察院としたので、復置ではなく更置と表現したと考えられる。この更置という表現は、都督府を罷めて五軍都督府を置いた時にも使用された。[33]五軍都督府の場合は、それを管轄した都督府を廃止して、更めて置いたので復置とはしなかったのであろう。都察院の場合、察院はそのまま復置し、新たに都察院を設置して察院を管轄させたので、更置としたのであろう。但し、監察機関を都察院と察院で以て構成せず、それぞれ単独機関であったとすれば、都察院の設置としても誤まりはないであろう。しかし、監察機関として都察院と察院は一組みであったから、やはり都察院を更置したと表現すべきであろう。

洪武十三年五月に御史台が廃止された後も察院は継続し、次第に六部と並んで中央の枢要機関として活動したが正七品衙門と低く押さえられた。洪武十五年十月の時にも、監察都御史は正七品であり、監察御史が正九品と同じく低かった理由として、嘗って御史台官が胡惟庸事件に関連していた為の措置であったと指摘された[34]。そして、今回の監察都御史は③の如く、秀才等の李原明等が選任された理由として、漸く科挙の制も軌道にのったことと、過去の因襲にとらわれない人物を配することによって、新王朝建設の意図があったとも指摘されている[35]。しかし、翌十六年に都察院は正三品衙門、十七年には正二品衙門に陞格して、他の衙門との関係上、調整された。その結果、監察都御史の品秩は正二品、副都御史は正三品、僉都御史は正四品と陞格したが、監察御史は正七品に陞格したに止まり、都御史は御史とは異なった別格の扱いを受けたのも事実であった。しかし、都御史はあくまでも御史の一人であった[36]。行政機関と異なり監察機関の都察院と察院の関係は、監察行為の上では上下関係は成立しなかった。品秩上、都御史が御史を管理し、諸司文移上でも都御史（都察院）が十二道御史を管轄したものの、十二道御史も監察都御史を糾察できたからである。各道按察司でも同様であって、按察司の印と、副使、僉事の印の大きさは寸分違わず、監察行為の上では同格であった[37]。そうみてくると、洪武十五年十月の都察院の更置は、監察都御史が監察御史を管理するものの、十二道監察御史の地方監察が主体の新しい監察体制の成立であったと言えよう。

都察院更置の八年後の洪武二十三年八月、監察御史印を改鋳した。明実録洪武二十三年八月己巳の条に、

是に至り左副都御史袁泰言う。各道の印篆相類すと。乃ち命じて其の制を改め、守印十二、浙江道の如きは則ち浙江道監察御史印と曰い、余の道も並びに同じ。其れ巡按印は則ち巡按浙江道監察御史印、余も亦此くの如し。

惟だ浙江、江西、直隷十府州、事繁劇なれば、毎道印十を置き、余道は皆五なり。

とあり、監察御史印の改鋳を載せる。洪武十五年九月に鋳造された御史印は各道ともに「縄愆糾謬」と印字されていた為に、書類整理の上でも混同して不便であった。そこで印字を改めて「各道監察御史印」として明確にした。一方、「分巡印」も「巡按印」と改め、各道巡按監察御史印と明記した。都察院による地方監察の基礎となったのは、各道御史が管轄する按察司官の報告にあったから、各道名を明記することにより地方状況を正確かつ迅速に把握できるようになったと推察される。また、地方へ派遣されて按治に当った各道巡按監察御史の報告も、中央と地方との連絡事項や按治処理等を主とするものであったから、各道の状況に迅速に把握する上でも、各道名の明記は事務処理の円滑化を齎したと考えられる。

御史印改鋳後、更に二年たった洪武二十五年になって按察司下の各道按察分司の名称を「道」と改めたのは[38]、洪武十五年に都察院を更置した時に各省を「十二道」と改称したことと関連し、この時点で名称上でも各道按察分司の分巡按治が都察院下の各道に組み込まれたとみなすべきであろう。当時の地方按治の在り方は、各道の刑名等の書類を各道御史が管理し、各道内に事が生ずれば、該道の巡按御史が派遣されて問題を処理することにあった。処で中央機関の中にあって各道ごとに専任官を設けて処理したのは、都察院の他には戸部と刑部がある。しかし戸部、刑部の中に十二部の設置をみたのは洪武二十三年のことであり[39]、都察院に十二道御史の設置が洪武十五年のことであったから、八年も遅かった。この点からも都察院が当時の中央機関の中で、地方統治の実態に最も精通していた機関であったと言えよう。各道按察司を管轄し、地方按治を確立した都察院体制の中で、最も重要な役割を果したのが按察副使、僉事の按察司官と各道巡按御史であった。とりわけ中央と地方との連絡官として大きな役割を果したのが各道巡按御史であった[40]。そこで、各道巡按御史について検討してみたい。

洪武元年八月以後、直隷府州県を巡按（分巡）したのが巡按御史派遣の最初であった。前年の呉元年十月以後、各省府州県を分巡したのが按察司官の副使、僉事であったが、直隷区画の設定後に監察御史の派遣をみたのであり、この御史は直隷巡按御史であった。その後、洪武四年正月に憲綱が頒布され、事有らば監察御史も直隷区画以外にも派遣され、それが定例化するに及んで監察御史の地方按治が全国化されることになった。この御史を在外巡按御史というが、単に巡按御史とも言った。この事実を監察御史の分巡の際の執務庁兼宿泊所である按察行署（察院）の設置状況に求めると、洪武年間に建てられた察院は直隷府州県に限られているし、[41]漸く宣徳以降になって各省府州県の中にも察院が設置されたことからも裏付けられる。察院が設置される以前、各道巡按御史は按察司官の行署を利用したのである。この各道巡按御史の地方按治の全国化を決定づけたのは洪武十五年以後、洪武二十三年であった。先にあげた洪武二十三年八月の条には、洪武十五年九月の時点の察院の状態と、洪武二十三年八月の時点での都察院の状態を記載していた。ここで両者を整理すると、洪武十五年九月の時点の察院は、

㈠、河南等十二道御史印が鋳造された。

㈡、有事ならば、十二道御史の内より該道の御史が分巡印を受領して赴いた。


一方、洪武二十三年八月の時点の都察院では

㈠、浙江等監察御史印が鋳造されて、各道名が明記された。

㈡、浙江等巡按御史印が鋳造されて、各道巡按御史名が明記された。

㈢、各道巡按印は五個、浙江、江西、直隷十府州の三地域は事が繁劇という理由から十個置かれた。


とある。両者を比較して先ず気付く点は、察院の場合、有事の時に十二道御史の派遣をみたのに、都察院の場合には、巡按印が各道に置かれたことと、有事の時という条項が欠除していることである。これは察院の時の分巡印が臨時的

派遣の為の印であったのに対し、都察院の巡按印は常時派遣の印であったことを示している。これを裏付けるのは、洪武二十三年に当時の吏職の称わざるに懲りて太祖自らが作成して各司府州県に頒布し、刊行して各地方公署に懸けさせたとされる「責任条例」である。[42] その第六条に、

按察司は布政司府州県を治理す。務めて姦弊を画除し、一方を粛清するを要す。耳目の及ばざる所、精神の至らざる所あらば、巡按御史に（遣下せよ）。方めて乃ち清なり。儻し貪官汚吏と通同して民冤事枉を致す者あらば、一体究治せしむ。

とあり、巡按御史が各省の按察司を監督し、按察司の手に余る事が生じた場合には、事態を処理する意図の下に派遣されたことが分る。そうなると、各省に巡按御史が毎年派遣されなくてはならないことになり、洪武二十三年には巡按御史の常時派遣が行われたと推察される。即ち、在外巡按御史の場合、洪武十五年九月の察院の条では「有事ならば出巡」したとあるから、臨時的派遣であった。しかし洪武二十三年八月の都察院の条には「有事」の条項がなく各道巡按御史印が置かれていたこと、それに同年頒布の「責任条例」の第六条からも、毎年巡按御史が各省に派遣されたことを裏付けていることから、洪武二十三年には在外巡按御史の毎年の派遣が決定していたと考えられよう。

洪武十五年九月の察院と洪武二十三年八月の都察院の条文を検討して気付く点は、後者の㈢に、巡按印が直隷十府州に十個も置かれたことである。前述の如く、洪武元年八月以後、直隷府州県では直隷巡按御史が分巡していたにも拘らず、直隷府州県は事が繁劇であるという理由からであった。直隷府州県を分巡した直隷巡按御史を増員したのではなく、これは直隷も在外の一つと考えて、「在外直隷巡按御史」が派遣されたと考えざるを得ない。しかし、二年後の洪武二十五年に按察分司とともに直隷巡按御史印が鋳造されているから、直隷巡按御史と在外直隷巡按御史という二種の巡按御史の存在が明確になったのは洪武二十五年以後であったと推測されよう。尚、直隷巡按御史は嘉靖年

間にも南直隷府州県を分巡しているし、洪熙元年四月以後、北直隷府州県も分巡した。但し、万暦年間になると、南直隷の応天、蘇松、淮揚巡按御史や北直隷の順天、真定巡按御史を在外巡按御史と分類しているから(43)、万暦の頃になると、在外直隷巡按御史は、応天、蘇松、淮揚、順天、真定巡按御史として定着したと考えられる。

おわりに

呉元年十月、太祖は元制の監察制度に倣って、御史台と各道按察司を設置した。しかし御史台の組織は元制のように台院、殿中司、察院で構成された二院一司ではなく、殿中司は台院に組み込まれており、実質は台院と察院で構成された。中国の監察制度は秦漢以来、大きく分けると二つの職務があった。一つは官吏考察であり、他の一つは地方按治であった。金代になると地方に提刑司が設けられ、元代に入ると地方に按察司（廉訪司）が設置され、按察司官が府州県を分巡するようになり、急速に地方監察制度が発達したと考えられる。

明代の場合、呉元年十月に各道按察司が置かれ、元制同様、按察司官の副使、僉事が各行省府州県を分巡し、洪武元年八月以後になると察院監察御史が直隷府州県を分巡し、地方監察制度が発足した。洪武元年に大明令、洪武四年に憲綱四十条も頒布され、地方監察の際の法規も作成された。この法規の条項には官吏考察、科差賦役、学校、道路等と多岐に亘っていたが、洪武十七年に都察院が刑部、大理寺と共に三法司を形成したように、地方按治の際には訴訟の処理や罪囚の審録に重点が置かれることとなった。

中央の監察機関として御史台と察院が置かれたが、前者は人員も揃わず、洪武九年には侍御史、治書侍御史、殿中侍御史が廃止され、台院の縮少化が顕著になった。察院の方は次第に監察御史の人員も増加し、守院御史、守省御史も生まれ、その組織化も進み、登聞鼓を管理する御史、大朝会の失儀に当る御史、直隷巡按御史等と多数の御史が出現した。

洪武十三年五月、御史台と各道按察司が廃止されたが、この時に廃止されずに存続したのが察院であった。察院は都察院が更置される洪武十五年十月まで、中央の監察機関として活動し、正七品衙門でありながら六部と共に中央の中枢機関として活動した。察院はこの間に地方監察の面で整備が進み、御史は十二道に分けられ、それぞれ各道の監察業務を担当した。更に分巡印も鋳造され、各道で事が生ずれば該道の御史が派遣されて分巡した。洪武十五年十月、都察院が更置されて、監察都御史で構成された都察院と、監察御史で構成された察院とに分けられた。しかし監察御史は監察都御史に管理されたものの、監察業務の上では対等であり、監察の独立性は維持されたといえよう。

明代の監察制度は地方監察を重視した点に特色があり、十二道御史によって各道の統治状況を掌握した結果、中央機関の中にあって最も地方の状態に精通した機関となった。とりわけ中央と地方に於ける連絡官として重要な役割を果したのが、「大事は奏裁、小事は立断」した在外巡按御史であり、都察院体制の要であったと言えよう。

註

（1）　趙翼『陔餘叢攷』巻二六、御史の条。徐式圭『中国監察史略』（中華書局、一九三七）、彭勃・龔飛主編『中国監察制度史』（中国政法大学出版社、一九八九）。

（2）　王天有『明代国家機構研究』（北京大学出版社、一九九二）、張薇『明代的監控体制』（武漢大学出版社、一九九三）、張徳信『明朝典制』（吉林文史出版社、一九九六）、張治安『明代監察制度研究』（五南図書出版公司、二〇〇一）。

（3）　至正金陵志巻六、官守志の条に、「江東建康道提刑按察司、按治江東諸路……二十九年、以避行台、移治寧国路。建康路径隷行台、歳委監察御史、巡按本属州県」とある。

（4）元典章巻五、六、台綱の内台、行台、体察、按治の条を参照。

（5）明実録呉元年十月壬子の条に、御史台の官属に殿中侍御史（正五品）が置かれたことから、殿中司が設置されたと推測される。

（6）明実録呉元年十月壬子の条に、「御史台糾察百司、朝廷紀綱盡繫於此、而台察之任、実為清要」とあり、台院と察院の二院をあげる。殿中司が置かれたとしても、台院の中に組み込まれたと考えられる。

（7）明実録呉元年十月甲寅の条。

（8）間野潜龍「明代都察院の成立について」（史林四三―二、一九六〇）の中で、御史台の人事について詳細に検討した。本稿はこの論考に負う所が多い。

（9）国権洪武三年六月甲子の条に、「定朝儀。其殿廷失儀、殿中侍御史糾之。大朝会失儀、監察御史糾之」とある。

（10）明実録洪武四年閏三月庚申の条に、「命侍御史商暠往山東、北平、収取故元五省八翼漢軍。暠至按籍、凡十四萬一百十五戸、毎三戸令出一軍分隷北平諸衛」とある。

（11）明実録洪武四年閏三月庚辰の条に、「以兵部尚書劉貞為治書侍御史。上諭之曰、台憲之官、不専于糾察、朝廷政事、或有違闕、皆得言之、人君日理萬機、聴断之際、豈能一一盡善。若臣下阿意順旨、不肯匡正則貽患無窮。今擢卿為侍御史、居朝廷之上、當懐蹇諤之風、以為百官表率、至於激濁揚清、使姦邪屏跡、善人彙進則御史之職兼盡矣」とある。

（12）註（8）の論稿参照。

（13）註（8）の論稿参照。

（14）王圻続文献通考巻八九、御史台の条に、「金御史台……登聞鼓院隷焉」とあり、金代に登聞鼓院が御史台に置かれた。明初は監察御史が登聞鼓を管理したが、宣徳二年以後になると、給事中が管理した。

（15）明実録洪武二年七月癸丑の条に、「監察御史謝恕巡按松江、以欺隠官租、逮繫一百九十餘人至京師、多有称冤者」とある。尚、註（8）の間野論文で、監察御史謝恕を南京都察院志巻四に、謝如心、または謝如忠に作るとある。

（16）明実録洪武六年十一月戊戌朔の条に、「分巡御史于永達言、楊州所属通州秋糧、倶輸淮安。其民多貧困、如糧少力薄者、令於本處州県儲留、以備官吏師生俸廩及祭祀存恤孤老之為便。従之」とある。
(17) 明実録洪武四年九月丙辰の条に、「分遣監察御史、往山東・北平・河南等府州、覈実塩課并倉庫逋負之数」とある。
(18) 明実録洪武七年七月、是月有御史自広西、進平蠻六策。内有曰立威。上覧畢諭之曰、汝策甚善、立威之説亦有偏耳。夫中国之於蠻夷、在制馭之何如、盖蠻夷非威不畏、非恵不懐。然一於威則不能感其心。一於恵則不能懾其暴。惟威恵並行、此馭蠻夷之道也。古人有言、以懐徳畏威為強、政以此耳」とある。
(19) 明実録洪武七年丁亥の条に、「監察御史邢雄、巡按山西言、大同諸處人民、歳輸糧草、餉給辺士、供億労苦。上惻然謂中書省臣曰、軍士戍辺道路険遠、民人供億誠艱。宜紓其労、乃命停歳納馬草。若乏用則給直市之。尋詔山西・陝西・北平諸衛、令軍士芟取芻草、以為儲蓄、免致労民」とある。
(20) 明実録洪武十年二月己巳の条に、「遣監察御史吉昌等十三人、分巡山東、広西等處」とある。
(21) 明実録洪武十年五月壬辰の条に、「遣監察御史王渊等六人、分巡各布政使司」とある。
(22) 明実録洪武二年五月辛酉の章溢伝に、「歳癸卯始置浙東提刑按察司、擢（章）溢為僉事……甲辰……是冬遷湖広提刑按察司」とある。
(23) 小畑龍雄「分巡道の成立」（山口大学文学会誌三―一、一九五二）。
(24) 明実録洪武七年八月辛丑の条に、「北平按察司副使劉崧言、宛平驛當要道、而驛馬之数與非要道之驛同、宜減他驛馬以増宛平驛。上可其奏」とある。
(25) 明実録洪武八年五月己巳の条に、「陝西按察司僉事虞以文言、洪武七年冬、巡按至漢中、見其民多居深山、少處平地……臣嘗相視其地、本皆沃壌。若薙其榛莽、修其渠堰、則雖遇旱澇、可以無憂……今若減其租賦、寛其徭役、使居平野、以漸開墾則田益闢而民有恒産矣。上善其言、詔陝西行省度行之」とある。
(26) 註（8）の論稿参照。
(27) 註（23）の論稿参照。
(28) 明実録洪武二十五年九月乙酉の条に、「直隷六道監察御史印、曰淮西道、曰淮東道、曰蘇松道、曰安池道、曰京口道、曰江

東道」とあり、直隷六道の名称を記載する。

（29）明実録洪武十五年九月壬戌の条に、「始鋳監察御史印、文曰縄愆糾謬」とある。

（30）明実録洪武十五年三月乙亥の条。

（31）拙著『明代地方監察制度の研究』（汲古書院、一九九九）の六八頁参照。

（32）明実録洪武十四年三月丁亥の条に、「復置各道提刑按察司并定各道按察分司」とある。

（33）明実録洪武十三年春正月己亥の条に、「欲革去中書省、陞六部、倣古六卿之制、俾之各司所事。更置五軍都督府。以分隷軍衛」とある。

（34）註（8）の論稿参照。

（35）註（8）の論稿参照。

（36）大学衍義補巻八、重台諫之任の条に、「臣按、御史大夫即今左右都御史之職。中丞即今左右副・僉都御史之職」とあり、御史大夫が都御史、御史中丞を副・僉都御史に比定する。また註（1）の中で、徐式圭は「左右都御史各一人、同於前代的大夫」とあり、都御史の職は元代の御史大夫と同じであるとする。確かに都御史は監察御史を監督、管理したが監察権を管理する訳ではなかった。都御史の閲覧を経ずに監察御史は上奏できたから、都御史の職を御史大夫に比定するには無理がある。

（37）嘉靖浙江通志巻一三、建置志、提刑按察司の条に、「夫按察外台、各挙其職、按察使不得統制。故布政司署使字、而按察司不署使字者、正猶部寺司官称銜、必署堂官衙門、而御史則直称某道、某道不以都察院冒于其上、……故按察分巡之印、與堂印分寸相同」とあり、明代監察機関である内台の都察院、外台の按察司の場合、御史、按察司官の監察内容を上司の都御史、按察使は統制できなかった。それ故に按察司官（副使、僉事）の分巡印は、按察使の印と寸分違わなかったとある。

（38）明実録洪武二十五年九月乙酉の条に、「命鋳各按察分司印。先是、各按察分司所分巡按地方、多有未當。至是、命都察院、六部官会議、更定凡四十八道」とあり、按察分司印を改鋳した。按察行署の名称は従来通り按察分司であるが、この時、区域名（分司）を「道」に改めた。尚、府州県によっては、その行署名を道とし、例えば「福寧道」とする場合もあった。

（40）明史巻七二、職官志一、戸部の条に、「（洪武）二十三年、又分四部為河南、北平、山東、山西、陝西、浙江、江西、湖広、

広東、広西、四川、福建十二部……二十九年、改十二部為十二清吏司」とある。また明史同条の刑部の場合も、洪武二十三年に四部を改めて河南等十二部とし、同二十九年に十二清吏司と改称された。

(41) 宮崎市定『中国文明選十一、政治論集』(朝日新聞社、一九七二)の「蘇州民変疏」の中で、「明代の巡撫と巡按は、何れも中央の都察院の御史が派遣されて地方の監督に当っていたもので、地方と中央の連絡に当るのが主な職務であった」と指摘された。

(42) 註(31)の一六〇―一六四頁参照。

(43) 万暦会典巻一二、吏部、責任条例。

(44) 明史巻七三、職官志二の条に、「在外巡按、北直隷二人、南直隷三人、宣大一人、遼東一人、甘粛一人、十三省各一人」とある。

第三章　建文朝の御史府

はじめに

明代の監察機関は元制を踏襲して、呉元年十月、中央に御史台、地方に各道按察司が設けられたが、洪武十三年五月に両者とも廃止された。翌十四年に各道按察司が復置され、その翌年の洪武十五年十月に都察院が設置され、その属として十二道御史が設けられ、十二道御史が各道按察司を監督、指導して地方監察を管轄した。このように太祖が確立した監察制度は皇帝の側近者としてよりも、監察御史や按察司官を地方監察官として位置づけた点にあった。

太祖の死後、建文帝が即位し、しばらくの間都察院を存続させたが、建文二年二月、都察院を廃止して御史府に改めた。御史府には漢代以来の長官、御史大夫を置き、十二道御史も廃止して左右両院に改め、監察御史の人員も二八員に減少したから、太祖の確立した監察制度は一時、挫折することとなった。しかし、建文朝は僅か五年足らずで崩壊したし、御史府の存続期間も三年間に過ぎなかった。その上、建文帝の即位後、すぐに靖難の変が起こったから、太祖が確立した地方監察制度に与えた影響は少なかったと考えられる。けれども建文帝が何故、都察院を御史府に改めたかの疑問が残る。そこで、建文帝の意図した監察制度の眼目がどこにあったかを検討し、太祖の志向した監察制度との相違について言及したい。

次の成祖は即位後、直ちに御史府を都察院に改め、監察御史と按察司の分巡制度を復活して、旧制の維持に努めた。成祖の監察政策を検討すると、太祖の旧制に復するだけに止まらず、幾つかの新しい監察政策を採用した。例えば給事中を撫安官として地方へ派遣したり、太祖の禁令を破って内官を起用して地方監察に当らせた。なかでも、後の監察制度に多大な影響を与えたのが按察司官の増設であり、各道巡按御史とは別に巡塩御史等のいわゆる出差御史の派遣であった。とりわけ政府高官を巡撫として地方へ派遣し、後の巡撫制の成立に大きな影響を与えただけでなく、成祖の新政策が太祖の志向した監察制度の強化に役立ったことを明らかにしたい。

一　御史府の設置

太祖の後を承けた建文帝の監察制度について、明史巻七三、職官志二、都察院の条に、

建文元年、改めて都御史一人を設け、僉都御史を革む。二年改めて御史府と為し、御史大夫を設け、十二道を左右両院と為し、止だ御史二十八人を設く。

とあり、建文元年と二年に都察院の改革を行った。まず建文元年に左右都御史を罷めて都御史を一員と定め、更に左右僉都御史も罷めたから、都察院は都御史一員、左右副都御史の都合三員で構成されたことになる。ところが国榷建文元年四月庚子朔の条に、

官制を更定し、六部尚書を秩正一品に進め、左右侍中を増し、侍郎の上に位す。都察院は都御史、副僉都御史各一を設け、左右都御史を罷め、左右補闕、左右拾遺各一を設く。

とあって、建文元年四月の官制改革について述べて都察院に言及しているが、明史の記述と相違がある。その一点は、明史では左右僉都御史を廃止したとあるのに対し、国榷では左右副都御史を罷め、都察院は都御史と副僉都御史の二員で構成されたとする。けれども、国榷建文元年五月壬午の条に、「秦府右長史茅大方（芳）を右副都御史と為す」とあるから、建文元年四月の改革の時、左右僉都御史が廃止されて、明史の記述の如く都察院は都御史一員、左右副都御史二員で構成されたと推定される。もう一点は、この建文元年四月の改革の時、国榷では都察院に左右補闕、左右拾遺を設置したと指摘していることである。事実、国榷建文元年六月庚子朔の条に、「監察御史戴徳彝を左拾遺と為す」とあって、左拾遺の官職の存在を明記する。明史巻一四一、戴徳彝伝にも「建文の時、左拾遺に改む」とあり、戴徳彝が左拾遺となっているし、明史同条の胡閏伝にも、「建文の初め、右補闕に選ばれ、尋いで大理寺少卿に進む」とあり、明史でも左拾遺、右補闕が置かれていたと記述する。

明史巻七三、職官志二、都察院の条には、建文二年に都察院を御史府と改めて御史大夫を設け、十二道を左右両院として監察御史を減らして二八員にしたとあった。国榷建文二年二月甲子の条に、

都察院を改めて御史府と曰い、察院一を置き、監察御史を省き、二十八人と定む。

とあり、都察院を御史府に改めたのは建文二年の時であった。この改革によって、中央の監察機関は洪武十三年以前

の御史台と察院で構成されたが、今度は御史府と察院であり、嘗ての台・察ではなく、「府・察」であったことになる。(1)

建文元年四月、同二年二月に行われた監察制度の改革の眼目は、(1)都御史を御史大夫に改めたこと、(2)十二道御史を廃止して左右両院にしたこと、(3)御史の数を六十員から二八員に減らしたこと、(4)補闕、拾遺の官職を設けたこと、の四点であろう。(1)の都御史を御史大夫に改めたのは、漢制以来の御史大夫への回帰であり、洪武十三年以前の状態に戻ることであった。これは御史大夫以下の監察官が、皇帝の側近者としての立場になることを目的にしたと推察される。(2)の十二道御史を左右両院に改めた理由として、二点が考えられる。一点は、左右副都御史が左右両院のそれぞれを統轄した為であると推察される。但し、察院を左右の両院に分けたのは、監察制度史上、建文帝が初めてであった。(2)二点は地方監察政策の転換の為であった。国権建文元年二月乙丑の条に、

戸部、刑部十二清吏司を革め、戸部に職民、度支、金帛、倉庾四司を立て、刑部に詳憲、比議、職門、都官四司を立つ。

とあり、建文元年二月、既に戸部、刑部の十二清吏司を廃止して、中央官庁が各地方ごとに実態を把握する方法を止める方針を打ち出した。太祖が洪武十三年五月に御史台を廃止した後、都察院に十二道御史を設置し、各道が各按察司を管轄するという監察面に於ける中央集権化を図った結果、都察院は当時に於いて最も地方情勢に精通した機関となった。その八年後の洪武二十三年になって、戸部と刑部に十二清吏司を設置し、(3)都察院の十二道御史の制度に倣って地方把握を重視する体制を樹立した。それ故に、十二道御史の廃止は地方監察政策の後退を意味し、監察御史は皇帝の側近として活動が要求され、専ら中央監察に当ることになった。(3)の御史人員の減少は当然(2)と関連し、十二道御史廃止に伴っての措置であり、地方監察の軽視に帰因したのであろう。(4)の補闕、拾遺という官職は唐宋時代に設

置されたものであり、朝政の闕を補い、遺を拾う職務であって、天子の過失を諫める官職であった。御史府に補闕、拾遺の官職を設けたのは、御史府官が皇帝の側近として活動するという、いわば諫官的役割を期待されたからであった。

一方、地方監察制度の面では、国権建文元年二月己巳の条に、

天下の提刑按察司は粛政按察司に改め、分巡道は分司に改め、照磨所を革む。

とあり、建文元年二月二九日、提刑按察司を粛政按察司に、分巡道を分司に改称した。既に述べた戸部、刑部の十二清吏司の廃止が、同年二月二五日のことであったから、その四日後であった。「提刑」から「粛政」への名称の変更は、地方に置かれた按察司官が司法を処理する憲職官から、地方官庁に於ける諫官的役割を重視することによって、監察の効果をあげようとした為であると推察される。それは、「分巡道」を分司に改称した点からも窺われる。太祖は洪武十四年三月、各道按察司に幾つかの分司を設けたが、この時の分司とは各道按察司内の区域名であり、これらの区域（分司）を按察司官が分巡按治する制度であった(4)。そして按察司官の分巡按治を推進する意図で、洪武二十五年九月になると、分司を「道」と改称して各道は分巡道と呼ばれることになった。建文元年二月、分巡道を分司に改めたのは、按察司官による分巡按治に消極的になった為の措置であり、十二道御史の廃止と同様、地方状態を把握することから、按察司官は官吏考察等の、いわば地方にあって諫官的存在としての役割を求められたことに他ならない。

以上のことから、建文二年二月、都察院を御史府に改めた意図は、地方監察の重視よりも中央監察の重視、即ち御史大夫以下の官が皇帝の側近としての役割を果たすことにあったと考えられる。翌三月、「詹事府の公署を改めて御史府とし、朝謁に便にす」とあり、洪武十七年三月、都察院の公署が刑部、大理寺等と並んで京城の北、太平門外に建てられていたにも拘らず、朝謁に不便であるとの理由から、京城内の詹事府の建物を御史府に改建した(5)。この時、

左都御史景清を御史大夫、副都御史練子寧を御史中丞に任じ、新しい御史府の公署で宴が開かれたとあることを考えると、御史府が嘗っての御史台官と同様に、皇帝側近の臣としての地位を獲得したと言えよう。

明代に入ると、監察御史はその職務上から、科道官、風憲官（憲職官）と呼ばれた。(6) 科道官とは六科給事中と十二道御史の略称であって、皇帝の諫官であった。憲職官とは司法を処理する官の意であって、刑部、大理寺、十二道御史、按察司を指す。また御史は耳目の官、風紀の官といい、耳目風紀の官とも言う。宋代、御史は耳目の官と呼ばれ、風聞によっても官吏考察を行い、独裁君主制を支えたとされるが、官吏考察は科道官の職務であった。風紀の官とは風俗をとりしまる官の意で法度紀綱を取り締ったのであり、訟訴等の処理に当るのが憲職官の職務であった。即ち、御史は六科給事中と共に科道官といい、六部等官の考察に当り、また刑部、大理寺、按察司官等と並んで憲職官といわれ、司法の処理に当った。極論すれば、太祖が都察院を設置して十二道御史による地方監察を重視して、司法、官吏考察等に当らせることにより、憲職官としての役割を期待したのに対し、建文帝は都察院を御史府と改称して中央監察を重視し、皇帝の側近としての科道官、或は諫官としての役割を期待したと言えよう。

次に建文朝の監察制度に対する考え方を、方孝孺の「御史府記」を通して検討したい。遜志齋集巻一八、御史府記に、

（建文）二年春二月甲子、詔有り若に曰く、頃《この》ごろ訴状繁たるを以て、御史台を易えて都察院と号し、刑部と庶獄を分治す。今、祖宗の神霊に頼り、断獄頗る簡なり。其れ都察院を更め、漢制に仍りて御史府となし、専ら貪残を糾し、循良を挙げ、政事を匡し、教化を宣するをもって職と為す。

とあり、洪武年間は訴状が多かった為に、太祖は御史台を都察院と改め、刑部と並んで刑獄を処理させた。ところが、現在は訴状が少ないので漢制に倣って御史本来の職務に戻り、貪残を糾し、循良方正の人物を推挙し、政事を匡し、

教化を宣布することを目的として、都察院を御史府に改めたとする。建文朝からみると、都察院を設置した理由は洪武年間当時、訴状が多かったためであり、その結果、諫官、言官としての本来の御史の職務から逸脱し、刑獄を処理する憲職官としての面が重視されたと指摘する。続いて、

臣惟うに、斯民の生は徳を以て之を養わば則ち為善に安んじ、刑を以て之を制すれば則ち為悪を忘る。聖人の天下を治むるに、豈、他術有らん哉。人々をして皆、去悪を知り、以て善に従わしめて、治道成れり。

と述べ、方孝孺は、人民は徳を以て治めれば善に安んじ、刑を以て治めれば悪を忘るる故に、聖人は徳を用いて天下を治めると、自論を展開する。そこには、御史本来の職務は皇帝の徳治主義に寄与することにあり、刑名の処理は枝葉末節のことであるという考え方が窺われる。

然して専任するに刑獄を以てするは、則ち近代より始まる。曩者、法吏、刑を持して深刻なれば、犯す者滋々衆し……今より是の府に居る者は、其れ聖訓を敬承し、凡そ国に便にし、民に利するは則ち之を言い、民の蠹を為し、私に溺れて其の所守を枉げる毋れ。勢を憚れて当為する所に屈する毋れ。一に道を以て天子を輔佐し、徳教を行い、黎民をして醇厚なること三代の如くにせしめれば、斯に建官圖治の意に負かず。

とあり、御史が専ら刑の処理に当るようになったのは近代に入ってからであり、法を厳しく適用すると却って犯罪者を増加させるという。それ故に、御史府官は憲職官としてではなく、諫官、言官として天子を輔佐し、国と民の利害に言及し、己れを律することに心懸けるべきであると主張した。

建文朝の求めた監察制度は、金代以後に地方に提刑司が設置され[7]、司法等に当る地方監察を重視した時代情勢を否定し、御史本来の職は天子の側近者、輔佐官として徳治主義に寄与することに徹するべきであると考えたことが分る。

しかし、建文朝は僅か五年足らずで崩壊し、次の成祖は御史府を旧制の如く都察院に改めた。明代を通じて言えば、

都察院は三法司の一つを形成し、十二道御史、按察司官によって地方監察が重視され、とりわけ冤罪を晴らすこと（審録）に重点が置かれたから、御史、按察司官は諫官、言官としてよりも、憲職官としての役割を果たしたと考えるべきであろう。

二　都察院の再置

燕王棣は洪武三十五年（建文四）六月に即位し、翌七月一日、天地を南郊に祀り、建文中に更改した成法は旧制に復すと詔した。二日、礼部に命じて旧制に復した内外の諸司衙門には皆鋳印をさせ、前北平按察使陳瑛を都察院左副都御史に任じた。六日、都察院と十二道を復設して、御史楊得安等を江西等十二道御史に任じた。二五日、湖広按察使黄信を左副都御史、河南按察僉事劉翥を左僉都御史、御史楊得安、兪士吉を右僉都御史に任じた。(8) 彼等は按察使、僉事、御史出身の憲職官であり、洪武朝の監察制度に通じていた為の起用であったと推察される。そしてここに、都察院の官制が一応整備されることになった。初めて都御史が置かれたのは永楽元年正月のことであり、左副都御史陳瑛であった。(9) 陳瑛はこの時から永楽九年に誅せられるまでの約八年間、その後、劉観が永楽十三年から宣徳三年まで都御史の地位にあったから、永楽期の都察院は両者によって運営された。陳瑛は南直隷滁州の人で、洪武年間、人才を以て太学に入り、監察御史に擢られ、同二十八年に山東按察使に陞った。(10) 一方の劉観は北直隷保定府雄県の人で、洪武三十年に左都御史に任じており、(11) 両者とも洪武期の都察院体制に通じていたこともあっての起用であった。特に陳瑛は御史と按察使を経験していたから、都察院の再置に当っては恰好の人物であったといえよう。

太祖が確立した都察院体制とは十二道御史を設け、この十二道御史が各道の按察司官の分巡按治を監督、指導することによって、地方監察の中央集権化を図ったことと、都察院を刑部、大理寺と共に三法司として位置づけ、司法機関としたこととの二点であった。第一点の地方監察の中央集権化の根幹となったのは、監察御史の出巡と按察司の出巡の制度である。永楽元年二月、「御史を遣わして天下を分巡せしめ、定制となす」と明史に記載するように[12]、十二道御史の中から選ばれた各道巡按御史を、毎年八月に出巡させた。一方の按察司官については、明実録永楽七年閏四月乙丑の条に、

　乞うらくは、按察司は旧制の如く、歳二月、郡県に出巡して、其の民害を為す者を去るべし……皇太子、之を納む。

とあり、旧制の如く按察司官は毎年二月に出巡することが決定した。明代の行政区画には直隷府州県と司府州県の二区画があり、直隷府州県を分巡したのは直隷巡按御史であったから[13]、この時に司府州県の按察司官だけでなく直隷巡按御史の分巡も決定したと推察される。永楽元年閏十一月、成祖が都察院臣に諭した中で、

　朝廷は風憲を置き、国家の耳目と為し、百僚を糾察して庶政を綱維す……爾、共に憲章を申明し、在内は監察御史、在外は按察司をして各々の職を挙げ、幾くは朕の委任に副え。

とあるように、在内は監察御史、在外は按察司官の管理下にあった[14]。永楽二年正月、屯田賞罰を定めた時にも、「賞罰は、直隷は巡按監察御史に従い、在外は按察司官の覈実に従い、然る後に之を行う」とあり[15]、在内は直隷巡按監察御史、在外は按察司官の管轄が原則であった。両者は毎年二月に出巡して各府州県を按治し、更に各道巡按御史が毎年八月に出巡が決定したから、二重の分巡按治が復活した。

　この分巡制度を支えたのは、各府州県に設置された執務兼宿泊所の按察行署であった。按察行署の多くは洪武元年以後に建設されたから老朽化し、自然災害によって崩壊する場合もあった。明実録永楽九年閏十二月甲戌の条に、

是の日、浙江台州府言う、文廟及び学、並に按察分司の廨宇、比ろ大風に因りて傾場す。之を重建せんと欲するも、頻年水旱有りて民力逮ばず、官屋を没入するあるを見ゆ。撒いて之を為らんことを請う。

とあり、浙江台州府は大風が原因で壊れた文廟、学校、按察行署を再建する際には、没入した官屋を再利用したいと上奏している。直隷府州県では察院、司府州県では按察分司と名付けられた按察行署の維持は、分巡制度の支柱であった。それ故に、新たに領土となった地域には分巡制度が適用されると同時に、各府州県に按察行署が建てられた。永楽六年二月、交趾按察司が設置されると、山南、山北、海東、海西の四つの分巡道が設けられ[16]、永楽二十一年七月、貴州按察司にも同じく四つの分巡道が設けられ[17]、それぞれの各府州県に按察分司が建てられた。

太祖が確立した都察院体制の中で重要な要素となった第二点は、都察院を三法司の一機関として位置づけたことである。事実、洪武十七年になって都察院は刑部、大理寺と共に司法処理に当ったが[18]、三法司として都察院が実際に活動するようになったのは、永楽以後のことである。万暦会典巻一七七、刑部、熱審の条に、永楽二年の四月と四年五月、三法司官に刑獄の欽恤の策として、夏月の熱審を行うようになったし[19]、同条の朝審の項によれば、会官審録の例として、洪武三十年令が載せられている[20]。三法司を形成した都察院は刑部と並んで審決を行い、純然たる覆審機関となった大理寺とは異なった。明実録永楽元年十月己酉の条に、

大理寺卿薛嵓等奏す、各布政司、所部の具獄を上し、凡そ死罪百余人は御史を分遣して臨決せんことを請う。上、之に従う。

とあり、各布政司で死罪の罪囚が百人を越えた場合、御史を派遣してその審決に当ることになった。審決とは会官して詳審処決することであり、審録の上、処決することを意味した。万暦会典巻一七七、刑部、決囚の条によれば、審録、覆審を経た南北直隷十三省の重囚の場合、各省では各道巡按御史が都布按三司と会同し、両直隷では刑部主事四

員が直隷巡按御史、分巡官、分守官、府官と会同して、冬至前に会審を行って處決するとある。[21] これは嘉靖以後の決囚の方法を述べたと推測される。

成祖は都察院を再置し、御史、按察司官の分巡制度を復活して地方監察制度の強化にも当った。万暦会典巻一三、吏部、朝覲考察の条に、「永楽元年令、府州県官の到任半年以上の者は、巡按御史、按察司が其の能否、廉貪の実跡を察して具奏せしむ」とあり、直隷府州県官は直隷巡按御史に、司府州県官は按察司に考察させた。人民にとって府州県官の在り方が最も重要であるとの認識からであったろう。府州県官の考察はその後も継続して行われ、「外官の不時考察」として定着した。宣徳十年になると、直隷府州県は吏部の差官と直隷巡按御史、司府州県では布政司と各道巡按御史が考察に当り、[22] 景泰七年に入ると、巡撫、巡按官が按察司官と会同して、府州県官の考察に当ることになった。[23]

また成祖は各道の分巡道を按治した分巡官の他に、管屯に当る専任按察司官の増設を行った。いわゆる監司の増設である。万暦会典巻一八、戸部、屯田の条に

永楽五年令、浙江、江西、湖広、広西、広東、河南、雲南、四川按察司官は僉事一員を増置し、陝西、福建、山東、山西按察司は僉事二員を増置し、屯糧を盤量す。

とあり、屯田僉事の増設を記載する。各道の分巡官は「巡按事宜」に遵って府州県を按治し、その項目は多岐に亘っており、且つその区域は広大であり、期日内に職務を遂行することが出来なかった。その為に時代の要請による緊急の新項目や重点的な按治には対応できなかったことによる処置であった。監司の増設はこれを契機として増加し、宣徳年間に入って監察強化策がとられると数多くの副使、僉事の増設をみた。その結果、提学、兵備、撫民、巡海、清軍、駅伝、水利等の専任分巡官ともいうべき官が出現した。[24] 正統五年以後になると、布政司官も分守を行うことが制度化し、[25] 按察司官と同様に府州県を分守（巡）したが、この分守官も期日内に職務を遂行できず、糧儲、屯田、清軍、

駅伝、水利、撫民等の専任分守官の増設をみたから、[26] 成祖による監司の増設が与えた影響は大きかったと言わざるを得ない。

監司の増設は各道巡按御史の分巡按治にも影響を及ぼした。永楽十三年、御史三員を派遣し、陝西の洮州、河州、西寧茶馬司に於いての貯蔵、番馬との交換を監督させて、[27] いわゆる巡茶（馬）御史を生み出すことになったし、翌十四年にはまた御史を派遣して、塩課、私塩を監督させて巡塩御史派遣の嚆矢となった。[28] 宣徳年間以後になると御史の派遣は増加し、のちに出差御史として分類されるようになった。

このように、成祖は都察院を再置して太祖の地方監察制度を継承したに止まらず、府州県官の考察、監司の増設を行って監察強化を行い、これらの政策は後の地方監察制度に多大な影響を与えることになった。

三　新地方監察官の派遣

建文帝が御史府を設置して太祖の地方監察の政策から後退したかに思えたが、成祖は即位するや、直ちに旧制に復して都察院を再置した。その結果、都御史官と十二道御史が復活し、十二道御史が各道按察司を指導、監督する体制に戻ったし、直隷府州県は直隷巡按御史が、司府州県は按察司官が分巡按治する方法が復活した。しかし、成祖は旧制に復して都察院体制を強化しただけでなく、更に地方監察の為に新たに給事中、内官を起用して派遣した。その上、政府高官と給事中を一組みにして全国に派遣した。

第一に撫安官の派遣である。明実録洪武三十五年十一月辛丑の条に、

撫安北平郡県戸部郎中李昶言う、真定府武強県の南の滹沱河決し、民田五十余頃を渰す。宜しく亟《すみや》かに修治すべ

きも、民力敷らず。傍近の州県の民及び真定衛軍を発し、相い参じて修築すべきを乞う。之に従う。

とあり、北平郡県戸部郎中の李昶を撫安官（地方監察官）として按治に当らしている。[29] 成祖の即位は洪武三十五年七月のことであるから、即位後、間もない時期であった。真定府武強県の南に位置する滹沱河が決壊して、民田五十余頃が被害を蒙った。撫安官の戸部郎中李昶は、早速に修繕すべきであるが、民力の不足の故、傍近の州県民や真定衛軍の協力を求めたところ、許可された。撫安官の李昶は翌十二月にも、「北平の郡県の民の多くは復業し難く、今尚お食に難しみ、牛耕種も乏しい」と上奏しており、[30] 靖難の変によって北平布政司の地が荒廃していた状態が窺われる。永楽元年六月には、監察御史袁綱、給事中朱亮等が直隷府州及び浙江等布政司に派遣され、給事中が地方監察に起用されることになった。[31] 洪武三十五年十一月の時の撫安官李昶は北平郡県戸部郎中であったが、今度は直隷を含む全国に給事中が撫安官として派遣された。明実録永楽二年正月戊午の条に、

撫安江西給事中朱肇劾奏す、江西按察司副使梁成、惟だ薄にして修めざれば風憲に居り難しと。上曰く、按察司は一方の風化（紀）、郡邑の表率の係わる所、既にして家を正す能わざれば、何を以てか人を正さんと。辺に謫戍す。

とあり、給事中朱肇は按察副使梁成が風憲官としては不適格であると劾奏した。本来、給事中は科道官であり、御史と共に六部以下の官の考察に当る皇帝側近の官であった。明史巻七四、職官志の条にあるように、後に工科給事中は御史と共に節慎庫を巡視し、[32] 各科給事中は宝源局等の稽査にも当った。[33] しかし、地方監察官として派遣されたのは、成祖の時が初めてであった。同二年三月、撫安江西給事中朱肇は、工部が人を派遣して江西で牛を購入し、淮安経由で北京に転送している事実を指摘し、江西、浙江等の没官牛を転送すれば、官民ともに便利であると上奏した。[34] 同月にまた、「歳ごとに御史、給事中に命じ、各處に往き軍民を撫安せしむ」とあり、[35] 毎年、給事中は御史と同様に地方

監察官として派遣された。実録、国権によれば、撫按四川給事中丁琰、撫安湖広給事中何海、撫按山東給事中王鐸、撫安山西給事中王驥の上奏があり、給事中の派遣は全国的であった。例えば、明実録永楽二年十一月辛丑の条に、撫安湖広給事中何海は、「洪武中頒布の祖訓、條章、諸司職掌、行移体式の諸書、歴年既に久しく、官吏遷易し、遺失する所多し。亦、経兵の處、焚毀して存せざる有り」と上奏し、靖難の変によって洪武中に配備した書が焼失したり、歴年久しき故に紛失している所もあるとその実情を指摘して、諸書の重刊を主張した。(36) また明実録永楽九年六月甲辰の条に、撫安山東給事中王鐸の上奏を載せ、

青登莱三府の地は山海に臨み、土瘠せて民貧しく、一たび水旱に遇わば衣食給さず、多くは東昌、兗州等の府に逃げ、雇を受けて苟沾す。今東昌等の府、閑田多し。新たに河の西岸を開き、亦、空地有り。若し青州等三府の逃民を籍し、官が牛具、種子を給し、彼に就いて耕種し、三年を俟って税糧を科徴し、其の原籍の田地は有力の家に耕種を聴さん。此の如ければ、則ち田に荒蕪無く、民は得て業に休んぜん。

とあり、山東の青州、登州、莱州の三府の土地は瘠せているので、一たび水旱に遇うと東昌、兗州等の府に逃民化している実情を述べる。その対策として、逃民の青州、登州、莱州等の原籍は有力の家に耕種することを認め、一方で逃民を東昌、兗州等府の閑田や空地を貸し与え、牛具等を給して新たに籍すれば、東昌等の府の荒蕪地は開墾され、逃民も業に休んずるであろうと主張した。このように永楽元年から九年にわたって、給事中が撫安官として地方監察に従事した。

第二に内官の派遣である。太祖は洪武十七年、鉄牌を鋳造し、その文に、「内臣は政事に干預するを得ず、犯す者は斬す」とあって宦官の政界進出を禁止した。明実録永楽五年六月庚子の条に、

昔自り閹官権を弄し、朝廷の号令を假りて軍馬を擅調し、人民を私役し、以て威福を逞しくし、生事造釁し、宗

社を傾覆する者多し。我が太祖皇帝、前代の失に監み、綱紀を立て、号令を明らかにし、軍馬を調発するに必ず御宝文書を以てす。朕、即位以来、一に旧制に遵い、軍民を愛恤し、首に天下に詔して、一民一軍も擅差するを許さず。復た所司に命じて厳しく禁約を加う。

とあり、太祖が前代における宦官の弊害を指摘して、宦官が政事に干与することを禁止した例に倣い、成祖はその遵守の姿勢を明らかにした。続けて、

□?年、曾って内使李進に命じて山西に往き、天花を採らせたのは、此れ一時の過ちなり。

と述べ、内使李進の派遣を一時の過ちと反省し、以後、内官の起用を否定して暫くは守られた。しかし、既に永楽元年二月、中官を派遣して各處の銀場、銀坑の歳辨の科徴に当らせていた(37)。成祖が本格的に内官を派遣するようになったのは、永楽十九年以後のことであった。明実録永楽十九年十一月辛酉の条に、

内官楊寘、監察御史戴誠等を分遣し、両京及び天下庫蔵の逓年出納の数を査勘せしむ。

とあり、御史などと内官を派遣し、両京並に各省の庫蔵の調査に赴かせ、同月にまた南京及び直隷衛、府州県の倉糧に於ける出納の数量を調査させた(38)。明実録永楽二十年十月癸巳の条に、

内官韋喬、監察御史宋準、郎中呂謙等八十人に命じ、天下軍民衙門の倉糧を盤點し、及び逓年出納の数を稽考せしむ。

とあり、内官が御史、郎中などと全国の倉糧点検の為に派遣され、地方監察官としての地位を獲得した。これは後に地方監察官の鎮守太監として活動する契機となった点で考慮すべきであろう。

第三に巡撫の派遣である。巡撫の語を軍民や被災者等を撫安する狭い意味と、広く地方監察を行い天子の巡狩を代行する意味の二者があると考えると、前者の例として洪武十六年の徐達の北辺巡撫と永楽九年の戸部官による巡撫の

二例がある。[39] 後者の例としては、洪武二十四年の皇太子標の陝西巡撫と永楽十九年の尚書蹇義等の全国に及んだ巡撫の二例がある。巡撫が常時、派遣されるようになったという意味での巡撫制は、洪熙元年から宣徳五年に及んだ胡槩の南直巡撫に始まると指摘されており、この巡撫制の嚆矢は洪武二十四年の陝西巡撫にあったと考えられている。[40] 確かに洪武二十四年の陝西巡撫には地方監察の面も存在したが、むしろ皇太子による監国の為の要素の方が強かったと考えられ、地方監察制度の上からみると全国に及んだ永楽十九年の巡撫こそ、後の巡撫制を齎したとするべきであろう。明実録永楽十九年四月癸丑の条に、

吏部尚書兼詹事府詹事蹇義等二十六人に勅して天下を巡行し、軍民を安撫せしむ。勅に曰く、今、爾等に命じ、郡県を分歴し、軍民を撫安し、所苦を詢察せしむ。凡そ利の未だ興さざる者は之を興し、害の未だ革まざる者は之を革む。諸司官吏の法を蠧《むしば》み、民を厲する者は之を黜し、守法愛民なる者は之を旌す。爾克く所命に副い、民安を田里に致し、飢寒愁嘆の声無ければ、則ち予、汝嘉せん。如し又徇私蔽公して辨ぜず、淑慝して是非を察せず、軍民の休戚以て究心せざれば、将に爾の罪もまた逭る可からず。

と述べ、蹇義等二六人に天下を巡行して軍民を安撫させた。この時、蹇義等の政府高官一三人と行動を共にしたのは給事中一三人であって、監察御史ではなかった。その内訳は左記の通りである。

尚書兼詹事蹇義	給事中馬俊→南京
礼部尚書金純	給事中葛紹祖→四川
右都御史王彰	給事中王勵→河南
副都御史劉観	給事中李瑒→陝西
副都御史虞謙	給事中許能→浙江

工部侍郎郭進　給事中章雲↓江西
刑部侍郎楊勉　給事中徐初↓福建
礼部侍郎郭敦　給事中陶衎↓北京
工部侍郎李祀　給事中劉渙↓山東
太常寺少卿周訥　給事中劉藎↓湖広
大理寺丞敦瑄　給事中艾広↓広東
大理寺丞孫時　給事中蕭奇↓山東
通政司参議朱侃　給事中楊泰↓広西

これをみると、二直十一省の全行政区画に及んでおり、尚書等の政府高官が単独でなく、それぞれ給事中と共に派遣されていたことが分る。既に述べたように、成祖は永楽初年から給事中を撫安官として起用して地方監察に当らせていたから、今回の政府高官と給事中の派遣はその延長線上にあったし、靖難の変と北京遷都事業による国内政治の乱れを修正する意図もあったと考えられる。例外はあったとしても、この時の巡撫の在り方は主として給事中が監察に当り、尚書、都御史、侍郎等の高官はそれに基づいての按治であったと推察される。彼等は郡県を分巡して官吏考察に当るほか、利害の興挙や革除等に当ったのであり、皇帝の巡狩の代行であった。巡狩の代行という点では各道巡按御史が派遣されていたのであるから、新たに政府高官と給事中を一組みにして天下に派遣したのは、それだけ国内政治の乱れが深刻化していたためと推察される。その上、内訳によれば十三員の政府高官の中で、刑部、都察院、大理寺の憲職官が約半数を占めていることからも、司法監察に重点が置かれていたと考えられるし、地方監察の徹底と充実を目指していたことが判明する。

以上のように、永楽期の新しい地方監察官として、給事中、政府高官、内官の三者があった。しかし太祖の樹立した地方監察制度は都察院を監察機関としただけでなく、司法機関としても位置づけたし、十二道御史が各道按察司を指導、監督する体制であった。且つ、地方監察の指針として洪武四年の憲綱四十条、同十五年の巡按事宜が頒布されていた。即ち太祖は監察御史を皇帝の側近官としてではなく、憲職官として位置づけて司法の処理に当らせた。ことに監察御史や按察司官を出巡させるに当って、分巡地域を設定しただけに止まらず、出巡制度の定着化の為に分巡する際に便利な執務兼宿泊所（按察行署）を各府州県に設置させた点は評価すべきであろう。何故なら永楽十九年の政府高官と給事中の分巡の際には監察御史の按察行署も按察司官の行署と共に利用されたと推察されるからである。成祖は太祖の地方監察制度を踏襲し、更に給事中、巡撫、内官三者の地方監察官を新たに起用したが、結局は一時的な派遣に止まったと言えよう。

けれども、成祖が行った地方監察制度の中で後世に大きな影響を与えたのは、巡撫の派遣と監司の増設であった。前者は洪熙・宣徳年間に継承され、景泰四年以後になると、巡撫となる者が都御史の職を兼ねた結果、巡撫官は各道巡按御史と対等、若くはそれ以上の権限を持って地方監察官として活動した。これは太祖の樹立した地方監察制度の中に、巡撫官が組み込まれたと考えるべきであろう。後者の監司の増設は、後に各道分巡官の他に提学、屯田、清軍、兵備等の専任分巡官を輩出する契機となり、明代中期以後の地方監察をより緻密化したと言わなくてはならない。

尚、成祖は北京遷都を行い、北京に行在都察院を設置し、南京の都察院と同様に十二道御史を置いた。これは正統六年以後に南北都察院を成立させることになった。宣徳以降、南京都察院は監察の中心機関から後退して、北京都察院の補助的役割を果たすことになったが、明末まで存続し、独自の監察職務も有していた。[41] その意味で成祖の北京遷都は、明代の監察制度にも大きな影響を与えることになった。

おわりに

建文帝の御史府設置は監察御史を皇帝側近の臣と位置づけたものであり、漢代以来の御史大夫を復活し、十二道御史を左右両院の下に配置することによって、洪武十五年以前の御史台組織を復活することでもあった。これは太祖時代にあって、太祖の志向した監察制度の在り方に不満を抱く政治勢力が存在したことを物語るものであり、建文帝になってその勢力が台頭したことを裏付ける。

太祖が意図した監察制度は、監察御史を皇帝側近の臣とし、諫官、言官的な役割を求めるのではなく、地方監察官として位置づけて憲職官の役割を求めた。その結果、御史台を都察院に改め、そこに都御史官と十二道御史を配し、十二道御史が各道の按察司を指導、監督することになった。そして各道の按察司官は司府州県を分巡按治し、直隷巡按御史は直隷府州県を分巡按治し、更に各道巡按御史が直省府州県を分巡するという二重の按治を行った。彼等の分巡按治を行う際の指針として、洪武四年に憲綱を、洪武十五年には巡按事宜を頒布し、且つ彼等の分巡按治を支える為に、直隷府州県に察院を建て、司府州県には按察行署を建てさせるという、用意周到な措置を施した。このような強固な地方監察制度を確立した太祖の政策は、建文帝の短い治政期間では崩れなかった。次の成祖は即位すると直ちに御史府を都察院に改め、都御史と十二道御史を設置して旧制に復したからである。これによって直隷巡按御史、按察司官の分巡按治は再開されたし、各道巡按御史の分巡も復活し、二重の地方監察が行われた。

更に成祖は旧制に復したに止まらず、按察司官を増設し、分巡官の他に専任分巡官として屯田の監察を行わせた結果、太祖の制度を補強することとなり、後に提学、清軍、兵備等の専任分巡官を誕生させる契機ともなった。その上、永楽十九年四月には政府高官と給事中を一組みにして全国へ派遣して巡撫させ、宣徳以後の巡撫制を誕生させる契機ともなった点は評価すべきであろう。何故ならば監司の増設、巡撫の派遣の両者は、太祖の志向した地方監察制度をより一層整備することになったからである。

註

（1）明史巻七三、職官志二、都察院の条に、「国家三大府。中書總政事、都督掌軍旅、御史掌糾察。朝廷紀綱盡繫於此、而台・察之任尤清要」とある。呉元年十月の時は御史台と察院が置かれ、建文二年三月の時は御史府と察院が設けられた。

（2）唐代以来、御史台組織は台院、殿院、察院の三院で構成された。元代に殿院を縮少して殿中司とした。察院には監察御史を置いたが、監察御史を左右の両院下に設けたのは、建文帝が初めてであった。

（3）明史巻七二、職官志一、戸部、刑部の条。

（4）小畑龍雄「分巡道の成立」（山口大学文学会誌三―一、一九五二）を参照。

（5）国権建文二年三月辛巳の条に、「改詹事府為御史府、便朝謁。左都御史耿（景）清為御史大夫、副都御史練子寧為御史中丞、賜宴于新治」とあり、朝謁を便にする為に太平門外にあった都察院の建物の代りに、詹事府を御史府の公署にし、新しい御史府で宴を賜わったとある。尚、国権では練子寧を御史中丞に任じたとするが、明史巻一四一、練子寧伝には、「未幾、拝御史大夫」とあり、国朝獻徵録巻五四、鄭暁「都御史練公子寧伝」にも、「又御史大夫に改む」とあって御史中丞とは記載しない。

（6）万暦会典巻一三、吏部一一の条に、「凡科道官考満。洪武二十六年定、監察御史従都御史考覈。給事中従都給事中考覈」とある。同会典巻二〇九、都察院一の条に、「在京都察院及十三道・在外按察司、俱称風憲衙門」とあり、都察院、十三道御史、各道按察司を風憲衙門と称した。また同会典巻二一〇、都察院二、憲体第三条に、「風憲官當存心忠厚、其於刑獄、尤須詳慎」とあり、御史、按察司官を風憲官と称し、刑獄に際しては詳慎さを求められている。尚、法を執る官を憲臣、或は憲職官と言ったので、御史、按察司官は風憲官であり、憲職官であった。間野潜龍「明代都察院の成立について」（史林四三―二、一九六〇）を参照。

（7）彭勃・龔飛『中国監察制度史』（中国政法大学出版社、一九八九）の「金代的御史制度」の中で、「提刑司。世宗時、設提刑司、分按九路刑獄、同時兼采訪事務」とあり、金の世宗の時に提刑司が設置された。

（8）国権建文四年七月丙午の条。

（9）明実録永楽元年正月丁亥の条に、「陞都察院左副都御史陳瑛為左都御史」とある。

（10）国朝獻徴録巻五四、雷禮「都御史陳瑛伝」に、「陳瑛、直隷滁州人。少穎悟有才識。洪武中以人才貢入太学。未幾擢監察御史。二十八年陞山東按察使……永楽元年陞左都御史掌院事」とある。

（11）国朝獻徴録巻五四、雷禮「都御史劉観伝」に、「劉観、直隷保定府雄県人。洪武乙丑進士。授大谷県丞。有治才以薦舉擢監察御史。（永楽）十三年改都察院左都御史、理院事」とある。

（12）明史巻六、成祖本紀二の条に、「（永楽元年）二月乙卯、遣御史分巡天下、為定制」とある。

（13）拙著『明代地方監察制度の研究』（汲古書院、一九九九）七七頁参照。

（14）明実録永楽元年閏十一月癸丑の条。

（15）明実録永楽二年正月丁巳の条。

（16）明実録永楽六年二月甲辰の条に、「設交阯按察司之山南、山北、海東、海西四道分司」とある。

（17）明実録永楽二十一年七月丙午の条に、「吏部言、設貴州四道按察分司」とあり、貴寧、新鎮、安平、思仁四道の分司が設けられた。

（18）明実録洪武十七年閏十月癸丑の条に、「命天下諸司、刑獄皆属刑部・都察院詳議。平允又送大理寺審覆、然後決之。其直隷諸府州刑獄、自今亦準此令、庶幾民無冤抑」とある。

（19）万暦会典巻一七七、刑部一九、熱審の条に、「永楽二年四月諭三法司官、天気向熱、獄囚淹久、令五府、六部、六科給事中、協同踈決、死罪獄成、秋後處決。軽罪随即決遣。有未能決者、令出獄聴候」とあり、また「（永楽）四年五月諭三法司、天気

已熱、除犯斬絞罪外、徒流以下、皆令在聴候発落」とある。

(20) 万暦会典巻一七七、刑部一九、朝審の条に、「洪武三十年令、五府、六部、都察院、六科、通政司、詹事府、詳審罪囚」とある。

(21) 万暦会典巻一七七、刑部十九、決囚の条に、「其南北直隷、十三省重囚、奉有決単者、各省巡按御史、会同都布按三司。両直隷差主事四員、会同巡按御史、道府等官、倶于冬至前、会審處決」とある。

(22) 万暦会典巻一三、吏部一二、朝覲考察の条に、「（宣徳）十年令、直隷府州県、従吏部差官及巡按御史考察。各布政司府州県従布政司及巡按御史考察」とある。

(23) 万暦会典巻一三、吏部一二、朝覲考察の条に、「景泰七年令、巡撫、巡按会同按察司堂上官、考察府州県官」とある。

(24) 明史巻七五、職官志四、提刑按察司の条。

(25) 嘉靖沈丘県志巻二、公署の条に、「正統五年、以有分巡無分守、亦無以盡仁政之良。遂命工部頒告天下州県、各立分司一所、藩臣亦分道以巡之、謂之分守」とある。また正徳新城県志巻六、公署の条に、「布政分司……按天下布政分司、国初未有。正統五年、始奉工部勘合而立」とあり、正統五年、分守の行署が府州県に立てられたが、按察分司に倣って布政分司と名付けられた。

(26) 明史巻七五、職官志四、承宣布政司の条。

(27) 万暦会典巻二一〇、都察院二、奏請點差の巡茶馬の条。

(28) 万暦会典巻二一〇、都察院二、奏請點差の巡塩の条。

(29) 成祖は李昶を北平郡県戸部郎中に起用し、北平郡県の撫安に当らせた。これは靖難の変後の北平布政司内を安撫する為であった。李昶以後は給事中を起用した。尚、「撫安山東給事中王鐸」のように、官職名の上に地方監察を表わす語句を用いるようになったのは、永楽年間以後である。洪熙、宣徳年間になると、「巡撫浙江布政司周幹」や「鎮守陝西右副都御史」はよく用いられた。尚、明実録宣徳三年七月辛酉の条には、「行在兵部奏、昨巡撫官布政使周幹」とあって、既に巡撫官と表記された。恐らく、この表記は成祖が郎中、給事中を地方監察官として派遣した時に、「撫安」としたのが最初であろう。

(30) 明実録洪武三十五年十二月丙寅の条。
(31) 明実録永楽元年六月癸丑の条。
(32) 万暦会典巻二一三、六科、工科の条に、「本科官及東城御史、仍兼巡視節慎庫銭糧」とあり、工科給事中が東城御史と節慎庫の銭糧を巡視したとある。尚、同巻二、官制一に、節慎庫は嘉靖八年添設とある。
(33) 宝源局は中央政府の銅銭鋳造工場。『明史食貨志譯註下巻』、銭鈔の条参照。
(34) 明実録永楽二年三月乙丑の条。
(35) 明実録永楽二年三月庚申の条。
(36) 明史巻六、成祖本紀二、永楽三年冬十月戊子の条に、「頒祖訓於諸王」とあり、祖訓の重刊を行った。
(37) 明実録永楽元年二月丁丑の条。
(38) 明実録永楽十九年十一月己卯の条。
(39) 明実録洪武十六年十月戊寅の条に、「遣使魏国公徐達……先是命（徐）達等巡撫北辺、訓練士卒」とある。同永楽九年七月辛未の条に、「工部言、浙江潮水衝決、仁和県黄濠塘岸三百余丈、孫家圍塘岸二十余里……請発軍民脩築。従之、仍命戸部遣官、巡撫被災之家」とある。
(40) 栗林宣夫「明代巡撫の成立に就いて」（史潮一一－三、一九四二）、新宮学「初期明朝政権の建都問題について－洪武二十四年皇太子の陝西派遣をめぐって－」（東方学九四、一九九七）。
(41) 拙稿「明代都察院の再編成について」（明代史研究二九、二〇〇一、原載、本書第四章）。

第四章　明代都察院の再編成

はじめに

明代を通ずる監察機関として、洪武十五年、中央に都察院(1)が設けられ、翌十六年に都御史、副都御史、僉都御史が置かれた。地方には洪武十四年、提刑按察司が復置され、按察使、副使、僉事が設けられた。洪武二十五年になると、各省の按察司下に設置されていた按察区画の「分司」を「道」と改称し、洪武十五年に置かれた都察院の十二道御史によって、各省の分巡道(2)を管轄するという、監察の一本化が図られることになった。このように十二道御史と各道按察司官による地方監察制度が成立し、永楽年間以降になると、御史の中から各道巡按御史の他に、清軍御史、巡塩御史等の出差御史を多数派遣すると共に、按察司官の中から清軍、屯田等の按察司官（副使、僉事）を派遣せざるを得なくなり、地方監察は更に緻密になっていった。(3)

この各道巡按御史と各省按察司官による地方監察に、新たに参画したのが巡撫であり、各省布政司官（参議、参政）の分守官であった。巡撫が臨時的派遣に止まらず、洪熙元年から宣徳五年に亘る南直巡撫胡槩の成功は、後に常設巡撫制へと発展していった。(4)処が、監察御史と按察司官による地方監察制度が既に確立していたために、巡撫は文移等の面で御史・按察司官と衝突した結果、景泰四年以降になると、巡撫が常に都御史の銜を兼務することによって、その解決をみた。巡撫都御史が数多く派遣をみたのは南北直隷と辺鎮であったから、その按察行署の「都察院」も両地域に多く建てられた。一方、各省布政司官の場合、本来布政司官も設置当初より省内の分守（分巡）が義務づけられていたが、地域によっては有名無実となっていた。しかし宣徳以後、鉱賊等による社会不安が増大し、正統五年以降、各府州県に「布政分司」という分守行署が建てられ、これを利用して定期的に分守することになった。(5)布政司官は行政官であって監察官でなかったが、後になると地域によっては按察司官と交代して、管轄地域を分巡して監察に当る場合も生じた。

御史と按察司官の地方監察は、この巡撫、布政司官の両者を組みこむことによって更に発展し、地方監察は一層その緻密さを深めた。その結果、正統以降になると、巡撫、巡按、各出差御史、按察司官、増設按察司官、布政司官、増設布政司官が地方各地に派遣され、いわゆる撫按守巡体制を形成していった。

明代の監察制度はこの様に地方監察の面で発展した所に特色があるが、永楽十九年の北京遷都によって北直隷が誕生し、南直隷と併せて二直隷を形成した。そして南京が陪都となったものの、南京都察院が置かれ、その下に十三道御史も設けられた。その上、永楽十八年に雲南、貴州、交趾三道が加わり、宣徳十年に交阯道の廃止をみ、正統六年になって二直隷十三道の監察区画が確立された。

そこで地方監察の面から改めて十二道御史の職掌を検討し、地方監察の具体的側面を考察し、監察制度上から北直隷の成立と十三道御史への過程をあとづけてみたい。更に明末まで置かれた南京都察院の役割とその特色についても言及したい。

一　十二道御史の職掌

諸司職掌、都察院の条に、都察院の職掌について、

職は専ら百司を糾劾し、寃枉を弁明し、各道を提督し、一応の不公不法等の事に及ぶ。其の属に十二道監察御史あり。凡そ刑名に遇わば、各々道分に照して送問発落す。其れ監察御史の出巡、追問審理、刷巻等を差委するの事あれば、各々事目を具して請旨點差す。

とある。ここに百司の糾劾、寃枉の弁明等を記載するが、それらは監察御史の職務でもあり、監察都御史の専職であるとはいい難い。恐らく各道を提督するのが主たる職務であった。即ち各按察司から刑名書類が届くと、都御史は各道に仕分けして送問発落させ、十二道御史の出巡、追問審理、刷巻等の必要が生じた際には、御史を選択し請旨を仰いで点差することが専職であった。

都御史の管理下に置かれた十二道御史の人員は、万暦会典巻二、吏部、官制の条に、「国初、浙江等十二道監察御史六十員を設く」とあり、洪武年間に定員が六〇名であったとするが、概数であろう。平均すれば各道五員であるか

ら、各道には三及至八員が配置された。各道に配置された御史の職務は刷巻（官庁文書の調査）であった。諸司職掌、都察院の条に各道の刷巻衙門を記述する。例えば河南道の例を挙げると、河南布政司以外に、

礼部・太常寺・羽林左衛・国子監・翰林院・欽天監・光禄司・儀礼司・教坊司・直隷揚州府。

とあり、在京衙門、直隷衛、直隷府州県衙門の三種である。洪武年間の十二道は河南道の他に、浙江・福建・北平・広西・四川・山東・広東・陝西・湖広・山西・江西各道があり、各道が各刷巻衙門を担当した。十二道御史の刷巻は明代を通じて行われ、正徳、万暦両典の都察院の条に記されているが、刷巻衙門の追加、変更もあった(6)。恐らく監察御史となった者は十二道御史のいずれかに配属され、各道分担の刷巻業務に携わって、監察の在り方を習得したと考えられる。当然、この刷巻の結果は在京の軍民官、直隷府州県官の考満の際の資料になったと推察される。

同じく諸司職掌、都察院の条によると、十二道御史の職掌として、①糾劾百司、②問擬刑名、③出巡、④刷巻、⑤追問、⑥審録の五項目がある。①の糾劾百司は文武大臣から百官有司等の考察、祭祀・朝会の糾儀、学術不正の徒の挙劾であり、具奏弾劾が原則であった。②の問擬刑名は登聞鼓を撃った者、或は通政司に投状した者の刑名処理で、訴人の該当する各道御史が担当した。訴状通りの事実が判明すれば刑部等の官と公同処決し、絞斬死に該当するものは大理寺の覆考を待って処理した。③の出巡には直隷府州県を分巡する御史と、各省と直隷府州県へ派遣されて分巡する御史の両者があった。前者は直隷巡按御史、後者は在外巡按御史であり、一般に巡按御史という場合は後者である。地方監察を重視した明朝の監察制度にあって、出巡は最も重要な職掌であった。直隷府州県の場合は、直隷巡按御史が分巡した上、新たに在外直隷巡按御史とも称すべき御史が派遣されたので、二重の分巡が行われた。一方在外の府州県でも省城から按察司官が派遣されて分巡する上に、在外巡按御史が分巡したから、やはり二重の分巡が行われた。出巡した監察御史の職務は、㋑府州県を分巡遍歴し、㋺分巡する府州県に赴いたら、まず罪囚を審録し、巻宗

を吊刷し、㈧軍民の詞訟を受理する。戸婚・田宅・闘殴の件を審理する場合、必ず文簿を置立して告詞を抄寫する。もし官吏を訴える場合ならば、県官は府に、府官は布政司に、布政司官は按察司に送問処理する。但し按察司官を訴える場合は、巡按御史が親問する。また軍民官に干擬する場合は、直ちに奏聞請旨しなければならない。出巡した巡按御史が最も多くの時間を割いたのは詞訟の処理であった。それ故に巡按御史の按察行署であった察院や按察分司が、巡廻法廷(7)と呼ばれた理由であろう。㈡各府州県に赴いて官吏を考察し、㈭出巡事宜に遵って各處の科差賦役、圩岸堰陂塘、荒閑田土等の二三項目を監察し、首領官に抄案承行させた。出巡事宜の二三項目は地方統治の全般に渉っており、地方監察の眼目であった(8)。④の刷巻は、直隷巡按御史と按察司官が直隷或は在外府州県を分巡した際に行うものであり、六房の刷巻である(9)。その照刷方法には、照過（違枉なく既に行われた場合）、通照（違枉なく既に行われているが完結せざる場合）、稽遲（事既に行われ完結していなければならぬ場合）、失錯（違枉あるにも拘らず修正せずにその儘行われている場合）、埋没（銭糧を追徴せず、贓罰未収等の場合）の五者があった。⑤の追問は、②の問擬刑名に関連し、各道の所轄内で寃枉等が生じた際に、派遣されて審理に当った。⑥の審録は、布政司・按察司・都司、直隷府州県で死罪に当る囚人が出た際には、所轄の各道御史が派遣され、刑部の委官と会同して決審した。

以上の如く、十二道御史の職掌は糾劾百司、問擬刑名、出巡、刷巻、追問、審録の六項目であった。監察御史になった者は十二道のいずれかに配属され、在京衙門等の刷巻に従事することにより、監察方法を習得した。その後に祭祀・朝会の際の失儀御史や直隷府州県を分巡する直隷巡按御史となった。追問や審録の必要が生じた際には、該道の各道へ派遣された。中でも、「天子の代りに巡狩した」各道巡按御史は、赴任先の府州県を隈なく分巡遍歴することを義務づけられて官吏の考察、罪囚の審録、巻宗の吊刷に当るだけでなく、巡按事宜に遵って科差賦役から荒閑田土等の二三項目に渉る地方統治全般の監察に当った関係から、最も重要な御史であったといえよう。

二　北京行部と北直隷

太祖の死後、建文帝は都察院を御史府と改称し、十二道を左右両院と改め、御史の定数も二八名と規定したが(10)、次の成祖は洪武三十五年、復た都察院を置き、十二道を設けた(11)。

永楽元年正月、礼部尚書李至剛が、北平布政司は皇上運興の地であるから、太祖の中都の制に倣って京師とすべきであると上奏したのを承けて、成祖は北平を北京とした。北京遷都を意図した成祖は翌月、遷都の準備にとりかかった。まず北平府を順天府とし、北京に北京留守行後軍都督府、北京行部(12)、北京国子監を設置した。明実録永楽元年二月庚戌の条には、続けて、

> 行部、尚書二員、侍郎四員、所属六曹、吏、〔戸〕、礼、兵、工五曹清吏司、郎中、員外郎、主事各一員、刑部〔曹〕清吏司、兵郎中一員、員外郎二員、主事四〔員〕、照磨所照磨、検校各一員、司獄司司獄一員を置く。

とあり、北京工部には尚書二名を置き、吏戸礼兵工五曹清吏司に郎中、員外郎、主事を置き、刑曹清吏司には郎中一員とあって他の五曹と同じであったが、員外郎は一員、主事は三員も多く置かれたし、その属に照磨所、司獄司も設置され、刑曹清吏司の役割が重視された。同条には続けて、北平布政司、按察司及び都司等の衙門を廃止したとあるから、北京行後軍都督府が都司の役割を果たし、北京工部が布按二司の権限を有したことになる。恐らく吏等五曹清吏司が布政司の役割を、刑曹清吏司が按察司の役割を果たすことを期待されたと考えられ、北京行部は強大な権限を与えられたことが分る(13)。この様に北平布政司を廃止して北京行部が設置されたが、中央六部の方では刑部、戸部所属の北平清吏司を北京清吏司に、都察院では北平道を北京道に改称するに止まった。翌日、戸部尚書兼北平布政司事に

郭資[14]、刑部尚書掌保定府事に雒僉[15]がそれぞれ任命され、北京行部はこの後、永楽十八年十一月までの一八年間置かれることになった。

北京行部設置の目的は二つ考えられる。第一は遷都事業の準備であり、第二は靖難の変によって荒廃した北平布政司の復興である。永楽五年五月、成祖が北京の社稷の礼について太常寺に諮った處、「両京に太社太稷の礼が並立することはない。また北京には旧より国社国稷があり、これを太社太稷に変更できないし、況して撤去することはできない」とし、成祖が北京巡狩した当日に、国社国稷内に太社太稷の位を祭るべきであるとの返答が届いた。そこで成祖は北京に社稷壇祠祭署を設け、奉祀、祝丞各一名を置いて、北京工部に隷属させた。同年五月、北京工部は、「順天八府所属の人戸は十八万九千三百有奇あるのに、未だ復業せざる人戸が八万五千有奇もある。已に開墾した田地は六万三千三百四十四頃有奇であるのに比べ、未開墾田地が十八万一千四百五十四頃有奇もある」と述べ、北平布政司の復興未だしと報告した。これに対し成祖は北京行部に対し、「八府の民は勤労数年なり、宜しく施綏を厚くすべし。未だ復業せざる者は悉く招撫して復業せしめん」と勅諭した[16]。

ところで北京行部の権限に関しては、北京行部が廃止された時の内容からも逆推できる。永楽十八年十一月、成祖は「明年、行在所を改めて京師と為す」と述べた後[17]、北京行部の権限を次の様に移譲させた。

一、所属の順天八府、保安・隆慶二州は京師に直隷す。

二、宝鈔提挙司、承運庫、行用庫、広盈庫、張家湾塩倉検校批験所は戸部に移譲。

三、会同館、大通関は兵部に移譲。

四、織染所、雑造局、廬溝橋・通州・白河三處抽分竹木局は工部に移譲。

即ち、北京行部は北直隷全府州県を管轄し、戸部、兵部、工部の管轄範囲の一部を掌握していたことになる。この他、北京社稷壇祀祭署も、当然この時に太常寺に移譲したと推察される。

永楽四年以後、北京では中央衙門の造営に着手し、同六年十二月に礼部に命じ、五軍都督府、六部、都察院、大理寺、錦衣衛の印十四顆を鋳造させ[18]、次第に北京は京師の体裁を整えた。しかし同七年二月、成祖が北京巡狩した際、行在戸部尚書夏原吉の肩書は、「兼行在礼部、兵部、都察院事」とあり、行在六部等の官は未だ完備しなかった。翌八年二月、成祖は皇長孫に北京を留守せしめ、戸部尚書夏原吉等に留守北京事宜を所擬させた[19]。この事宜の中に、

行在六部、都察院等の衙門及び北京行部所属衙門、若し缺員ありて応に除補すべき者あらば、五品以上は行在吏部が南京吏部に移咨し、皇太子に啓して選補せしむ。

とあり、行在六部、都察院等の衙門、北京行部の所属衙門に欠員が生じた際、補充する規定があり、五品以上の官の場合、行在吏部が南京吏部に文移して皇太子に選補せしむと言い、永楽八年の時点では行在官の定員を増加し、北京行部の権限を減少したと考えられる。同十八年十一月に官属が悉く北京へ移った結果、北京行部及び北京留守後軍都督府は廃止された。南京六部の衙門も礼・刑・工三部のみとなり、且つ侍郎一員が置かれた。明実録永楽十八年九月丁亥の条に、

上、行在礼部に命じ、明年正月初一日より始め、北京を正して〔京〕師となし、行在と称せず。各衙門の行在の印あるものは、悉く印綬監に送り、預め人を遣わして取らしむ。南京衙門には皆南京の二字を加え、別に鋳印し、人を遣わして賚給す。

とあり、永楽十九年一月一日を以て北京は京師となり、従来南京に置かれていた衙門には南京の二字を加え、南京官となった。北京が京師になると、嘗ての北平布政使司は「直隷」という行政区画となったが、監察制度では直隷とはならなかった。直隷区画が成立した洪武元年八月以後、在外区画が按察司官によって分巡されていたのに対し、直

隷区画は監察御史が分巡しており、直隷は特別な監察道であった。しかし、永楽十九年一月一日の時点で、北直隷では監察御史による分巡は行われていないから、監察制度上では、北京は直隷扱いとなっていなかったと考えられる。但、同十八年十一月に都察院の各道の中から、「北京道」が廃止されたに止まった。明実録洪熙元年四月壬寅の条に、「北京都察院并に所属経歴司、照磨所、司務、司獄司、盧竜・恆南・冀北・広平四道を設く」とあり、この時、右副都御史、左僉都御史各一員を置き、分道の盧竜等四道に監察御史を各三員、都合十二員を置いた(20)。即ち、洪熙元年四月、北直隷も南直隷と同様に各府州県を監察御史が分巡することになった結果、名実共に監察制度の上でも直隷扱いとなり、両直隷の成立となった。北直隷府州県を分巡したこの直隷巡按御史は、嘗ての北平布政司の時代、按察司官が利用した各府州県の按察行署であった「按察分司」を「察院」と改称して利用することになったのであろう。北直隷府州県を分巡した直隷巡按御史は、宣徳年間になると「行在北京道御史」と称され(21)、北直隷に派遣された在外巡按御史を「巡按北直隷御史」と呼んだ(22)。

ここで各道の数を整理すると、洪武年間は十二道であったが、永楽元年、北平道を北京道に改め、同十八年十一月、北京の都察院（北台）と南京の都察院（南台）の北京道を廃止したから、両台ともに十一道となった。しかし同月、雲南、貴州、交阯三道が新たに設けられたので、両台は十四道となった(23)。そして宣徳十年、交阯道の廃止をみて十三道となり、以後明の滅亡まで変らなかった。

三　監察強化と京師決定

永楽十八年十一月、南京の官属を悉く北京に移し、遷都準備の為と靖難の変によって荒廃した北平布政司の復興に当った北京行部及び行後軍都督府を廃止して、北京は京師となった。處が成祖の死後、僅か八ヵ月にして仁宗は南京遷都の方針を打ち出した。[24] 北京遷都後、三年余である。明実録洪熙元年三月戊戌の条に、

諸司に命じて北京に在る者には、悉く行〔在〕の二字を加え、復た北京刑〔行〕部及び〔行〕後軍都督府を建つ。上、時に決意し復た南京に都すと言う。定国公徐甯に命じて之を佐けしむ。南京兵部尚書張本及び工部尚書李友直、右侍郎斐璉、蘇瓚を調して倶に北京刑〔工〕部に任じ、戸部右侍郎李昶、南京刑部右侍郎金庠を改めて北部〔京〕〔行部〕右侍郎と為す。

とあり、仁宗は在京諸司官に「行在」二字を加え、永楽十八年十一月に廃止された北京行部及び北京行後軍都督府を復置した。北京行部尚書には南京兵部尚書の張本、工部尚書の李友直、斐璉、李昶等を左右の侍郎に任じ、翌四月に張本は行部兵部尚書となった。[25] この措置は、成祖が北京遷都を決定した際に北京行部及び北京留守（行）後軍都督府を設置した例に倣ったものであろう。既に述べた北京都察院も同四月に設置されて、監察御史に直隷府州県を分巡させたのも、南京遷都政策の一環であったかもしれない。北京行部にはこの時も六曹清吏司が設けられているから、[26] 直隷府州県を北京都察院と共に管轄させる意図であったのであろう。しかし、成祖が設置した北京行部は布政司と按察司の役割を代行したけれども、洪熙元年三月の時には北京に五府六部以下の諸司が置かれ、且つ永楽十九年から四年間も継続していた点を考えると、仁宗が設置した北京行部の権限は以前のそれと比べて大きくなかったと推測される。仁宗は洪熙元年四月、南京太監王景弘に勅し、「朕、来春を以て京に還らん。今、官匠人等を前来せしむ。爾即ちに提督し、将に九五殿の各宮院、凡そ滲漏の處あらば随宜修葺し、但居るべきに足り、必ずしも過分な整斉を為し、以て人力を重労せざれ」と述べ、[27] 仁宗は翌春に南京遷都を決行せんとした。處が仁宗は翌五月に逝去した為に、南京遷都は中断された。

仁宗の後を嗣いだ宣宗は仁宗の遷都の意志を継承し、京官＝南京官、行在官＝北京官という名称を維持した。都察院について言えば、南京都察院官が京官となり、北京都察院官が行在官となった。遷都問題は永楽元年から、宣宗が即位した洪熙元年までとしても、二〇年以上も経過した。これに靖難の変の期間を加えると二五年以上に亘って国内政治の混乱が続いたから、当時の政治、経済等に多大な影響を及ぼした点は否定できないであろう。この様な国内政治の混乱に対して宣宗が採用した政策の一つは、太祖が確立した地方監察制度の徹底化であった。明実録洪熙元年八月丙子の条に、

陝西按察使陳智言う、憲綱に監察御史及び各道按察司、毎歳八月中に出巡し、審囚刷巻するは、已に著わして令と為す。比《このごろ》営繕等の事により、差遣の旧令、遂に廃す。凡そ官司に儲《たくわ》う案牘は散棄し、銭糧・刑名・贓罰等の項、湮没を致し、稽考に由る無きを恐る。

とあり、陝西按察使陳智は憲綱に御史と按察司官の八月出巡が明記されているにも拘らず、遷都政策による営繕等の理由で行われていない状況を指摘し、この儘では刑名・銭穀・贓罰等の書類が散逸して不明になる危惧を訴えたところ、宣宗は都御史劉観等に、「憲綱は爾の職とする所なり、何故廃弛して是の如きか。悉く旧例を挙行せよ」と勅した。[28]そこで早速、御史は直隷府州県へ、按察司官も各省府州県へ派遣された。明実録同月庚辰の条に、

行在都察院奏す、比者陝西按察使陳智、上言して旧例に循い、監察御史、各道按察司官をして毎歳八月中、出巡して審囚刷巻するを請う。前に仁宗皇帝の詔書に縁り、永楽二十二年八月十五日以前の所欠課程、倉糧、未納贓罰等の物は、已に蠲免す。此後、文巻は宜しく旧例の如くし、以て奸弊を革めんと。之に従う。

とあり、行在都察院は陳智の上言を納れ、既に仁宗の時、永楽二十二年八月十五日以前の所欠課程、倉糧、未納贓罰等は免除されていたが、その後の文巻を照刷して奸弊を革めよと上奏して聴許された。靖難の変、遷都事業による混

乱が二五年以上に亘った結果、洪武以来の諸制度が弛み、監察官の分巡も中止され、府州県の案牘も散逸していた。この状態は陝西のみでなく全国的に生じていたのであり、監察官の分巡を再確認し、実地調査の必要に迫られていたと推察される。この監察官の出巡規定であるが、正統四年の憲綱や洪武年間制定の巡歴事例、憲体等にも八月出巡のことは明記されていない。洪武四年の憲綱には明記されていたとも考えられるが、この憲綱条文は存在せず確認できない。けれども監察官の分巡は皇帝巡狩の礼に従うから、唐代以来、二月か八月が出巡月であった。出巡の原則は農閑期の八月であったから、洪武四年の憲綱条文には附記されていたとも考えられる。しかし、洪熙元年八月、宣宗により監察官の八月出巡が再確認されて実施されたことは、監察制度の上で重要な転機となったと考えられる。

改めて監察官の八月出巡を法令化した宣宗は、太祖以来の地方監察に力を注ぎ、靖難の変、遷都事業によって生じた体制弛緩を是正せんとし、監察強化を企てた。宣徳元年六月、中外文武諸司の文巻を御史に照刷させ[29]、同年三月、御史二一人を派遣して各布政司と直隷府州県の刷巻を行わせた[30]。万暦会典巻二一〇、奏請点差の条によれば、宣徳年間に初めて出差した御史として、清軍（宣徳二年）、巡関（宣徳七年）、巡視光禄寺[31]（宣徳四年）、巡青（宣徳九年）、巡庫（宣徳九年）、巡視皇城（宣徳三年）、巡倉（宣徳九年）の七者を挙げている。これに宣徳元年三月の刷巻御史を加えると、新たに八人の出差御史を派遣したことになる。英宗も宣宗の監察強化策を踏襲し、提学（正統元年）、巡視五城（正統十三年）の出差御史を派遣した。この様な各専門の出差御史を初めて派遣したのは成祖であった。万暦会典の同条に、巡塩御史は永楽十四年に、巡茶馬御史は永楽十三年に初めて派遣したとある。また成祖は永楽五年、十二省に盤糧屯種の為の按察僉事を派遣したが[32]、これは増設按察司の始まりであった。正統年間以後になると種々の名目の下に按察司官が派遣されたから[33]、宣宗、英宗による地方監察の強化政策は、太祖、成祖の監察制度を継承したと指摘すべきであろう。

宣宗が行った新しい地方監察制度の一つに、巡撫の派遣がある。巡撫については先行研究があり、巡撫が地方長官的役割を果たすことになったのは、洪熙元年八月から宣徳五年に及ぶ大理寺卿胡槩の時であったとされる。巡撫派遣の目的は、太祖が考えていた地方監察官としての巡按御史が、地方三司を監督、指導する方法では限界もあり、御史よりも高官の侍郎等の官を派遣する處にあった。それだけ当時の支配体制の弛みが深刻化していたと推測される。太祖、成祖の時代に比べ、この時代は「仁宣の治」と呼ばれ、比較的穏やかな時代と考えられるが、地方監察官を総動員するだけでは足りず、新たに高官を派遣せざるを得ない程、混乱していたのであろう。巡撫の語義を「巡行撫民、巡狩撫軍」に求め[34]、撫軍に重きを置いているが、「巡狩」の意の下に派遣されたことには変りなかった。巡狩である以上、官吏考察、罪囚審録等の監察は欠くべからざる項目であった[35]。大理寺卿胡槩は八月に派遣されたが、宣徳五年、周忱等六人を派遣したのは九月であって、監察御史や按察司官の如く出巡規程は守られていない。しかし巡撫には後に八月赴京議事が規定されており、且つ官吏の考察、罪囚の審録等に巡按御史と共に当っているから、巡撫も巡按御史と同様に巡狩の名目で派遣されていたことが分る。

この様に宣宗は太祖が確立した地方監察官の八月出巡をはっきりと法令化し、成祖が行った巡塩、巡茶馬御史の派遣例に倣って多くの出差御史を派遣したに止まらず、新たに巡撫を派遣して監察強化に努め、靖難の変、遷都事業によって生じた体制弛緩の立直しを図ったと考えられる。その結果、宣宗は監察法規の憲綱を新たに作成する必要に迫られ、時代の要請によって洪武四年の憲綱条文を取捨選択し、新たな条文を加えることにもなった。明実録正統四年十月庚子の条に、憲綱頒布事情を以下の様に述べる。

憲綱一書は洪武に肇まり、厥の後、官制同じからず、所宜、時に因りて改書す。而して中外の憲臣、往々情に任せて増益する者あり。我が皇考宣宗章皇帝、臣下に臨御し、屢々以て言を為す。遂に礼部と翰林儒臣に勅して旧文を考し、之を申明す。併せて祖宗所定の風憲事体の著して簡册をなす者を以て、悉く其の中に載せ、永く遵守するを示す。

正統四年頒布の憲綱は宣宗が命じたことがわかる。その上、太祖以来の憲綱に関しての条文を一括して刊行することとなり、憲体十五条、巡歴事例三六条、出巡相見礼儀四条、刷巻条格六条を収めた。後世になると、此等の六一条と憲綱三四条を併せた九五条が憲綱と考えられるようになった。

ところで、宣宗は旧令に循うと述べて太祖、成祖の地方監察制度を踏襲し、且つ巡撫派遣や新たに出差御史を派遣して監察の強化に努めたが、一方仁宗の南京遷都の意図を継承し、その治世の間、南京＝京官、北京＝行在官の名称を崩すことなく、正統六年になって漸く北京＝京官、南京＝南京官となし、京師は北京となった。形式的には正統六年になって、北京官の「行在」二字が取り除かれたけれども、実質的には北京官の優位は宣徳三年に決定していた。明実録宣徳三年八月辛卯の条に、

北京行後軍都督府及び行部を革む。永楽の初め、北京を建て行後軍都督府、行部を置く。遷都するに及び北京に五府六部を置き、皆南京の如くす。行都督府、行部は猶お存す。

とあり、宣宗は宣徳三年八月、仁宗が南京遷都の為に北京に設置していた北京行部及び北京行後軍都督府を廃止した。実録の記事では成祖の北京遷都後も両者が設置されていたように述べるが、既に見た如く、この時廃止されたのは仁宗が洪熙元年三月に設置した行部と行後軍都督府であった。恐らく宣徳三年八月に京師を北京とし、南京を留都とする方針を決定していた為、行部及び行後軍都督府の廃止に踏み切ったと考えられる。宣徳三年八月、行在都察院右都御史顧佐は、監察御史が多く欠けている所から、進士・監生・聴選教官の中から四五名を選出し、御史としての材に適していると上奏した。その上奏に対し、宣宗は彼等に歴政三ヵ月の期間を与えて賢否を考察し、三等に分類した後

に選択せんと回答した(36)。同年十一月、右都御史顧佐が彼等を上中下三等に分類した結果を報告した所、宣宗は上等一二人、中等二四人を監察御史とし、下等七人は再度歴政三ヵ月の後に賢否の結果を奏聞せしめた(37)。この時点で、最初に推薦された四五名の内、三六名を採用したことになる。そしてこの三六名の御史は全て行在監察御史であり、南京監察御史は含まれなかった。従来なら両台の監察御史に配分されるのが常であった。この時、行在官が京官となることが決定し、南京都察院は北京都察院の下に置かれた為、南京御史に配分されずに終ったと考えられる。事実これ以後、南京都察院に対する監察は厳しくなった。明実録宣徳四年四月癸亥の条に、南京都察院左副都御史邵玘に勅して、

都察院は乃ち朝廷紀綱の司、庶政の興廃、百僚の治忽、焉に繋す。近年南京都察院官、委靡して立たず、憲紀を頽壊し、惟だ諸司を糾正する能わざるのみならず、亦た各道御史をして恬として畏憚無きを致す。倉庫を巡する者は監守、納戸と通じて恣に姦弊を為し、鈔法を巡する者は市井の商賈と通同し貨賄を濫受す。甚しきは諸司を挾制し、肆に嘱託を行い、利を貪りて法を壊し、一端に止まらず。今特に爾に命じ、往きて振挙せしむ、務めて前弊を革めよ。

とあり、近年南京都察院官が不正を行い、監察官として不適格であると指摘し、邵玘に考察させた。翌二月、邵玘は監察結果を報告し、御史沈善等三人が貪淫無恥、粛全等六人が不達政体、王恭等三人が不諳文移、陶圭は曾って贓罪を犯したとして、以上の一三人の御史を降黜した(38)。また邵玘は南京六部の堂上官と会同し、戸部郎中等八六人を貪汚、姦嬾、不諳文理等の理由で降黜を求めて受け入れられた。この様に多数の南京御史や南京戸部郎中等の官が不正を働いた大きな原因は、北京が京師に決定し、行在官の優位が確定したことが考えられる。その結果、次第に南京官の人員が減少し、また閑職化を齎し、将来の出世の途も閉ざされた為に腐敗したのであろう。南京官の腐敗が目に余った為か、宣徳四年十月、南京六部、都察院に勅した中でも、「南京諸司の繋ある所甚だ重し。比年、貪汚、淫穢を以て

し、不才なる者多し」と述べ(39)、南京諸司官の腐敗ぶりを指摘する。明実録宣徳六年五月己丑の条に、南京五府六部都察院衙門の堂上官に勅して、公事を以て北京に赴く者には倶に駅馬を給することを述べた中で、

> 時に上聞く、南京各衙門官の公事を以て北京に詣る者は、悉く自ら貲を出して舟を賃す。曰く南京、北京は皆朝官なり。且つ聞く、南京官俸薄しと。公事を治するに、豈自ら舟を賃すべけんや。

とあり、宣宗は南京、北京官は皆朝官なりと言わざるを得ない程に、北京官と南京官との間に格差が生じていたことを推測させる。南京官が公事を以て北京に赴く場合、私費で舟を雇わざるを得ない程、両者に格差が出てきた事実が読みとれる。当時の南京都察院の堂上官は、左副都御史であり、左右都御史は置かれていなかったことからも、南京官が軽視されたと考えられる。

以上の如く、宣徳三年八月、北京行部及び行後軍都督府を廃止した際、北京＝京官、南京＝南京官という名称が決定したと考えられる。しかし、仁宗の南京遷都の意図を尊重した宣宗は、その在世中に京師を北京に決定したものの、京官＝南京官、行在官＝北京官という名称を変更することはなかった。漸く次の英宗の正統六年になって、北京の「行在」の二字を取り除いた(40)。

四　南京都察院

南直隷は洪武元年八月に成立し、直隷巡按御史が府州県を分巡したが、北直隷も洪熙元年四月に行在都察院とは別に北京都察院が設置され、同じく直隷巡按御史による府州県の分巡が行われたことにより、監察制度上からも二直隷が成立したと考えられる。そして宣徳三年八月以降、実質的に南京官としての南京都察院の成立をみた。

そこで南京都察院の役割を検討してみたい。南京に置かれた六部以下の衙門で、その属が十三区画の担当に分れているのは、南京戸部、刑部であるが、その十三清吏司は浙江、江西等の名称を冠するものの、管轄するのは南京諸衙門と南北直隷の府州県、衛所等であった(41)。一方、南京都察院でも十三道が設置されたが、正徳会典巻一六四、都察院の条の見今十三道帯管衙門をみると、南京戸部・刑部と異なり南直隷府州県と直隷衛所衙門は北京都察院十三道の管轄下にあることが分り、南京都察院十三道は名称のみが残ったにすぎない。事実、嘉靖南畿志巻二、志命官の条に南直隷府州県の分巡を記して「巡按郡県三人」とあり、太平府、泗州、蘇州府にそれぞれ駐留して十四府四州を分巡しているが、この直隷巡按御史も北京都察院から派遣されており、南京都察院の管轄下にはなかった。そうなると南京十三道御史は南京諸衙門の刷巻を通して監察方法を習得したのであろう。正徳会典巻一六六、南京都察院の条に、

凡そ本院の問擬刑名、審録、處決重囚及び提問職官等の項は、倶に南京刑部と同じ。

とあり、問擬刑名、審録等は南京刑部と共に当ることになっているが、会典によれば宣徳二年以後はただ京城の軍民の詞訟を行うだけであり、京城の軍民以外の詞訟の処理はできなかった(42)。会典の南京都察院の条に、

凡そ奏差各道御史の清軍、刷巻、巡江、管屯、鳳陽、巡倉等の項、各々印信あり、在京対道御史関領し、人を差して給付す。事完らば復命進繳す。

とあり、南京十三道御史が清軍、刷巻、巡江、管屯、鳳陽、巡倉等の名目で派遣される場合、北京の対道御史が印信を管理しており、その印信を持って赴任先に行き、事終らば復命して印信を返すとあって、北京十三道御史の管理下にあり、或はその補充の役割を果たした。尚、万暦会典によれば、この条文は成化十七年の題准である。また南直隷は「国家根本の地」として重視されたから、北台の支配は強大であった。嘉靖南畿志巻二、志命官の条に、当時南直隷に置かれた都御史として、総督漕運兼巡撫、総理糧儲兼巡撫、総督儲賦、督治江防、総理河道の五者を挙げるが、

南台都御史は「督治江防」のみで、他の四者は北台都御史であった[43]。ところで巡撫都御史の派遣が常設化するにつれ、その按察行署である「都察院」が直省府州県に建てられるようになったが、南直隷の場合は全十四府の中、十三府に建てられたことからも[44]、巡撫の支配が強大化したことが分る。

南京都察院の専差御史として、正徳会典に、聖節、正旦、冬至等や祭祀の際の糾儀御史の派遣があり、その他に応天府郷試、南京光禄寺及び南京内府庫の文巻、内府各庫の布絹監収、皇城門禁の点閘、巡城、各衛倉及び草場糧草の監収等の御史を挙げるが[45]、中でも重視されたのが操江官軍である。正徳会典巻一六六、南京都察院の条に、「凡そ南京巡江、御史二員を差す。一員は竜王〔江〕関上より九江に至る。一員は竜江関下より蘇・松等の處に至る」とあって、巡江御史二員を派遣したと述べるだけであるが、万暦会典巻二一一、南京都察院の条に、

凡そ操江官軍、本院副都御史、或は僉都御史一員、勅を奉じて提督し、并せて九江より鎮江、蘇松等の處の江道を巡視す。沿江の軍衛有司、盗賊の事、皆な焉に預る。

とあり、南台副都御史、或は僉都御史が官軍を操江し、沿江の軍衛有司を監督し、盗賊を取り締った。操江都御史は成化九年に設置され、会典によれば、嘉靖十一年に巡視上江御史は安慶府、下江御史は鎮江府に駐留した。尚、操江都御史は嘉靖九年から江西九江府に設置された操江廳[46]で、水操の閲視に当ったが、長江沿岸を守禦するには、「上は荊蜀を控制し、下は金陵を蔽う」という地理的条件を充たした九江府が選ばれたのであろう。

明代の地方監察官が軍事に干与した第一の機会は、宣徳・正統の間、各省に跨って生じた鉱賊等が起こった時であり、巡按御史が地方三司と共にその鎮撫に当った。第二の機会は、成化・弘治以降、流賊の乱の時であり、各地で按察司官による兵備道が生まれ、各處の衛所軍等を率いて鎮撫に当った。在外では巡撫官、巡按官の指導の下に、按察司官が主に鎮圧に当った。南直隷の防備は南京守備と南京兵部尚書が当った。永楽十九年、北京遷都後、中軍都督府

を兼領する公侯伯が南京守備となり、一切の留守、防護の事を管轄した。明史巻七五、職官志四、南京兵部の条に、
成化二十三年、始めて勅諭を奉じ、専ら本部尚書を以て機務に参賛す。内外守備官、軍馬を操練し、人民を撫恤し、盗賊を禁戢し、庶務を提挙す。故に其の職、五部に視べ特に重しと為すと言う。
とあり、成化二十三年勅を奉じて南京兵部尚書は内外守備官と南京の防備に当った。嘉靖南畿志巻三、武備志に、
南都に守備太監あり、公侯は総兵官に充て、侯伯は副総兵官に充て、兵部尚書は機務に参賛す。
とあり、嘉靖年間の南京防衛は、守備太監、公侯伯の総兵官、副総兵官による南京守備と、南京兵部尚書が機務に参賛して当った。南京守備と南京兵部尚書は在京衛所と江北衛所軍を監督し、大教場、小教場、神機営で操練した。操江都御史は新江口、浦子江、池河演武場、中都留守司の諸衛軍を監督し、巡上江御史は安慶府に置かれた衛所軍を監督した。この他、南直隷傍近の按察司官が徐州、潁州、九江府、太倉州等に置かれた各衛所等の軍を管轄したが、按察司官は兵備副使、或は僉事であったので兵備道と呼ばれた。既述の如く、操江都御史は嘉靖九年以来、江西九江府に設置された操江廳で水操の閲視に当り、長江沿岸の防備に専念したと考えられる。成化以降の南直隷の守備軍をみると、操江都御史、巡上下江御史、徐州、潁州、九江府、太倉州等に置かれた按察司官の「地方監察官」が大きな役割を果たしたことが分る。

以上の様に、南京都察院は北京都察院の管轄下にあり、十三道御史も北台十三道御史の補足的役割を果たすことが多かった。しかし南台派遣の操江都御史は成化以降、上下江御史や南直傍近の兵備道の率いる衛所軍等を管轄し、南都防衛に多大の貢献をしたことは評価すべきであろう。

おわりに

明代の監察制度は地方監察に重点を置き、洪武十五年十月、都察院の成立と同時に、十二道御史も置かれた。監察御史となった者は十二道に配置され、在京衙門、直隷衛所、直隷府州県の刷巻に従事し、監察方法の技術を習得した。十二道御史の職掌は糾劾百司、問擬刑名、出巡、刷巻、追問、審録の六項目が挙げられる。中でも各道巡按御史は出巡して地方統治全般の監察に当り、地方監察に重点を置いた明代監察制度にあって、最も中心的役割を果たした御史であったと位置づけられよう。

永楽元年、成祖は靖難の変によって荒廃した北平布政司の復興と北京遷都事業の準備の為に、北京には北京行部及び行後軍都督府を設けた。北京行部に二人の尚書と六曹清吏司が置かれ、北直隷府州県を管轄して復興に努め、遷都準備に当って北京宮殿の造営に従事し、永楽十八年十一月、その役割を終えて廃止された。北京遷都後、約三年後に仁宗は新たに南京遷都の方針を示し、成祖に倣って北京行部と行後軍都督府を設立し、京官＝南京官、行在官＝北京官という呼称に改めた。しかし洪熙元年五月、南京遷都を指示して僅か二ヵ月後に仁宗が死去した為、この計画は中断された。

後を嗣いだ宣宗は仁宗の遷都の意図を尊重し、京官＝南京官、行在官＝北京官の呼称を変更しなかった。靖難の変と北京遷都事業によって混乱した体制の維持、即ち内政に力を注いだ。その方法を監察制度の強化に求め、北京宮殿造営の為中断されていた巡按御史の出巡を毎年八月中と改めて法令化し、巡関、清軍、刷巻など八人の出差御史を派遣した。宣宗の監察強化は必然的に監察法規の確認と改正を促すこととなり、憲綱の編纂を行い、次の英宗の代に頒布された。

　宣徳三年八月、宣宗は南京遷都の為、仁宗が設けた北京行部及び行後軍都督府を廃し、京師を北京と決定したが、在世中に京官＝南京官、行在官＝北京官という呼称を変えず、漸く正統六年になって「行在」の二字を取り除いて、北京官が京官となった。

　洪武の間は南直隷と十二布政司という行政区画であったから、都察院には十二道が置かれた。しかし、永楽十九年一月、北京遷都が決定、十八年に雲南、貴州、交阯三道が加わり、一時、二直隷十四道となったが、宣徳十年、交阯道が廃止され、明代を通じての二直隷十三道が成立した。また北京と南京に都察院が置かれ、新しい都察院体制が成立したと言える。

　南京都察院が北台の支配下に置かれ、南台の職務としては南京官の監察、京城内の刑名等に限られ、北台十三道御史の補足的役割を果たすにすぎなかった。しかし、成化以後、南台の専差として派遣された操江都御史は南京守備、南京兵部尚書と共に南都の防衛に大きな役割を果たしたと言えよう。

　尚、宣宗は太祖の地方監察制度を踏襲しただけでなく、洪武四年の憲綱条文の取捨選択をしたり、洪武以来の憲綱に関する条文を一括して刊行した点からも、監察体制を再編成した当事者として評価できる。

註

（1）都察院に関して、間野潜龍「明代都察院の成立について」（史林四三―二、一九六〇）、同「洪武朝の都察院について」（大谷大学研究年報一三、一九六一）、同「明代監察制度序説」（史窗二〇、一九六二）がある。
（2）小畑龍雄「分巡道の成立」（山口大学文学会誌三―一、一九五二）参照。

（3）拙著『明代地方監察制度の研究』（汲古書院、一九九九）七八－八四頁。

（4）栗林宣夫「明代の巡撫の成立に就いて」（史潮一一－三、一九四三）。尚、巡撫については、浅井虎夫「総督巡撫兼御史考」（史学雑誌一五－七、一九〇四）、奥山憲夫「明代巡撫制度の変遷」（東洋史研究四五－二、一九八六）、同「明代巡撫の官制上の位置について」（史朋二一、一九八七）、松本隆晴「明代中期の文官重視と巡撫・総督軍務」（漢文学会会報三二、一九八六）がある。

（5）宣徳年間でも地域によっては右参政、右参議の分守は行われているが、正統五年以降、改めて布政司官による分守の決定をみた。

（6）諸司職掌では河南道は河南布政司の刷巻以外に、礼部等十カ所の在京衙門、直隷府の刷巻があったが、正徳会典巻一六四、都察院の見今十三道帯管衙門によれば、これ以外に六カ所、万暦会典巻二〇九、都察院の各道分隷によれば更に増加して都合三七カ所となった。尚、十三道御史の中で河南道御史が権限を振ったとされるが、その理由として二点があげられる。一点は正徳会典の条に河南道御史の刷巻衙門として都察院が加えられたことである。二点は正徳会典巻一六四、都察院の考察百司の条に、「凡在京各衙門、郎中、員外郎、主事等官及直隷府州等官、各衛所首領官、在外按察司首領官考満、本院倶発河南道考覈。各出考語、牒送吏部該司、候考」とあり、河南道御史は在京各衙門、直隷府州等官、各衛所首領官、在外按察司首領官の考満に当ったことが挙げられる。

（7）楊雪峯『明代的審判制度』（黎明文化事業公司、民国七〇）参照。

（8）諸司職掌、都察院の条に、「凡至地方所有合行事件、看（著）令首領官吏、抄案承行」とある。

（9）吏房の起送赴部官吏文巻、戸房の開墾荒田巻、礼房の買弁祭祀猪羊果品香燭等項文巻、兵房の勾補軍役文巻、刑房の貪贓壊法文巻、工房の成造船隻文巻である。

（10）明史巻七三、職官志二、都察院の条。

（11）明実録洪武三十五年七月丁亥の条に、「復設都察院十二道」とある。

（12）徐泓「明北京工部」（漢学研究二－二、一九八四）参照。

（13）明実録永楽元年五月乙酉の条に、「命礼部〔鋳〕北京行部諸司印」とあり、同月壬午の条には行部尚書郭資に糧儲と樽節に重きをおかせたと言う。明史巻四十、地理志一、京師の条に、「永楽十二年三月、置延慶州、属北京行部」、「保安州……属北京行部」とあり、永楽十八年十一月の北京行部の廃止と共に、両州は六部に直属した。
（14）明史巻一五一、郭資伝に、「武安人、洪武十八年進士。……北京建、改行部尚書、統六曹事。定都、仍改戸部」とある。
（15）明実録永楽三年二月己巳の条に、雒僉が貪婪暴虐、擅作威福など十数事で誅殺された、とある。
（16）明実録永楽元年五月癸卯の条。
（17）明実録永楽十八年十一月壬午の条。
（18）明実録永楽六年十二月甲申の条。
（19）明実録永楽八年二月庚子の条。
（20）万暦野獲編巻二二、司道、畿輔分道の条。新宮学「南京遷都―永楽十九年四月北京三殿焼失の波紋」（『和田教授古稀記念明清時代の法と社会』、一九九三）の中で、北京都察院の設置に言及する。
（21）明実録宣徳元年四月癸未の条に、「北京道御史張約為按察司僉事」とある。また、宣徳三年六月丁未の条に、「黜行在北京道監察御史張鶚為良郷知県」とある行在北京道御史は洪熙元年四月に置かれた北京都察院の各道監察御史を指すものであろう。
（22）明実録宣徳二年五月甲辰の条に、「巡按北直隷御史馮彬、点視縁辺関隘」とあり、同三年六月甲辰の条に、「巡按北直隷監察御史張瑩奏」とある。
（23）明実録洪熙元年二月己未の条に、「令十四道御史劾奏虞謙誣罔」とある。宣徳三年十一月丁巳の条に、「勅十四道監察御史」とある。
（24）註（20）新宮論文、参照。
（25）明実録洪熙元年四月乙丑の条に、「北京刑部尚書張本……遂改行在兵部尚書」とある。
（26）明実録宣徳二年八月庚辰の条に、「北京行部兵曹清吏司員外郎楊庸為河南布政司右参議」とあり、洪熙元年三月、北京行部

設置の時、六曹清吏司が設けられたことが分る。
(27) 明実録洪熙元年四月甲辰の条。同元年七月甲戌、十月辛丑の条、参照。
(28) 明実録洪熙元年八月丙子の条。
(29) 明実録宣徳元年六月庚辰の条に、「上御奉天門、諭左都御史劉観曰、中外文武諸司文巻已遣御史照刷」とある。
(30) 明実録宣徳元年三月乙卯の条。
(31) 間野潜龍「明代の光禄寺とその監察について」(東洋史研究二九―二三、一九七〇)参照。
(32) 明実録永楽元年四月甲午の条。
(33) 明史巻七五、職官志四、按察司の条。
(34) 註(4)栗林論文参照。巡撫の始まりを洪武二十四年八月、皇太子の陝西巡撫とするが、明実録洪武十六年十月戊寅の条に、「遣使魏国公徐達……先是、命(徐)達巡撫北辺、訓練士卒」とある、徐達の巡撫と同じことであろう。
(35) 監察御史が正七品であるのに対し、巡撫として派遣される者が侍郎等の高官であった点で異なる。
(36) 明実録宣徳三年八月庚寅の条。
(37) 明実録宣徳三年十一月丁丑の条。
(38) 明実録宣徳四年二月壬寅の条。
(39) 明実録宣徳四年十月の条。
(40) 明実録正統六年十一月甲午朔の条に、大赦の詔を載せ、「改給南京文武衙門印。先是、北京諸衙門皆冠以行在字。至是、以宮殿成、始去之。而於南京諸衙門、増南京二字、遂悉改其印」とある。
(41) 正徳会典巻一五、南京吏部、同巻一四六、南京刑部の見今十三司帯管衙門の条。
(42) 正徳会典巻一四六、南京刑部の条に、「凡南京法司問理刑名、宣徳二年令、止理京城軍民詞訟、在外者不許准理」とある。
(43) 嘉靖南畿志巻二、志命官の条。註(3)拙著、一五五―一五七頁。
(44) 註(3)拙著、一五六―一五七頁。

(45) 正徳会典巻一六六、南京都察院の条に、巡城兼巡街道御史は正統年間、監収鳳陽糧斛御史は正統二年に派遣された。
(46) 嘉靖九江府志巻九、公署、操江廳の条。

第二部　明代都察院体制の具体像

第一章　提学憲臣と臥碑

はじめに

明代の学校には国子監と並んで府州県学がある。[1] 洪武二年十月、太祖は天下の郡県に命じて学校を建てさせた。この時の詔に、「古より帝王の人材を育て、風俗を正すは、学校より先なるは莫し」とあるように、「士類を作養する」ことにあって、官吏養成機関であることには変りはなかった。

府州県学は教官（師）と生員（生）で構成され、それぞれ定員が定められた。洪武二年には食糧を支給される廩膳生員のみであったが、洪武二十年になると増広生員も認められた。[2] 尚、洪武四年に府州県学の中の、俊秀な生員は国子監に入学が可能になり、ここに国子監と府州県学との間に関連が生まれた。

洪武三年に科挙が開始され、同十七年になって科挙は三年に一度（三年大比）行われることになり、郷試、会試の実施をみるに至った。府州県学の生員も次第に科挙合格を目指すことになったが、正統・景泰間に至るまでは、科挙や歳貢よりも地方官等の推薦による薦挙（徴辟）の割合が多かった。[3]

この府州県学に頒布された学規は鐫勒され、「臥碑」として知られる。第一の臥碑は洪武二年の「大明立学設科分教格式」で、第二の臥碑は洪武十五年に禁例として頒布された。第三の臥碑は天順六年に頒布された。第一の臥碑を検討すると、府州県官による提調官よりも、地方監察官であった巡按御史、按察司官の監督権限が大きかったことを明白に指摘したい。第三の臥碑の条文を検討すると、洪武二年の臥碑の条文を継承し、且つ万暦三年の合行事宜にも影響を与えた点で、明代を通じて最も重要であったことを明らかにしたい。尚、万暦三年の合行事宜は、万暦以降の府州県学の在り方を知る上で重要であることから、第四の臥碑としてみなすべきであると指摘したい。更に、正統元年五月に提学憲臣の設置をみたが、これは、当時の監察強化の一環として行われた政策の一つであった点も考察したい。

一　洪武二年の臥碑

太祖は呉元年、南京に太学を設け、洪武二年に府州県学を設置した。明実録洪武二年十月辛巳の条に、府州県学の設立の意図について、次のように述べる。

上、中書省臣に諭して曰く、学校の教え、元に至り、其の弊極まれり。先王の衣冠、礼儀の教え、混じて夷狄と為る。上下の間、波頽れ風靡く。故に学校の設、名存するも実亡ぶ。況や兵変以来、人戦闘に習い、惟だ干戈を知り、俎豆を識る莫し。朕恒に謂えらく、治国の要は教化を先と為し、教化の道は学校を本と為す。今京師、太学有りと雖も、天下に学校未だ興らず。宜しく郡県をして皆、学を立て、師儒を礼延し、生徒を教授し、以て聖道を講論せしむべし。人をして日漸月化し、以て先王の旧に復し、以て汚染の習を革むるは、此れ最も急務なり。當に速かに之を行うべし。

漢の高祖に倣って先王の道の復活を志した太祖にとって、元末明初の風習は目を蔽う状況であった。学校を治国の要と考えた太祖は、南京に太学を設立したに止まらず、各府州県に学校を立てさせ、儒学を復興して先王の道の復活の柱としようとしたことが分る。それ故に、府州県学の整備は急務であった。この勅諭は十月二十日であり、二五日には礼部尚書の欽録を左丞相李善長に検討させ、(4)三十日には府州県学の設置を決定し、府学に教授一員、訓導四員、生員四十人、州学に学正一員、訓導三員、生員三十人、県学に教諭一員、訓導二員、生員二十人の配置を定めた。翌十一月十八日、中書省右丞楊憲等は奉天門東板房内で「大明立学設科分教格式」を各府州県に頒布して、学校内に碑文として置かせることにした。(5)この碑文は「臥碑」と呼ばれたが、洪武十五年、天順六年にも新たに作製されたから、明代では三種の臥碑がある。

洪武二年の臥碑の条文は、正徳、万暦両会典に記載がないので、河南の嘉靖尉氏県志巻二、廟学所収の条文でもって検討したい。この条文は全九条で構成され、次の通りである。

第一条。生員入学定例。凡そ各處所の州県、責は守令に在り。民間の俊秀及び官員子弟より選充す。必ず須らく躬親ら人才俊秀、容貌整斉を相視し、年十五の上に及び、已に論孟の四書を読む者、方めて入学を許すべし。其の年二十の上に至り、入学を願う者は聴す。在内は監察御史、在外は按察司、巡歴の到日、逐一生員を相視して、如し成材ならざる者あらば黜退して別に添補を行う(6)。

本条は生員の入学規定である。府州県学の責任者は守令であり、民間の優者なる者と官員子弟の中より選択して生員とした。二十才以上の者が原則であるが、十五才以上でも既に論孟など四書を読む者は入学が許可された。直隷府州県学は監察御史、行省府州県学は按察司官が分巡按治した際に面接を行って決定し、成材ならずと判断した時には資格を剥奪し、他の者を補充した。即ち府州県学の責任者は府州県官であるが、その監督官は直隷では監察御史、行省では按察司官であって、生員の資格の有無の判定が委ねられた。

第二条。官を選びて分科教授せしむ。礼律書共せて一科となす。訓導二員、礼を教え、律を教え、写字を教うるを掌る。儒士の学行あり、律令に通暁し、古今の礼典を暗習し、書字を能くする者に於てす。射楽算共せて一科となす。訓導二員。楽を教え、数を教え、射を教う。音律を知り、能く弓弩を射、算法なる者に於てす。上項の訓導、但だ是れ一等或は二等を能くする者は、各處守令の考験に従い、各々長ずる所を取り、相兼ねて教訓せしむ(7)。

本条は教科と教授規定である。礼・律・書で一科とし、射・楽・算で一科とし、それぞれ訓導二員を置いた。各訓導は儒士で学行あり、律令に通暁し、古今の礼典を暗習し、書字を能くする者や、音律に長じ、射弓を能くし、計算に通じる者から選ばれた。上項の訓導は一項或は二項を能くする者から、各處の守令が試験して、各々長ずる所を取って、相い兼ねて教授させた。

第三条。府の教授、州の学正、県の教諭は経史を明らかにするを掌り、務めて生員をして孝悌、忠信、礼義、廉恥を知り、古今に通暁し、時務に識達し、及び各訓導を提調し、教習して必ず成効を期せしむ。上項の教官は各處の守令、儒士の才徳あり、学問あり、時務に通暁する者より選官し、行糧、脚力を応付し、悉く中書省に赴きて考験せしむ(8)。

本条は教員を選官する基本条件の規定である。府学教授、州学学正、県学教諭は経史を明らかにすることを掌り、生員をして孝悌、忠信、礼義、廉恥を知り、古今に通暁し、時務に識達せしめる。及び各訓導を提調し、教習して必ず成效を期した。上項の教官は守令が儒士の中で才徳あり、学問あり、時務に通暁する者から選出し、彼等に行糧、旅費を支給し、中書省に赴いて受験させた。

第四条。生員の習学次第。侵晨より経、史を講明し律を学び、朝飯後は書を学び、礼を学ぶ。午後より、弓弩を学習し、器棒を教使し、重石を挙演す。此の数件を学ぶの外、果たして餘暇あり、詔誥、表箋、疏議、碑、伝記を学ぶを願う者は、其の更に従うを聴す(9)。

本条は授業規定である。生員は侵晨から経学、史、律令を学び、食後に書、礼、楽を学び、未時（午後）より、弓弩を学習し、器棒を教使し、重石を挙演した。この他に、もし余暇あれば、詔、誥、表、箋、疏議、碑、伝記をも学びたい者には便宜をはかった。

第五条。礼楽二事、見行の集議の書を成すのを待ち、頒降して習学せしむ(10)。

本条は礼楽の二事の学習の規定である。現行の礼楽に関する集議が書と成り、頒降されるのを待って学習させる。

第六条。守令は毎月、生員を考験す。其の進退揖拝の節を観、其の言語応待の宜しきを聴き、経史を背讀し、大義を講通し、律條を問難し、其の處決を試す。講礼は務めて古今に通じ、写字は格式に拘らず。音を審し、其の所習の楽を詳かにす。射を観て其の膂力を験す。また能く中るものは数を稽す。其の乗除口手の相応ずるを明らかにす。守令は文簿を置立し、教授と諸生の進む所の功程を紀載す。如し一ヵ月にして某科某生、学進まざれば則ち、簿に記載す。三ヵ月に至るも学進まざれば、此の科の訓導を罰す。月米半月、多くとも一ヵ月を過ぎず[11]。

本条は守令の生員に対する監督規定である。守令は毎月生員を試験し、かつ生員の進退揖拝の様子を観察し、言語応対の仕方を聴き、経、史を暗誦させ、律条を質問し、その処決を試した。その際守令は文簿を置立して教授と共にその成績を記入した。一ヵ月間、学行の進まない生員はその名を文簿に記載し、三ヵ月経過しても学行進まざればその科の訓導は罰せられ、月米の半月分を減じた。

第七条。監察御史、按察司の巡歴去処、各府州県の教官、生員を考試す。如し府の生員十二員、州八員、県六員、学進まざれば、守令の俸銭半月、教授、学正、教諭、某科訓導各々俸銭一ヵ月を罰す。府二十員、州十六員、県十二員、学進まざれば、守令は俸銭一ヵ月を罰し、教授、学正、教諭、（其）某科訓導は黜退す。若し府二十員の上、州十六員の上、県十二員の上、学進まざれば、守令は笞四十を罰す[12]。

本条は生員の学業の進まぬ場合、教官等の罰則規定である。この規定によると、

㈠府の生員十二員、州の生員八員、県の生員八員の学力が不良であれば、守令は俸銭の半月分、教授、学正、教諭、担当科の訓導は、俸銭の一ヵ月分を罰として減じた。

㈡府の生員二十員、州の生員十六員、県の生員十二員の学力が不良であれば、守令は俸銭の一ヵ月分を罰し、教授、学正、教諭、担当科の訓導は黜退する。

㈢府の生員二十員以上、州の生員十六員以上、県の生員十二員以上の学力が不良であれば、守令は皆四十の罰に処する。

第八条。設学の後、子弟習学し、各科一年を限りて成あり、中書省に隷する者は貢して中書省に至りて考試す。選に中る者は就《すなわち》便、量才録用す。各行省に隷し、考試す。其の選に中る者は入貢し、朝廷選用す[13]。

本条は生員の任用規定である。各科一年以内に優秀と認められた生員の中で、在内の者は中書省、在外の者は行省に赴いて考試し、合格した生員はそれぞれ任用された。

第九条。各處府州県は洪武三年正月に始めと為し、開学す。務めて実效を要す。所在有司に責任し、守令正官が提調す。在内監察御史、在外按察司官は毎歳学生を考覈す。功課上年に比べて進あらば、有司官、教官は便ち是れ職に称う。若し学生、上年に比べて学進まざれば、有司は治罪、学官は黜退す。(14)

本条は地方監察官の守令、教官に対する監察規定である。開学は洪武三年正月で、守令正官を府州県学の責任者とした。直隷は監察御史、行省は按察司官がそれぞれ生員を考覈し、前年より成績が上がれば称職とし、成績が下れば、守令は治罪、学官は黜退した。

以上の通り、洪武二年の臥碑は、入学規定、教科と教授規定、教官の選任規定、授業規定、礼楽規定、守令規定、罰則規定、就任規定、監察規定の全九条で構成された。

臥碑の条文によると、府州県学の責任者は府州県の長官であるが、ことに地方監察官の役割が大きかった点が注目される。洪武元年以後、直隷府州県を分巡按治したのは直隷巡按御史であり、行省府州県を分巡按治したのが按察司官であった。前者は直隷府州県に設置された按察行署の「察院」を、後者は行省府州県に設置された按察行署の「按察分司」を、それぞれの執務兼宿泊所として利用し、按察事宜に遵って諸監察に従事し、府州県学の監察にも当った。地方監察官は生員を監察して不適当と判断した場合には退学させ、別の人物を入学させ（第一条）、府州県学の生員の学力向上が不充分である場合には守令、教官を処罰し（第七条）、毎年生員を試験して、前年よりも学力が向上しなかった場合、守令を治罪し、教官を退職させ（第九条）ることができた。洪武二、三年当時、地方監察官の職務の中で府州県学の監察が、施設の保全や修理等の面ではなく、生員、守令、教官という府州県学の根幹に係わる点にあったことが確認できる。

二　洪武十五年の臥碑

第二の臥碑は洪武十五年に頒布された[15]。明実録洪武十五年八月辛巳の条に、「礼部に命じて学校禁例十二条を天下に頒つ」とあって、十二条を記載するが、これは要約である。正徳会典巻七六、礼部、府州県儒学の条に、「洪武十五年、禁例を天下の学校に頒ち、臥碑を鐫勒し、明倫堂の左に置き永く遵守を為さしむ」とあり、洪武十五年八月、学校禁例十二条を鐫勒して、各府州県学の明倫堂の左に臥碑として設置された。嘉靖尉氏県志巻二、廟学の条にはより詳細に記し、

学校の設、本より民を教えて善を為さしめんと欲す。其の良家子弟は学に入り、必ず志は徳性を薫陶し、以て賢人と成るに在り。近年以来、諸府州県の生員父母は家教の方を失い、尊師学業を以て重きと為さず、保身惜行を先と為す有り。方に行文の意を知るも、師長を眇視し、有司を把持し、恣に私事を行う。少しく従わざるあらば、即ち虚詞を以て径ちに京師に赴き、以て聖徳を惑わし、或は暗地に他人を教唆して詞を為す者あり[16]。

とあり、第二の臥碑頒布の意図が明瞭になる。府州県学の設置は良家の子弟をして、その徳性を育てて賢人となす所にあるのに対し、生員が家庭教育の欠除によって師を尊重して学業に励まず、且つ保身を先行し、少しく従わざることがあらば京師に赴いて聖徳を惑わしていると述べ、これらの生員を戒める意図で臥碑を頒布したとあり、この時の十二条が禁例と称された理由が分る。

第一条。今後府州県の生員、若し大事の己が家に干《あず》かる者あらば、父兄弟姪、具状して入官辯訴するを許す。若し

大事に非るに含情忍性し軽々しく公門に至る勿れ。(17)

本条は生員の家に大事がある時のみ、家族の者が府州県に訴状を提出することが許され、私情によっての訴状の提出を禁止した。

第二条。生員の家、父母の賢智なる者少なく、愚癡なる者多し。其の父母の賢智なる者、子は外より入れば必ず家教の方あり、子當に受けて違う無かるべし、斯れ孝行なり。何ぞ賢ならざる者を愁えんや。其の父母の愚癡なる者、多非を作為す。子既に読書して聖賢の知覚を得。精通せずと雖も、実に愚癡の父母の幸は独《ただ》生是の子なり。若し父母非為を欲するも、子は外より入り、或は内に就きて知れば則ち當に再三懇告すべし。父母従わずと雖も、身を致して将に死地に及ばんとし、必ず之を告せんと欲すれば、父母を危亡に陥さざらしむ。斯れ孝行なり。(18)

本条は生員の父母に言及し、愚癡の父母を持った生員には身を賭して父母の危亡を防ぐことを求めた。

第三条。軍民一切の利病、並な生員の建言を許さず。果し一切軍民利病の事あらば、當該有司、在野賢人、有志壮士、質朴農夫、商賈技藝、皆之を言うべきを許し、諸人阻當するを得ず。惟だ生員のみ許さず。(19)

本条は当該有司、在野賢人、有志壮士、質朴農夫、商賈技芸に軍民利病に関する建言を許すも、生員の建言を厳しく禁止した。(20)

第四条。生員内に学優才贍、治体を深明し、果たして何れの経も治めて精通透徹、年三十に及び、出仕を願う者あらば、王道を敷陳し、治化を講論し、文詞を述作し、本学に呈稟するを許す。教官其の所作を考し、果たして性理に通ずれば、其の名を連僉し、提調正官に具呈す。然る後、親賚（齎）赴京し奏聞す。再び面試を行い、如し果たして真才実学ならば、選挙を待たず、即時録用す。(21)

本条は生員の中で学力優秀で、三十才に達して出仕を願う者がいたら、教官の考試を経て提調正官に具呈した。その後、生員は赴京して面試の結果、その才が認められた場合、選挙を待たず、直ちに任用された。

第五条。為学の道、自ら當に先生を尊敬すべし。凡そ疑問あらば講説を聴くに及び、皆須らく誠心聴受すべし。先生の講解未だ明らかならざる若きも、當に従容として當に再問すべし。己の長を恃み、妄りに辯難を行い、或は之を不問に置く毋れ。此くの如き者あらば終世成らず[22]。

本条は学問の道は尊師にあり、徒らに自説を主張することを否定した。

第六条。師長たる（者）、當に先賢の道を体し、竭忠教訓し、以て愚蒙を導き、其の課を勤考し、撫善懲悪すべし。懈惰を致す毋れ[23]。

本条は師たる者の本分を説いた。

第七条。提調正官、務めて常に考較を加うるに在り。其れ敦厚勤敏にあらば、撫するに以て学を進め、懈怠不律にして愚頑狡詐ならば、罪を以て斥去し、在学の者をして皆良善を為さしめれば、斯れ称職たり[24]。

本条は府州県学の提調正官の在り方に言及し、常に生員を良善に導くことにあるとした。

第八条。在野の賢人君子、果たして能く治体に練達し、王道を敷陳し、政治の得失、軍民の利病に関わる者あらば、所在有司に赴き、文引を告給し、親賫（齎）赴京して面奏するを許す。如し果たして采る可きならば即便に施行す。坐家して實封入逓するを許さず[25]。

本条は在野の賢人君子に軍民利病に関する建言を行う場合、必ず赴京して面奏することを求めた。

第九条。民間凡そ寃抑、自己に干《あず》かり、及び賣富差貧、重科厚斂し、民財を巧取する等の事あらば、受害の人、実情を将て下より上に陳告するを許す。越訴を得る毋れ。己の事に干からざる者は許さず。及び假するに建言を以て由をなし、坐家實封する者、前件如し已に法により當該府州県に陳告し、布政司、按察司受理を為さず、聴断公ならず、前に仍り寃枉なる者は、然る後、赴京して伸訴するを許す(26)。

本条は民間の寃罪の場合、官吏が不当に民財等を巧取した時には、受害の人の陳告を許したが越訴は禁止した。ただし、寃抑にあった時、當該の府州県に陳告しても布政司、按察司が受理せず、或は不公の処理を行った場合には赴京して伸訴するを許した。

第十条。江西、両浙、江東の人民、多く己の事に干からざるも、人に代って陳告する者あり。今後如し此等の人あらば治するに重罪を以てす。若し果たして鄰近の親戚、全家人の残害を被り、人の伸訴する無き者は方めて許す(27)。

本条は当時江西、両浙、江東の人民には他人に代って訴訟を起こす者が多かった。それを禁止した。

第十一条。各處の断発充軍及び安置人数は進言するを許さず。其の所管の衛所官員は容許を得る毋れ(28)。

本条は充軍安置の人による建言を禁止した。

第十二条。若し十悪の事、朝政に干わり、実跡験すべき者あらば、諸人密切に赴京面奏するを許す(29)。

本条は謀反、謀大逆等の十悪に関し、その事実を実証できる者は、赴京して面奏することが許された。

以上、洪武十五年頒布の第二の臥碑条文を考察したが(30)、生員を戒める意図で出されたと考えられる条文は、生員の家に大事が生じた時に、府州県に訴状を提出できるとする第一条、生員の父母に対する孝行を述べる第二条、生員に軍民利病に関する建言の禁止を述べる第三条の、三条である。第四条は学業優秀で三十才になる生員の任用を述べ、第五条は学問の道は師を尊敬する所にあり、徒らに自説を主張することを戒め、第六条は師たる者の本分を説き、第七条は府州県の提調正官の任務は生員に学ぶことを勧めることにあると述べる。第四条から第七条までは明らかに府州県学への戒めの条文として規定されたと考えられるから、臥碑条文として承認することはできよう。しかし、第八条は在野の賢人君子に軍民の利病に関する建言を許すとあるが、既に第三条で軍民の利病の事にふれ、「在野賢人」の上奏を許しているから、重複になる。第九条は民間の冤抑の場合、受害の人が下より上に陳告するのが原則であり、越訴を禁止しているが、この条も府州県学には直接関係はない。けれども、当時府州県学の存在が府州県にあって官司に近い位置を占め、生員が民間の冤抑に関係して訴訟の手伝いに従事したと推察されるから、広い意味では臥碑条文としてみなすことはできよう。

しかし、第十条の如く、江西、両浙、江東の人民が、自分のことでなく他人に代って訴訟を起こしている点を指摘して、それを禁止し、第十一条では充軍安置の人による建言の禁止をいい、第十二条になると、十悪の罪を犯している事実を証明できる場合には、赴京面奏を許すとあって、府州県学とは直接関係はない。その為か、嘉靖尉氏県志では洪武十五年の臥碑条文としては、第八条の在野の賢人君子の建言の所までで終っている。そうみてくると、洪武十五年当時、各省で冤罪が多く、江西、両浙、江東の地域では代人による訴訟が頻繁に起こっていた為と推察される。最後の第十二条で十悪に言及したのは、洪武十三年の胡惟庸の獄と関連して出された附加条文であったとも考えられる。その上、洪武十五年の臥碑条文を特色づけるのは、「建言」に関する条文が多い点である。建言が禁止されたのは生員（三条）と充軍安置の人（十一条）であるが、建言が求められたのは、有司、在野賢人、有志壮士、質朴農夫、商賈技藝（三条）であり、在野賢人は重複している（八条）。軍民利病に関する建言とは政治に対する意見、議論であり、有司から商賈技藝の者にまで許しているのであるから、一種の「百花斉放」である。その反面、代人による訴訟の禁止（十条）、越訴の禁止（九条）を述べて社会不安の安定を目指し、十悪に言及（十二条）してその告発を求めた。以上の点から、洪武十五年の臥碑は府州県学に頒布されたものとしては、特殊な条文を含んでいたと言わざるを得ない。

監察制度の面からみると、洪武十三年に御史台が廃止され、存続した察院が中書省等と共に活動した[31]。洪武十五年九月になると、察院監察御史を十二道に配置して守院監察御史の管理下に置いた。翌十月、察院は都察院となり、監察都御史が十二道御史を管理することによって、地方監察を都察院が把握する体制が確立された。即ち、御史台から都察院への変更は、従来の諫官、言官的な監察重視から地方監察重視への移行であり、十二道御史が各道の按察司を指導、監督することによって、地方状態を把握することになった。その結果、各道監察御史が各省の監察業務を管轄したが、その監察は各省の按察司官による分巡按治が根幹となっていたのであり、更に各道監察御史の中から各道巡按御史を派遣して分巡按治するという二重の地方監察を行った。各省の按察司官や各道巡按御史の分巡按治の指針となったのは、洪武十五年に頒布された「巡按事宜」であった。そうみてくると、洪武十五年は、同十三年の胡惟庸の獄後の混乱した社会の始末とその安定への模索した時期であり、地方監察を重視した都察院の体制の確立は、その解答の一つであったと考えられよう。

既に見てきた如く、洪武二年の臥碑条文を検討すると、直隷は監察御史、行省では按察司官のいわゆる地方監察官が府州県学を監察したが、府州県学の責任者は各府州県の正官であったとはいえ、地方監察官の任務は守令、教官、生員三者の監察に亘るという根幹の監察にあったのであり、正官よりもその権限は大であったことが確認された。ところが、洪武十五年の第二の臥碑によると、生員、府州県官の提調官、教官に関する条文はあっても、地方監察官に関する条文は見当らない。後の正統四年に「憲綱三四条」が頒布された時、洪武以来の監察条文が一括され、「憲綱事類」の中に収められた。この中に、洪武十五年頒布の「巡按事宜」と目される「巡歴事例」がある。その第二条に、

学校は成賢育才の地と為す。仰（抑？）、本府州県の提調官及び学官は常に心を用いて生徒を訓誨し、課業を肄習し、経史治道等の事を講読し、以て擢用に備え、懈怠を許さず。廟学損壊すれば即ちに修理を為せ。仍お見在

の師、生員名を開報せよ。

とあり、[32]地方監察官による分巡按治の際の監察事項として、府州県学があげられている。これによると、その監察は、㈠提調官と学官の怠慢、㈡学校施設の修繕、㈢現在の師、生員の開報の三点をあげる。洪武二年の臥碑の第七条、第九条の監察規定では地方監察官は毎年生員を考査し、その結果によって守令、学官を処罰するとあった内容と比較すると、㈡と㈢が重視されており、地方監察官による府州県学の監察は学校施設の修理や現在の師と生員名の開報という面に限定されていて、府州県学の根幹の監察にあった洪武二年の臥碑条文よりもその監察は後退したと言える。

このような地方監察官による府州県学に対する監察の後退を齎したのは、皮肉なことに地方監察の整備にあった。洪武十五年十月に都察院が十二道御史を設置して各省の監察を管理することとなり、同年十一月に巡按事宜が頒布されて、[33]地方監察官の分巡按治の際の監察事項が明示された。それによると、農桑に始まり、孤老、旌善亭、郷飲酒礼、戸口、橋梁道路、税糧等の多岐に亘っており、府州県学の監察もその一項目となった。それ故に洪武二年の臥碑条文の如く、充分に府州県学の監察に当る余裕は失われたとみるべきであろう。巡按事宜頒布の約三ヵ月前に出た洪武十五年の臥碑条文には既にその兆候があったと考えられる。

洪武十五年の臥碑条文の特色をあげると、

㈠　府州県学はその地域にあって、政治、文化の中心的役割を果たし、生員が社会的問題を起こしていたこと。

㈡　洪武二年の臥碑条文と比べると、府州県学の監察はその内容に於て後退したこと

㈢　洪武十三年の胡惟庸の獄に伴う影響がみられること。

㈣　生員の政治的発言（建言）を禁止する一方、在野賢人、質朴農夫、商賈技藝等にまで、建言を求めたこと。

の四点がある。このことは、洪武二年の臥碑が府州県学の開校とその監察規定であったのに対し、洪武十五年の臥碑

は、同十三年の胡惟庸の獄を筆頭とする政治的混乱の中に頒布され、洪武政権の確立と深い関係があったと推察されよう。

三　提学憲臣の設置

太祖の確立した地方監察体制は、㈠直隷府州県を直隷巡按御史、各省府州県を按察司官に分巡按治させ、㈡洪武十五年九月になり、察院下の十二道御史の中から在外巡按御史を直省に派遣して分巡させ、地方監察を更に徹底させる方式となった。しかし、太祖の死後、靖難の変が生じ、後を継いだ永楽帝が北京遷都を実施した為に、国内政治は二十年以上に亘って混乱した。更に洪熙帝は南京遷都を計画し、その実施はみなかったものの、国政の混乱を一層ましたことは推察できる。このような混乱は地方監察体制にも影響を与え、地方監察官の分巡按治を名目化し、地方を分巡しない地域も出現した。それは地方状態の現状把握の低下となり、中央政府は不安を感じたことは推察できる。その結果、宣宗、英宗は洪武以来の地方監察体制の強化を図り、国内政治の混乱の建て直しを意図して、左記の政策を実施した。

㈠　地方監察官の分巡再開。永楽の末から按察司官は二月出巡を行っていたが、これを継承し、更に在外巡按御史の八月出巡を決定した。

㈡　出差御史の派遣。宣徳年間に初めて派遣した出差御史として、刷巻、清軍、巡関、巡視光禄寺御史等があげられる。

㈢　監司の増設。正統年間に税糧、水利等の按察司官を新たに派遣した。

(四)　分守道の制度化。正統五年、布政司官による府州県内の分守を決定した。
(五)　巡撫の派遣。永楽十九年、全国へ政府高官を派遣して巡撫させたが、宣徳以後になって巡撫制として定着した。
(六)　憲綱の再編。洪武四年頒布の「憲綱四十条」の条文を、時代の要請に則して再編し、正統四年に「憲綱三四条」として新たに頒布した。

この一連の政策によって地方監察体制の強化を図り、国内政治の安定を目指すこととなったが[34]、その一つが提学憲臣の派遣であった。

明実録正統元年五月壬辰の条に、

提調学校官員を添設す。是より先、少保兼戸部尚書黄福言えらく、近年以来、各處の儒学生員、四書、経史を熟読し義理を講ずるを肯んぜず。惟だ旧文を記誦し、開科の入試を待ち、以て幸中を図らんとす。

とあり、正統元年五月、提調学校官員を増設した理由の一つとして、少保兼戸部尚書黄福は当時の府州県学の生員が専ら科挙合格のみを目指し、旧文を暗記する実態を指摘した。続けて、

今後宜しく布政司・按察司官をして半年に一次遍歴して考試し、真の才を得んことを庶う。行在礼部に下して会官して議し、毎處宜しく按察司官一員、南北直隷御史各一員を添設し、専一に学校を提調せしむべし。

とあり、直省に提学憲臣を増設した。司府州県に按察司官、南北直隷府州県に監察御史各一員の派遣を決定し、専門に学校の提調に当らせることになった。何故ならば、直省府州県では監察御史、按察司官の地方監察官が従来の如く分巡按治に従事していたので、提学専門の監察官を増設した訳である。しかし、当時の地方監察官の主たる職務の一つに訴訟の処理があった。その結果、提学を専門にする監察官であると言っても、軍民の側からみれば他の地方監察官と変わりはなかったから、訴訟処理の受理をせざるを得なかった。提学憲臣の増設を決定した正統元年五月に「合

行事宜十五条」が頒布され、その第十二条に「軍民人等の寃枉等を訴告する事あらば、其の詞状軽ければ則ち衛所府州県に発下して従公處置し、重ければ則ち按察司に送り提問せよ」とあり、[35] 提学憲臣は刑名の処理には直接干与しなかった。けれども、合行事宜の第十一条には、「軍民利病及び不才官吏の貪酷害人の事に遇有し、奏請を干《もと》む者は従実奏文せよ」とあり、[36] 軍民の利病や不才官吏の貪酷に遇有した時には奏文することもできたし、正統元年八月には提学憲臣に「民間の桑棗の栽種」を兼督させているように、[37] 提学憲臣は提学のみの監察に従事したのでなく、地方監察官の一員であった。

提学憲臣の派遣先は次のように決定した。

按察副使胡珍　→　浙江
按察僉事劉虬　→　湖広
〃　薛瑄　→　山東
〃　高超　→　福建
〃　高志　→　山西
〃　欧陽哲→　河南
〃　王鈺　→　江西
〃　彭琉　→　広東
〃　陳璲　→　広西
〃　康振　→　四川
〃　荘観　→　陝西

監察御史程富　↓　北直
〃　彭勗　↓　南直

これによると、雲南、貴州を除く二直隷十一省に派遣された。陝西の提学僉事に任命された荘観の伝に、

> 正統改元。新制、毎省憲臣を以て儒学の治を董す。大臣各々知る所を挙ぐ。大司馬王公驥、公を以て陝右（西）按察僉事に薦擢し、八郡の秀士を董し、以て其の成を督せんとす。公は首に教條を立て、次に紀律を嚴にし、務めて成徳達才の効を期せんとす。陝西は疆里散闊にして山川険阻なるも公は労苦を憚らず、歳に一たび躬ら莅し、必ず其の実を得。故を以て八郡の士子、先を争って奮勵し、学成り名立つを以て期と為す。咸寧の楊鼎の若きは之、会元を占め、蘭県の黄諌、鳳翔の劉俊と相継いで及第し、翰林に入りて名あり。其の他、進士に第する者、屢々科に缺かず。咸《みな》、英譽を著わす。都御史王竑、任寧の類の若し。

とあり(38)、提学憲臣設置の状況とその実態が判明する。本来、憲臣となる者は司法に通じた者か、司法を修得させた者に命じられるのが原則であったが、この時の提学憲臣は政府高官の推薦によった。大司馬王驥の薦によって荘観が陝西僉事となったが、憲臣としてよりも提学という職務の面から儒学に通じた人物を選択した結果であった。

陝西の提学僉事となった荘観は西安等の八府の府州県学を遍歴して成果をあげ、多くの優秀な人物を輩出させた。西安府咸寧県出身の楊鼎は正統四年に会元となり(39)、蘭県出身の黄諌は正統七年の進士(40)、鳳翔府鳳翔県出身の劉俊は正統四年に進士及第となり(41)、翰林院編修に任ぜられた。後に都御史となった王竑も正統四年の進士(42)、同じく任寧も景泰元年に右僉都御史に陞った(43)。山東の提学僉事となった薛瑄の場合は、吏部尚書郭璡の推薦によったもので、「毎に諸生に臨んで必ず親ら講解を為し、夏楚を事とせず。皆之を呼んで薛夫子と曰う」とあり(44)、提学憲臣の人選に当って、鞭打って勉学させるより、儒学に通じた人物が採用されたことを裏付けている。

　このように、正統元年五月の提学憲臣の添設は、当時の地方監察体制の強化の一環として行われた政策であって、南北直隷に派遣された提学御史は出差御史であり、各省に派遣された按察僉事（或は副使）は増設按察司官であった。これらの提学憲臣は専一に学校を提調する所から、政府高官の推薦人事によって儒学に通じた人物が選ばれた。陝西提学僉事となった荘観は陝西八府の府州県学を遍歴して、楊鼎、黄諫、劉俊、王竑、任寧等の人物を輩出した。山東提学僉事となった薛瑄は親ら経書の講解を行って、その責務を果たしたと推察される。しかし、提学憲臣の制度は定着せず、景泰元年に廃止された。明実録景泰元年四月壬午の条に、翰林院編修周洪謨の「謹條十二事」を載せ、その中で「各處提調学校僉事、督教の実なし。裁革を乞う」とあり[45]、景泰元年に入ると、提学憲臣への風当りは強くなった。同年七月に広西按察司提調学校僉事蕭鑾に広西按察司の事を処理させ[46]、翌八月には山東提調学校僉事辛棨に糧儲を専理させたし[47]、同年十二月、江西按察司高旭を復除したとき、「是より先、（高）旭等、提調学校裁革を以てす。是に至りて缺あり、故に之を調補す」とあるから[48]、提学憲臣の廃止は景泰元年七月以降のことであったと推察される。ところで、提学憲臣に対する批判は既に正統四年に提起されていた。明実録正統四年八月戊子の条の、湖広按察司副使曾鼎の上言の中に、

　朝廷、風憲の官を増置し、学校を専理す。然れども往々督責太だ厳にして、太速を成さんと欲す……提学の官至る所、須らく旬日留り、難疑答問すべし。先ず其の孝弟、忠信、礼儀、廉恥の行を興起し、然る後、其の文詞を考す。期するに十年成無き者を以て黜して吏と為す。

とあり、提学憲臣が功を急ぐあまり、府州県学に対応する実情を指摘し、提学憲臣は各府州県に赴いた時には旬日滞在して生員等と答問し、勉学以前に孝弟、忠信、礼儀、廉恥の徳目を重視すべきであると述べた。特に提学憲臣への批判が強まったのは、正統十年以後のことであった。正統十年四月、広東左参議楊信民は、「広東諸處の如きは山に

阻まれ、海に隔てられ、提学官は歳に一たび至るのみ。職専と曰うと雖も、徒らに具文たり。之を罷めんことを乞う」と批判した。英宗はこれに対し、府州県の提調官と提学憲臣等の所行を考察する在外巡按御史の怠慢を指摘した。尚書胡濙の上言の如く、在外巡按御史に考察を厳しく行うことを求めた[49]。正統十三年七月、山西絳県儒学署訓導事挙人張幹の言の中に、「近年御史、僉事等官を増置し、専ら学校を提督するも、然れども地理に近遠あり。学校に多寡あり。歳僅かに一たび至る者あり。歳に一たびならざる者あり」と批判した。英宗はこれに対し、「風憲官を設けて学校を提督し、久しく通例となる。一、二人の言を以て、遽かに廃す可からず」と述べ、提学憲臣にその姿勢を正させ、旧例に遵わず、学校に詣って生徒に課試する者を処罪するに過ぎなかった[50]。翌十四年四月、湖広郴州桂陽県学署教諭事挙人周冕は上奏の中で、「本県の如きは僻處万山なり。正統七年、前任僉事劉虬、州に到って生徒考選を行取して自り、今六年に迄るも、未だ至る者有らず」と述べ[51]、湖広の郴州桂陽県学の場合、正統七年に前任の提学僉事劉虬が来て以来、その後六年間も提学憲臣が来ていないと批判した。提学憲臣に対する批判は、ここでは充分に府州県学を按歴しなかった点に絞って考察した。

提学憲臣への批判は正統四年以後に提起され、同十年以後になると、その批判は一層高まり、景泰元年七月以後に廃止された。万暦会典巻七八、学校、風憲官提督の条に、景泰元年令として、

提学風憲官を革罷し、巡按御史、各司府州県官の提督考察を聴す。

とあり[52]、直省の提学憲臣を廃止した後、各府州県学の監察は直隷巡按御史と各府州県官に当らせた。同年の令に、

按察司の分巡各道副使、僉事は、提学官の先に奉ずる勅書事理に照依して提督す。両直隷は御史提督す。

とあり[53]、府州県学の監察は提学憲臣設置以前の状態に戻り、地方監察官の職務の一つとなったが、以前と異なった点は、地方監察官は正統元年五月に頒布された「合行事宜」に遵って行うことになった点である。しかし、地方監察官

は刑名の処理をはじめとして、多くの按治項目があり、府州県学に重点を置くということはできなかったとみるべきであろう。

四　天順六年の臥碑

景泰元年七月以後、提学憲臣が廃止され、提学は地方監察官の管理下に置かれた。しかし、明実録天順五年十月甲午の条に、都察院右都御史李賔は、

正統の初、南北直隷は御史一人、諸按察司は僉事一人を設け、専ら学校を董さしむ。故に人材甚だ盛んなり。宜しく之を復すべし。其れ廩膳生員の年四十五以上の者は、宜しく宣徳・正統時の例の如く考試送監せば滞才無きに庶からん。武職応襲の子弟も亦宜しく故例の如く、儒学に読書せしむ。在京は則ち南京の如く、仍りて武学を立て、公侯伯家は教読官に勅して之を厳督す。教えに遵わざれば国子監に送入して礼を習わしむ。辺関の武備甚だ弛む。宜しく文臣に命じて鎮守等官を巡視し、老疾及び謀勇無き者有れば悉く以聞せしむ。私役軍士を売放し、不時に練習せしむるが如きは、即ちに巡撫、巡按官をして之を提問せしむ。

と述べ、正統初年、提学憲臣を設置し、南北直隷に提学御史、各省に提学副使（僉事）を設けて学校を董した結果、人材が輩出したという理由から提学憲臣の再置を要請した。この時右都御史李賔は提学憲臣の復置を求めただけでなく、㈠府州県学の廩膳生員の四五才以上の者の活用、㈡武職子弟を儒学で読書させること、㈢京師にも武学を立てることを求めた。そればかりでなく、土木の変を反省して辺関の武備の強化を提唱し、㈣文臣の大臣に現地の鎮巡等官の巡視を行わせ、私役軍士の売放や不時の訓練に関しては、巡撫、巡按官に提問させることを要請した。即ち李賔の

上奏は提学憲臣の再置を求めたに止まらず、その内容は地方監察体制の強化の再確認であったといえよう。明実録天順五年十一月癸丑の条に、

　命じて復た提督学校風憲官を設けしむ。其れ四十歳の生員の考試起送は、一に正統十年例に依らしむ。右都御史李賓の建言に従うなり。

とあり、提学憲臣の再置が決定した。七日後、吏部は廷臣を会して提学憲臣を推挙し、次のように決定した。

南京刑部郎中張和　→　浙江副使
南京工部郎中劉昌　→　河南副使
刑部主事王慶　→　湖広僉事
〃　游明　→　福建僉事
太僕寺丞李令　→　江西僉事
〃　鄒允隆　→　広東僉事
国子監博士王濬　→　広西僉事
〃　助教鄭貞　→　山西僉事
〃　助教馮獻　→　陝西僉事
〃　学正陳良弼　→　四川僉事
知州周濠　→　山東僉事
教授邵玉　→　雲南僉事
監察御史嚴洤　→　南直隷提学御史

〃　　陳政　　↓　北直隷提学御史

これが、貴州を除く二直隷十二布政司の提学憲臣の人選である。正統元年五月の時は政府高官の推薦によったが、天順五年十一月の時には吏部が廷臣と会同して推薦し、前回の正統元年の時と同様、都察院が人選を決定していない。勿論、廷臣の中には都御史も加わっていたと推察されるが、今回も提学憲臣が刑名を処理せず、提学を専一に行うという観点からの措置であった。明実録天順六年正月己酉の条に、英宗は提督学校監察御史等官陳政等に勅諭して、

朕惟うに古より帝王、天下を治むるは、率ね興学育材を以て首務と為す。而して学の興廃、人材の盛衰、治道の隆替、此に繋ると曰うは、蓋し已然の明験なり。曩に朕、嗣位の初、天下の学校久しくして廃弛するを慮り、爰に学行老成の人を簡び、授くるに憲職を以てし、提督の任を専らにせしむ。之を行うこと十有余年、厥れ成效有り。景泰中、斯の職を罷去してより学政廃弛し、弊日々に益々甚し。今復た旧典を挙行し、特に爾等に命じて巡視し、各府州県儒学を提督せしむ。爾其れ欽めや。

と述べ、英宗は正統元年、提学官を設置し、興学育材に成果があったにも拘らず、景泰元年に提学官を廃止してから学政が廃弛し、弊害がひどくなったと批判した。この時に合行事宜十八条を頒布したが、それが天順六年の臥碑であり、臥碑としては洪武二年、洪武十五年につぐ第三に当る。その内容は正統元年五月に頒布された合行事宜十五条を踏襲しているので、併せて検討したい。

第一条。学ぶ者は書を読み、知りて能く行うを貴ぶ。先ず聖賢の経書を将て熟読背誦し、牢記して忘れず。却いて師友に従い、講解明白にす。聖賢の言語を将て、体して之を行わしむ。孝弟、忠信、礼儀、廉恥の行を敦く尚び、徒らに口耳の学に務むるを許さず。将来、朝廷庶くは真才任用を得んことを。(54)

本条は聖賢の経書を熟読、暗誦し、孝弟、忠信、礼儀、廉恥の行を尚ぶべしと述べる。本条は正統元年五月の合行事

宜の第一条を継承していることは、「必ず先ず之を孝弟、忠信、礼儀、廉恥等の事を導き」とある点からも明らかである。[55] 尚、孝悌、忠信、礼儀、廉恥の語句は洪武二年の臥碑第三条にも記載する。

第二条。学を為すに工夫し、必ず其の放心を収む。主敬窮理し、鹵莽間断するを得る毋れ。其れ修己治人の方、義利公私の辯に於てす。須らく体認精切なるを要す。趨向差わず、他日出仕し、方めて能く名節を顧惜し、事業観るべきに庶幾からん。[56]

本条は学ぶに当って、敬意を以て理を窮めることが肝要であり、趨向差わず、名節を顧りみるべきと述べる。本条は正統元年五月の合行事宜の第二条の、「士は実学を貴び……庶幾くは将来得用して教養に負からざらんことを」の条文を継承すると推察される。[57]

第三条。習学挙業も亦窮理の事なり。果たして能く四書に精通すれば、本経も便ち行文を会す。有等の生徒、肯て実に功夫を下さず、惟だ旧文を記誦し、僥倖の出身を意図す。今宜しく此の弊を痛革すべし。其の所作の四書、経義、策論等の文は、務めて典実平順、説理詳明なるを要す。浮誇怪誕なるを許さず。習字に至っては亦た須らく端楷なるべし。教養の意に乖かざるに庶からん。[58]

本条はただ旧文を暗記して僥倖の出身を求めることを戒め、文章を作るには典実平順を旨とし、浮誇怪誕に走ることを戒める。本条の前半の条文は、正統元年の合行事宜の第二条の「惟だ旧文を記誦し以て僥倖を圖る」の条文を継承する。また本条の後半の「其れ四書、経義、策論等の文」と「習字に至っては須らく端楷なるべし」の条文は、正統元年の合行事宜の第三条を継承する。[59] 即ち、正統元年の合行事宜の第二条と第三条を解体して、天順六年の臥碑の第二条と第三条として、文意を統一したのであろう。

第四条。学効成る無きは、皆な師道立たざるに由る。今の教官、賢否斉しからず。先ず須らく其の徳行を察し、其の文学を考すべし。果たして行う所、学ぶ所、皆善ならば須らく之を礼待すべし。若し一次考験して、学問疎浅、及び訓誨に怠る者は、姑らく之を戒勵し、其れをして学を進め過ちを改めしむ。若し再考して、進むなく改めざれば、吏部に送りて別用す。其れ貪淫不肖、実跡彰聞する者は、必ずしも其の文学を考せず、即ちに按察司に送り、直隷は巡按御史に送り問理す。吏部は別に学行ある者を選び、其の缺を徃補す。(60)

本条は学業成るなきは、師道に問題があるとして、教官を考験して任用を続けるが、再考して学進むことがなければ別の人物を採用すべきであると述べる。本条は正統元年の合行事宜の第四条を殆んどその儘継承する。(61) 但し、本条では再考の結果をみて別用するとあるが、正統元年の合行事宜の第四条に同じく吏部に送って別用するとあり、その後に「無進（者）」は黜罷し、「貪淫不肖にして顕かに根拠のある者は具奏逮問す」とあるから、天順六年の本条では罰則が緩かになっている。

第五条。師生は毎日坐齋読書し、及び日に会饌に逐《したが》う。有司は膳夫、齋夫を僉與す。府学は膳夫四名、齋夫八名。州学は膳夫二名、齋夫六名。県学は膳夫二名、齋夫四名。違悞缺役あるを許さず。(62)

本条は師生の会饌と府州県学に於ける膳夫、齋夫の定員を規定する。本条は正統元年の合行事宜の第六条を継承するが(63)、府州県学の膳夫、齋夫の員数を規定した点で、条文の整備化がみられる。

第六条。生員考試し、文理を暗ぜざる者、廩膳十年以上なるは、附近の去處に発して吏に充つ。六年以上は本處に発して吏に充つ。増広十年以上は本處に発して吏に充て、六年以上は罷黜して民と為す。未だ六年に及ばざる者は、量加決罰し、勉勵進学せしむ。(64)

本条は生員の考試とその罰則規定を述べる。本条は正統元年の合行事宜の第七条を継承し(65)、且つ廩膳生、増広生の十年以上に及ぶも、文理を暗ぜざる者に対する規定を附加する。

第七条。生員の家、並に洪武年間の例に依り、本身を除くの外、戸内二丁の差役を優免す。有司務めて遵行するを要し、故違するを許さず。(66)

本条は生員の家に於ける戸内二丁の優免を述べる。本条は正統元年の合行事宜の第九条を継承し、(67)且つ「本身を除くの外」の文が追加されている。

第八条。凡そ学校を巡視するは、水路は駅舟に乗り、陸路は官馬に乗る。仍お、本司より書吏一名を帯して随行し、陸路は官驢を与え、倶に廩給を支す。(68)

本条は提学憲臣の交通利用を言い、按歴の際、水路は駅舟、陸路は官馬に乗り、書吏一名を随行した。書吏は官驢を利用し、倶に廩給を支すことを述べる。(69)本条は正統元年の合行事宜にはなく、天順六年の臥碑で新たに加えられた。

第九条。府州県提調官員は宜しく生徒を厳束し、出外、遊蕩して非を為すを許さざるべし。凡そ学内の殿堂、齋房等の屋損壊せば、即ちに辦料量工して修理す。若し提督憲臣あるを恃み、学校中の一切合行の事を将て、推故して用心整理を行わざる者は、量加して決罰懲戒す。(70)

本条は府州県の提調官員の職務を述べる。本条は正統元年の合行事宜の第十条を継承し、殆んど同文である。(71)ただし、「若し提督憲職あるを恃み」の文が新たに加えられた。

第十条。所過の處、軍民利病及び不才官吏の貪酷害人、事の奏請に干する者に遇有すれば、実に従い奏聞す。(72)

本条は提学憲臣が按歴する折、軍民の利病や不才官吏の貪酷害人の奏請すべき事柄に遇有した際には、事実に従って参奏せよと述べる。本条は正統元年の合行事宜の第十一条を継承するが、天順六年の臥碑では冒頭に「所過の處」の語句が附加された。(73)

第十一条。本職は学校を専督し、刑名を理せず。如し軍民人等、冤枉等の事訴告するあらば、詞状を受くるを許す。

軽ければ則ち所在有司に発下して問理し、重ければ則ち按察司に送り、直隷は巡按御史に送りて提問す。

本条は提督憲臣は学校を専督し、刑名を処理しないと述べる。本条は正統元年の合行事宜の第十二条を継承し、冒頭に「本職は学校を専督し、刑名を理せず」の文を附加して提学憲臣の職務を明確にした[74]。正統元年の第十二条では、軍民人等が冤枉等事を訴告した場合、軽重に応じて衛所、府州県や按察司に提問させたと述べるが、直接に「刑名を理せず」とはない[75]。また提学憲臣の設置を命じた時の正統元年五月壬辰の条にも「提調学校官員を添設す」また「専一に学校を提調せしむべし」とあっても、「刑名を理せず」とはない。そうなると、天順六年の臥碑の条文で、「学校を専督し、刑名を理せず」と初めて提学憲臣の職務を明確したことが明瞭になる。しかも、憲臣である以上、天順六年の第十条で、提学憲臣が所過の處で軍民の利弊や不才官吏の貪酷害人の件で奏請するのは当然であったことになる。

第十二条。科挙は本より古は郷挙里選の法なり。今、南北取る所の挙人の名数、已に定制あり。近年奔競の徒、他處の学ぶ者寡少なるを利とし、往々彼に赴きて投充す。増広生員、郷貫を詐冒し、過悪を隠蔽して一槩に応試す。所在の教官、僥倖として以て己の功と為す。其の弊滋々甚し。今後は許さず。違う者は本職及び提調科挙官、監試官の拿問を聴す[76]。

本条は科挙に際し、増広生員が本籍を詐わって受験者の少ない處に登録する弊害を述べる。本条は正統元年の合行事宜の第十二条を継承する[77]。天順年間に入るとその弊害が多くなった為か、条文は長くなり、提学憲臣、提調科挙官に厳しく調査させることが附加された。

第十三条。布政司、按察司官及び巡按御史は提督者の職事を侵越するを許さず。若し公務を以て府州県に至れば亦當に師生を勉勵し、学業に勤力すべく、推故不理を許さず。若し提督官、行止端さざれば、巡按監察御史指実奏聞するを許す[78]。

本条は提学憲臣の職務を布政司官、按察司官、巡按御史の他の地方監察官が侵すことを禁止する。本条は正統元年の合行事宜の第十四条を継承するが、その第十四条では、「学校を提調する者、如し貪淫無状ならば、在外巡按監察御史の指実奏聞するを許す」とあるのみで、提調官の府州県官、提学憲臣の監察を在外巡按御史に当らせたと述べる。[79]しかるに、本条では各省の提学憲臣の職務を布政司、按察司官の地方監察官が巡歴した際に、府州県学の提学職務に干与することを禁じ、南北直隷の場合は直隷巡按御史の干与を禁止すると述べる。しかも、提学憲臣に不正行為があった時は、直省ともに在外巡按御史が指実奏聞することを許した。即ち、本条は提学憲臣の職務の独立性をいう。尚、本条の冒頭にある布政司官の分守が制度化されたのは、正統五年であった。[80]

第十四条。所轄境内、衛所学校に遇有せば、一体提調整理せしめ、武職の子弟、悉く其れをして五経、七書、百将伝を習読し、及び武芸を操習せしむ。其中、能く本業を習う者あらば亦科挙を聴す。[81]

本条は提学憲臣は衛所学校も提調し、武職子弟の中で挙業を習う者は科挙の受験を聴すと述べる。本条は正統元年の合行事宜の第十五条を継承し、冒頭の「所轄境内」の語句を除けばほぼ同文である。[82]

第十五条。各處歳貢生員は例に照して食糧を将《おく》る。年深なる者は厳に考試を加え、必ずしも会官せず。如し果たして、年深なる者充貢に堪えざれば、就便、例に照して黜罷し、却って将に次なる者を考充す。務めて文理に通暁するを要《もと》め、方めて起送赴部を許す。[83]

本条は各處の歳貢生員に関する規定で、食糧の支給と補充を述べる。本条は正統元年の合行事宜には載っておらず、天順六年に附加された。本条で「必ずしも会官せず」とあるのは、正統十年、生員を考選する時、各省では提学憲臣が布政司堂上官一員と、直隷では直隷巡按御史、提調教官と会同すると規定したことを考慮した条文であって、[84]歳貢生員の考試の際には適用しないという意味であろう。

第十六条。廩膳、増広生員、已に定額あり。廩膳缺あらば、増広内より学問優等なる者を考選、幇補す。増広缺あらば、本處官員、軍民の家より資質聰敏、人物優秀の子弟を補充す。有司及び学官、徇私作弊を聴信するを許さず。若し額外の数あらば、須らく厳に考選を加え、文藝に通暁する者は存留して缺を待つ。堪えざる者を一槩に存留し、差徭を躲避するを許さず。[85]

本条は廩膳、増広生員の缺員補充の方法を述べる。本条は正統元年の第八条を継承するが、その冒頭に「生員闕あらば」とあり、僅か二四語しか用いていない。[86] 天順年間に入ると、生員の缺員補充の際の不正が多かった為に、本条は長文化したのであろう。

第十七条。古は郷閭里巷、学あらざるなし。即今の社学是れなり。提督の去處、即ち有司をして毎郷毎里、倶に社学を設け、師範を擇立し、教條を明設し、以て人の子弟を教えしむ。年に一たび考較し、勤效を擇取す。仍お、師たる人の差徭を免ず。[87]

本条は社学に関する規定を述べる。本条では社学の教師の差徭免除を言うが、社学は洪武十六年設立、正統元年に提学憲臣、府州県の提調官に監察させ、俊秀の向学者は府州県学の生員に補充することが許された。尚、本条は正統元年の合行事宜には記載がない。

第十八条。師生は学校一切の事務に於て、並に洪武年間の臥碑に遵依して行うを要し、故違するを許さず。[88]

本条は府州県学の事務は洪武年間の臥碑を遵守すべきことを述べる。本条は正統元年の合行事宜の第五条を継承し、条文もその儘で、冒頭に「師生」の語句が附加された。[89]

以上、天順六年の臥碑十八ヵ条を検討した。その結果、この臥碑が正統元年五月に頒布された合行事宜十五条の全条を継承し、更に補足されたことが分る。補足された三ヵ条とは、第八条の提学憲臣の交通機関の利用法、第十五条の歳貢生員の考試、第十七条の社学の師の免徭を述べた条文であり、時代の要請に応じた処置で、新たに追加された。即ち、正統年間に入り、各地で反乱が起こると、各省に派遣されていた在外巡按御史は地方三司を指導する傾向を強めた。在外巡按御史は正七品であったので、従来は驢馬を利用したのであるが、地方三司官と共に官馬の利用が認められた。第八条で提学憲臣が陸路の場合、官馬に乗ることを許されたのはその影響であろう。第十五条の歳貢生員に食糧を支給し、年深の貢生で充貢に堪えざる者は黜罷して、次の者を充てるという条文は、正統五年九月、「今後起送の応貢生員は正統七年を始めとなし、先ず本生の姓名、年甲、食糧年月を将て預め本部に申して知会せしむ。倶に正月以裏に限り、部に至って聴考す」とあり、[90]応貢生員は正統七年から預めその姓名、年令、食糧支給年月日を吏部に申達し、正月中に考試することが決定したこともあって、追加されたと推察される。尚、応貢生員が正月中、吏部に到って考試することは、洪武、永楽間に規定が定められていた。第十七条の社学の教師の免徭は、正統元年令に、「各處の社学、提学官及び司府州県官は厳に勤課を督し、廃弛するを許さず。其の俊秀向学の者あらば、儒学生員に補するを許す」とあり、[91]提学憲臣や府州県官に社学を監察させ、その興隆を図った。本条により社学の教師の免徭が許可され、万暦三年の提学官に頒布された合行事宜にも継承された。この点からも、天順六年の臥碑は正統元年の合行事宜を継承したに止まらず、明代を通じて府州県学に最も影響を与えたものとして、洪武二年の臥碑と並んで注目すべきであろう。

五　万暦三年の合行事宜

既に考察した如く、洪武二年十月、府州県学の設立が決定し、それを監察したのは地方監察官であった。直隷府州県学を監察したのは直隷巡按御史、行省府州県学は按察司官であり、彼等の監察対象は守令、教官、生員の三者であり、その権限は大きかった。ところが洪武十五年八月頒布の臥碑を検討すると、生員に対する禁例が主であって、守令、教官に対する監察には言及していない。しかも洪武十五年十一月に地方監察官に頒布された巡按事宜によれば、府州県学の監察は按治項目の一つとなり、そこには守令、教官の提調に言及するも、地方監察官の監察は学校施設の保全が主であり、按歴しても教官、生員名を報告するに止まって、儒学の興隆は望めなかったと言えよう。太祖の死後、建文朝は地方監察制度を縮少しただけでなく、監察御史を皇帝の言官、諫官的存在と位置づけた。その後に生じた靖難の変、北京遷都事業が成祖によって行われ、且つ長期化した為に国内政治は混乱し、府州県学もその影響を受けて衰退したと考えられる。宣宗、英宗はこのような国内政治の混乱を収拾しようと図り、太祖以来の地方監察制度の強化を行った。府州県学の場合、提学を専門とする南北直隷提学御史、浙江等十一省に提学按察司官を設置した。この提学官の設置は洪武二年の臥碑条文に従って府州県学の監察を行うことを目的としたと推察される。但し、この時には儒学に通じた人物を選んだから、御史、按察司官に任命されても刑名の処理は府州県官、按察司官、在外巡按御史に委任し、軍民の利病、不才官吏の考察に止めた。そうなると、彼等を提学憲臣と称するけれども、刑名を処理するのが憲臣（憲職）であるとすれば、厳密な意味では提学「憲臣」と称すべきではないと考えられよう。

正統元年五月、提学憲臣の設置をみたが、既にみた如く、雲南、貴州には設置されなかった。明実録正統二年十二月乙丑の条に、巡按直隷監察御史楊春の言として、

又、天下の学校、皆な提学風憲官を設く。惟だ雲南独り地遠きを以て未だ設けず。例に照して設官するを乞う。

とあり、正統二年十二月の時点で、雲南のみ提学憲臣が配置されなかったので、その設官を求めたところ、行在礼部は、

雲南の学校甚だ少し。分巡憲臣を以て兼理すべし。必ずしも設官せざれ。

と覆奏し、之に従った。即ち、雲南のみは分巡官が提学を兼督することになった。その後、正統十三年三月に姜濬が提学雲南副使に任じたから、僅か十二、三年間であるが提学を各道分巡官が担当した。万暦会典巻七八、礼部、風憲官提督の条に、

成化六年令、貴州按察司分巡官、本處学校を兼理す。

とあり(92)、貴州でも成化六年に分巡官に提学を兼理させた。洪武十五年の巡按事宜にあった如く提学は本来、地方監察官の按治項目の一つであったから兼理しても当然であるが、提学憲臣の配置に比べるとその比重は軽い。万暦会典の同条に、

(正徳十年)、口外衛学並に各都司、衛所土官学は本布政司を離れること遠にして、提督官歳ごとに歴す能わざる者は、各道分巡官をして歳ごとに考校を加えるを許し、提学官に行して知会せしむ。

とあり(93)、長城の外に位置する衛学や各都司衛所土官学は、布政司より離れている為に提学憲臣が按歴できない場合、各道分巡官に毎年考校を加えさせ、その結果を提学憲臣に報告させた。嘉靖十六年になると、山西大同府所属の府州県、衛所の儒学生員は山西の冀北道分巡官に代理させ(94)、嘉靖二十六年には、甘粛の衛所儒学生員の提学を甘粛巡按御史に帯管させた(95)。同じく万暦会典の同条に、万暦六年の題准として、

南直隷廬・鳳・淮・揚四府、滁・徐・和三州の学校は江北巡按を以て之を兼ね、湖広衡・永二府、郴州は上湖南道副使を以て之を兼ね、辰州一府、靖州は辰沅道副使を以て之を兼ね、広東瓊州府は海南道副使之を兼ぬ。各々専勅を請いて行事し、毎歳巡歴考校す。

とある。これによれば、南直隷の廬州、鳳陽、淮安、揚州四府、滁、徐、和三州の学校は江北巡按御史が兼理したと

ある。南直隷は嘉靖年間、三員の直隷巡按御史が配置され、太平府、泗州、蘇州府に置かれたが、泗州の直隷巡按御史は、「江北巡按」とも呼ばれた。万暦六年になると、江北巡按御史が江北の府州県学を兼理し、その他の府州県学は南直隷提学御史が監察したのであろう。湖広の場合には、衡州府、永州府と郴州の府州県学を上湖南道副使が提学し、辰州府、靖州の府州県学を辰沅道副使が提学し、この他の湖広の府州県学は湖広提学憲臣が監察した。広東瓊州府は海南道副使が監察したとある。[96] このように提学を専門にした提学憲臣ですら、その管轄範囲が広大である為に地域によっては、他の地方監察官に委任したとしても当然のことであったし、また屢々変更する場合もあった。万暦十一年には、また南直隷提学御史が、江北の府州県学を提学することになった。万暦会典巻七八、風憲官提督の条に、

（万暦十一年）、南直隷提学御史、仍お江北を兼管す。[97]

とあり、江北直隷巡按御史が江北の府州県学を監察したのは、万暦六年から十年までの僅か五年間であり、万暦会典の同条によると、湖広の提学官も旧に照して専管したとある。また、万暦会典巻二一〇、奏請点差の条に、

近年、遼東、宣大、甘粛巡按、倶に兼ねて学校を提調す。[98]

とある如く、辺境設置の在外巡按御史が提学を兼管する場合もあった。このように、提学に当ったのは、提学御史、提学按察司官以外に、直隷巡按御史、各道分巡官、遼東、宣大、甘粛の辺鎮巡按御史が担当したことが分る。

ところで、天順六年には正統元年五月頒布の合行事宜十五条を殆んど踏襲し、新たに三条を附加した臥碑が作製されたことを考察したが、万暦三年になって、新たに合行事宜十八条が提学憲臣に頒布された。明実録万暦三年五月庚子の条に、

大学士張居正等題す、養士の本は学校に在り、貞教端範は督学の臣に在り。祖宗以来、最も此の選を重んじ、明経行修、端厚方正の士に非れば以て軽授せず。異時、提学官、海内の名流の類多く、能く道を以て自重し、苟も

狗を人とせず、人亦た敢て干むるに私を以てする者なし。士は儒風に習い、近古の猶し。

とあり、大学士張居正等の上疏を載せ、養士の本は学校に在り、正しい教えは督学の臣に在るから、祖宗以来、提学官の人選を重要視したと述べる。ところが、

近年以来、此の官を視るに稍々軽し。而して人能く以て自重あるを罕にす。既に卓行実学無く、以て多士の心を壓服す。則ち務めて虚談賈譽を為し、賣法養交す。

とあり、近年、提学官の人選は当を得ていないと指摘した。そこで、

臣等謹しんで先朝以来の提学臣に勅諭せし旧稿を査し、再び加酌擬附す。近日題准事例を以て逐款開坐す。聖裁を上請し、勅内に備載し、天下に昭示す。

とあり、先朝以来の提学官への旧稿を検討し、条文を取捨選択し、加条して天下に昭示すると述べる。続けて、

撫按は此を以て其の能否を核《きわ》め、部院は此を以て其の黜陟を定め、人をして敦本尚実にして僥倖を萌さざらしむ。則ち人材振興の一大機なり。

とあり、新たな題准事例の条文でもって、撫按官は提学官の能否を考察し、都察院、吏部が黜陟を行えば、人材を振興するいい機会であると述べる。この新たな題准事例の条文が、合行事宜十八条であった。恐らく十八条としたのは、天順六年頒布の臥碑に倣ったのであろう。

そこで、万暦三年の合行事宜を検討し、洪武、天順の臥碑との関連について考察したい。

第一条。聖賢は経術を以て垂訓し、国家は経術を以て人を作る。若し能く経書を体認すれば、便ち是れ学問を講明す。何ぞ必ずしも又別に門戸を標し、聚党空談せんや。今後各提学官、教官・生儒を率い、務めて平昔所習の経書義理を著実講究し、躬ら実践を行い、以て他日の用を需《ま》たん。別に書院を刱《はじ》め、群衆徒党し、及び地方遊食無

行の徒を號召し、空談廃業し、因りて奔競の門を起こし、請託の路を間《うかが》うを許さず。違う者は、提学官は巡按御史劾奏し、遊食人は拏問解発するを聴す(99)。

本条は府州県学は経書を体認して学問を行い、生員、教官、儒者が他日の用を待つように提学官は監督するのが本来の在り方であると述べる。しかるに教官、儒者、生員の中で、書院を創立して仲間を集め、互いに争い、権力者にとり入る者が出現している状態と指摘し、提学官はそれらの者を巡按御史が劾奏し、遊食人等を拏問解発することを聴すとある。本条は当時、提学官の手に余る者の処置は、在外巡按御史に委ねていたことが分る。

第二条。孝弟廉譲は乃ち士子の立身の大節なり。生員の中に敦本尚実、行誼著問の者あらば、文芸稍劣ると雖も、亦必ず量加奨進し、以て頽俗を勵ます。若し平日学業に務めず、公事を属託し、或は歌謡を捏造し、詞訟を興滅し、及び敗倫傷化し、過悪彰著なる者あらば、体訪得実し、必ずしも其の文芸を品せず、即ちに革退を行う。狥情姑息するを許さず。亦た有司、教官の開送を軽信し、狭私中傷を致し、誤り善類に及ぶを許さず(100)。

本条は生員の監察を厳格に行い、行誼著問の者を勵げまし、学業に務めず、過悪が顕著な者は革退すべきといい、提学官の心得えとして、有司、教官からの文書を軽信することを戒める。既に考察した如く、洪武十五年の臥碑前文に、「有司を把持し、恣に私事を行う」、「従わざるあらば、即ちに京師に赴き、以て聖聴を惑わし」、「暗地に他人を教唆して詞を為す」という生員の実態を述べていたが、万暦の頃になると、公事の嘱託、歌謡の捏造、詞訟の興滅を行っていた生員の像が浮び上る。

第三条。我が聖祖臥碑を設立し、天下の利病、諸人皆な直言するを許す。惟だ生員は許さず。今後生員は務めて明禁に遵い、本身の切己事情を除き、家人有司に抱告して従公審問し、倘し寃抑あらば即ちに昭雪を為すを許す。其の事、己れに干らざるも輒《すなわち》便衙門に出入し、民情を陳説し、官員の賢否を議論する者は、該管有司、提学官に申呈し、行止虧あるを以て革退するを許す。若し糾衆扛幫し、聚めて十人以上に至り、官長を罵詈し、肆に無礼を行い首となる者は照例問遣す。其余は人数の多少を分たず、盡く黜退を行い、民と為す(101)。

本条は洪武以来の臥碑の中で、軍民の利病に関して生員の建言を許さなかったことを確認する。但し生員の家人等が寃抑に遭った時は除外し、生員自身の事でなく衙門に赴き、民情の実態を述べたり、官吏の賢否を議論する者や、仲間を集めて世情を騒がす者の取り締りを述べる。本条は直言した生員に対する処罰を規定し、民情を述べたり、官員の賢否を述べた者は革退し、十人以上の仲間を集めて肆に無礼を行った首謀者は律に照して問遣し、十人以下の場合はそれぞれ黜退して民となすとある。このように処罰を規定したのは、万暦の頃にはこの種のことが日常的に行われていたと推察される。

第四条。国家の明経取士、書を説く者は宋儒の伝註を以て宗と為す。行文は典実純正を以て尚しと為す。今後務めて頒降の四書五経、性理大全、資治通鑑綱目、大学衍義、歴代名臣奏議、文章正宗、及び當代誥律典制等の書を、課して生員をして誦習講解せしむ。其をして古今に通曉し、世用に適せしむ。其れ異端邪説を剽竊し炫奇立異する者あらば、文工と雖も録さず。所出の試題亦た明白正大を要し、文義を割裂し、以て雅道を傷うを得ず(102)。

本条は府州県学の頒降図書の四書五経、性理大全、資治通鑑綱目等を誦習講解し、古今に通曉することを求め、異端、邪説を退けるように述べる。洪武二十四年に生員の熟読すべき書として、大誥、律令が挙げられていたがその後、四書五経等の頒降が行われた。ここで宋儒の伝註を第一にするとあり、宋学の書が加えられた。

第五条。提学官は勅を奉じ、学校を専督す。事に借りて道を枉げ、撫按官に奔趨し、薦挙に干求するを許さず。各撫按二司官も亦伊の職掌行事を侵かすを許さず。若し提学官に由らずして考取し、径ちに自ら行文し、生儒に衣巾を給与し、及び革退の生員、各衙門に赴き、復学を告訴する者あらば、即ちに本生を問罪革黜す。若し提学官の行止不端、怠玩曠職なる者あらば、巡按御史の指実劾奏するを許す(103)。

本条は提学官は学校を専督するといい、正統元年五月の提学憲臣設置の意図を述べる。しかし、その後に刑名の処理についてはふれず、提学官が巡撫、巡按官に推薦する活動の禁止や提学官が考取していない生員や革退して後に復学を運動する元生員を問罪革黜すべきとある。本条でいう撫按官の監察とは提学官が考取しない生員等の処罰であり、その点からみれば、提学官の専督は生員の考取にあったことになる。撫按官も提学官の職掌を侵すことは許さずといい、提学官の中で行止不端の者や怠職なる者は巡按御史に指実劾奏させた。

第六条。該管地方、毎年務めて巡視考校し、一遍するを要す。移文代委し、隔別の府分に及び、生儒を調取し、跋渉し害を為すを致すを許さず。亦た師生をして匍匐迎送するを許さず。考畢らば、即ちに本地より発落し、賞罰を明示す。文巻を別處に携帯して発案し、書吏をして間に乗じて弊を作さしめ、士子をして勧懲する所無きを致すを許さず。亦た詩朋酒友を招邀して遊山翫水し、倖門を致啓し、公務を妨廃するを許さず。其れ水陸夫馬の廩給、随帯吏書は倶に常に照して行え(104)。

本条は該管地方の巡視規定を述べ、毎年一たび巡視することとし、遠隔地の生儒を調取することを禁止した。師生を迎送させたり、考試結果を現地で発落せず、或は文巻を別處に携帯して発案することを禁止し、更に詩朋酒友を招待する宴会等の禁止をいう。本条の如く、万暦三年の合行事宜の特色の一つに、提学憲臣への禁止条項が多いことが挙げられる。裏を返せば、これらのことが日常行われていたことの反映に他ならない。

第七条。提学官は所属を巡歴し、凡そ貪汚官吏、軍民不法の重情、及び教官の干犯行止の者あらば、原より憲司に係わり、理として當に拏問すべし。但し、民詞を接受し、官を侵して事を喜ぶを許さず。其れ生員の犯罪、或は事の須らく対理すべき者、倚恃する所有らしめ、公法を抗拒するを致すを許さず(105)。

本条は提学憲臣の巡歴規程を述べる。本条は第六条と関連し、年に一たび所属の府州県学を巡歴することを述べる。当時、提学官の中で所属範囲が広大であった為に全府州県学を巡視する者が少なかった状況が分る。その際に、(1)不才官吏、不法軍民、不法教官の拏問、(2)民詞の不受理、(3)生員の犯罪に対する法的処理の三項目が挙げられる。(1)は天順六年の臥碑の第十条に該当し、従実参奏すべしとあったのに対し、本条では拏問するとあり、提学憲臣というより、地方監察官としての役割が求められた。(2)は天順六年の臥碑の第十一条に該当し、そこでは詞状を受理しても軽重に応じて、所在官司、按察司、直隷巡按御史に処理させるとあったのに対し、本条では「官を侵して事を喜《たの》しむ」とある所をみると、万暦年間になり、提学憲臣に按察司官だった者が就任したり、各道分巡官、在外巡按御史が提学職務を兼管することが多くなったのを背景として、刑名等の処理に当った府州県官の職務を侵す場合が多かったことを裏付ける。(3)は天順六年の臥碑に該当する文は見当らない。生員の犯罪が、当時深刻化していた証左であろう。

　第八条。廩膳、増広、旧《もと》定額あり。迨後増置の附学の名目、冒濫居多なり。今後歳貢、務めて厳に校閲を加う。如し荒疎庸耄、作養に堪えざる者あらば、即ちに黜退を行い、姑息するを許さず。流言を捏造し、報復を思逞する者あらば訪実拏問し、例に照して問遣せよ。童生は必ず三場を擇び、倶に通る者始めて収めて入学せしむ。大府は二十人を過ぎず、大州県は十五人を過ぐるを得ず（十一年題准、人才衆多の地方の如きは、就試の人衆ければ酌量増収を許すも、情に狥い過濫するを許さず。見後）。地方の才乏しきが如きは、即ち四、五名も亦少しと為さず。郷宦、勢豪、託に干るも遂げず、暗に中傷を行う者の若きは、徑ちに自ら奏聞処治せよ。[106]

本条は廩膳、増広、附学生員の採用に関する規定で、歳貢に当っては校閲を厳格にし、荒疎庸耄の採用を退け、流言を捏造する者を取り締った。本条は天順六年の臥碑の第十六条を継承し、生員の資格を得る童生の人数を規定した。

　第九条。両京各省の廩膳、科貢は皆な定額あり。近来、有等の姦徒、他處の人才寡少なるを利とし、往々籍貫を詐冒し、投充入学す。及び両名を詭写し、随處告考す。或は士夫の子弟を假捏し、進取を希図す。或は原、娼優、隷卒の家及び嘗て犯罪、問革を経て、姓名を変易し、納粟納馬等の項を援例し、僥倖に出身し、殊に士習を壊す。訪出して厳しく拏問を行い革黜せよ。若し教官賄を納め、生員を容隠し、扶同保結する者は、一体に治罪革罷せよ[107]。

本条は不正を行って府州県学に入学せんとする者の取り締りを述べる。籍貫の詐冒、二ヵ所での受験、出身の捏造、娼優、隷卒出身の者や犯罪者の姓名変易、教官に贈賄した者は一体に治罪して革罷せよとある。

第十条。府州県提調官員は宜しく生徒を厳束し、按季考校すべし。凡そ学内の殿堂、齋房等の損壊は即ちに辦料量工し修理せしむ。其の齋夫、膳夫、学糧、学田等の項、倶に時を以て撥給するを要す。遅誤剋減するを許さず[108]。

本条は府州県の提調官員の職務を述べる。本条は天順六年の臥碑の第九条を継承し、その内容も殆んど変更はない。ただし、天順六年の条文と異なるのは、齋夫、膳夫、学糧、学田等が附加された点である。

第十一条。生員の家、洪武年間の例に依り、本身を除くの外、戸内二丁の差役を優免す[109]。

本条は生員の家の差役優免を述べる。本条は天順六年の臥碑の第七条を継承するが、生員の戸内二丁の差役の優免の条文は、既にみてきた如く正統元年の合行事宜の第九条が始めてである。

第十二条。生員考試、文理を諳ぜざる者の廩膳十年以上は、附近の去處に発して吏に充つ。六年以上の者は本處に発して吏に充つ。増広十年以上は本處に発して吏に充て、六年以上の者は罷黜して民と為す[110]。

本条は生員に対する罰則規程を述べる。本条は天順六年の臥碑の第六条を継承するが、増広六年未満の者の罰則は削除された。

第十三条。儒学教官は士子観法の係わる所なり。按臨之日、其の学行を考し、倶に優なる者は礼待奨勵す。其れ行履過無きも、但だ学問疎浅なる者は一次考験し、始めて戒飭を行う。再考過無きは吏部に送りて別用す。老病不堪なる者あれば、令に准い礼を以て致仕せしむ。卑汙無恥、素行不謹の者の若きは、必ずしも其の文学を試せず、即ちに按察司に拏送して問革せしむ(111)。

本条は儒学教官の考験とその処置について述べる。優なる者は礼待奨励し、学問疎浅なる者は更に考験し、その結果により別用したり、老病不堪の者は致仕させ、卑汙無恥、素行不謹の者は拏送問革した。本条は天順六年の臥碑の第四条を継承し、表現は異なる所もあるが内容は同一である。

第十四条。考貢。近日事例に照らし、毎歳預め次年応貢生員の年六十以下、三十以上に限り、屢々科挙を経る者六人を厳しく考選を加え、其の優なる者を取りて充貢す。（後題准、考貢は止だ一正一陪を用う。歳貢の条に見ゆ）。限を定め次年四月到部し、廷試を候つを聴す。文理通ぜざる者は即ちに停降を行う。年老哀憊なる者は姑く授くるに冠帯栄身を以てす。但だ挨次濫貢するを許さず。其れ停廩、降廩する者あらば、必ず一、二等に考し、方めて収復を許す（十二年題准、停廩、降廩の者、三等に考居すれば亦た復に准す）。未だ収復せざる者は起送応貢するを許さず。如し濫貢及び廷試、発回五名以上あれば、提学官は照例降調す(112)。

本条は歳貢生員の考試を述べる。歳貢については洪武二年の臥碑の第八条に、「中書省、行省に隷するそれぞれの優秀な生員は入貢する」とあったが、正統元年五月の合行事宜、天順六年の臥碑にもこの条文はない。歳貢生員に関する規定は万暦三年の合行事宜に附加された。歳貢生員の充貢する者（考貢）は年六十歳以下、三十歳以上で屢々科挙を受験した者六人を選び、その中の優秀な者に限られた。翌年四月、吏部に赴き廷試を候つことを聴した。成績が悪ければ罰則を与えたが濫貢等が発覚した場合、提学官も降調されたと述べる。

第十五条。補貢。缺有らば務めて人文を査し、未だ到部を経ざるも、果たして一年以裏に在る者は原給の批咨朱巻を追繳し、方めて年力精壮、文学優長なる者一人を取りて補貢す。該貢の年分を定限し、次年到部し、方めて収考を准す。如し旧例に遵わず、年遠貢缺、濫補市恩する者、起送して部に到るも、本生を発回し革廩肄業す。提学官も参究す(113)。

本条は歳考生員の補考を述べる。歳貢生員が在家や中途で事故に遇有した時の特例で、一年以内の者は追繳した。永楽十九年の時に、二年を過ぎた者、成化四年に一年を過ぎた者は補貢を許さなかった。年遠や濫補市恩の件が発覚するとその生員は革廩肄業し、提学官も取り調べられた。

第十六条。郷試の年分に遇わば、応試の生儒の名数は各々近日題准事例に照らし、挙人一名毎に科挙三十名を取る。此の外、一名も過多するを許さず。両京の監生も亦た解額に依り、照数起送す。一名を多送する者あらば、各監試官は径ちに裁革を行い、入場するを許さず(114)。

本条は郷試の際の応試人員数を述べる。各直省の額数は規定があったが、挙人一名毎に三十員に限った。一員でも額数を越えた場合、監試官は入場を禁止した。

第十七条。名宦、郷賢、孝子節婦及び郷飲礼賓は、皆な国の重典、風教の係わる所なり。近来、有司は教化、学校を忽にし、是非不公、濫挙実を失い、激勧何ぞ有らんや。今後提学官は宜しく綱常を以て己が任と為すべし。呈請に遇有せば、務めて須らく真を核すべし。年久論定する者に非れば、郷賢、名宦に挙ぐるを得ず。終始無議なる者に非れば、節婦、孝子に挙ぐるを得ず。郷里推服する者に非れば、郷飲賓僎に挙ぐるを得ず。如し妄りに人の請求を受ける者を挙ぐるあれば、師生人等、即ちに行止虧あるを以て論ず。其れ従前、冒濫混雑にして明典を玷くある者は、近例に照らし、径自に査革す(115)。

本条は各地方に於ける名宦、郷賢、孝子、節婦や郷飲酒礼の祀典は国の重事にも拘らず、当を得ていない場合があると指摘し、今後、提学憲臣がその決定に際しては慎重に対処すべきであると述べる。本条は提学憲臣が府州県の文教政策に干与する機会を与えられることになった。例えば、蘇州府呉県では名宦等の人選者の中に提学憲臣名が記載された。

第十八条。所轄境内に衛所学校あらば、一体提調整理せよ。武職子弟は悉く武経七書、百将伝を習読せしめ、及び武芸を操習せしむ。挙業を習うを願う者あらば聴す。社学師生は一体に考校し、務めて明師責成を求め、差役を量免す。其の行止虧あり、及び訓詁、句読、音韻の差謬、字畫不端、文理不通なる者あらば即ちに革退を行う。(116)

本条は武学、社学の監察を述べる。本条は天順六年の臥碑の第十七条を継承するが、そこには社学の監察について述べるも、武学には言及していない。本条は武学について述べ、武職の子弟に武経七書(117)、百将伝(118)を習読せしむとあって教材が定められていた。

以上、万暦三年の合行事宜を検討した。その結果、次の三点が確認される。第一点として、天順六年の臥碑全十八条の中で継承したのは僅か四ヵ条であり、学内施設の修理（第十条）、生員の戸内二丁の差徭免除（第十一条）、生員考試（第十二条）、儒学教官の考験（第十三条）であった。第二点は、天順六年の臥碑条文にはない新しい条文は八ヵ条であり、宋学の注釈導入（第四条）、提学憲臣の巡視規定（第六条）、提学憲臣の巡歴規定（第九条）、歳貢生員の考試（第十四条）、補貢（第十五条）、郷試の際の応試人員（第十六条）、文教政策の干与（第十七条）、武学の監察（第十八条）であった。第三点は生員、教官、儒者に対する監督というより、彼等への行動、不正行為の監察強化の六ヵ条であり、生員、教官、儒者の監察（第一条）、生員の監察（第二条）、生員の建言禁止（第三条）、生員志望者の不正（第九条）、提学憲臣の監察（第五条）、儒学教官の監察（第十三条）である。

この三点から、正統元年五月に提学憲臣が設置され、府州県学を興隆して官吏養成機関として活動を期待したのに対し、万暦三年の合行事宜では天順六年の臥碑条文の四ヵ条しか継承されず、新しい条文が天順六年の臥碑の三分の一を占めた結果、両者の間には大きな変化があったことが分る。この変化の一つは提学憲臣が地方監察官としての比重が強くなり、提学以外の監察に重きが置かれ、府州県の文教政策に干与する傾向が出てきたことである(119)。成化年間以降、雲南、貴州だけでなく、腹裏の布政使司内でも各道分巡官や存外巡按御史が提学憲臣を兼管したことと無関係でないと考えられる。即ち、天順六年の臥碑条文までは、「提学」憲臣という面が強かったが、万暦三年の合行事宜になると、提学「憲臣」となったことが分る。

要するに、正統元年五月の時点で、提学憲臣は憲臣から選ばれず、地方監察官としては特殊であったが、万暦三年の合行事宜をみる限り、提学憲臣も兵備憲臣や分巡道官と同様な地方監察官化したのであり、その点で、万暦三年の合行事宜は、「万暦の臥碑」と呼ぶことができよう。

おわりに

洪武二年十一月に頒布された「大明立学設科分教格式」（臥碑）を検討すると、その担当責任者は府州県官で、監察に当ったのは地方監察官であった。しかも、毎年生員の考覈を行い、生員の資格の剝奪、補充したのが地方監察官であった。その上、生員の成績が向上しない場合、地方監察官には府州県官を処罰したり、学官を黜退する権限も与えられていたことを考えると、府州県学の監督責任者は地方監察官であったとも言える。けれども、この臥碑の条文が何處まで厳格に実施されたか不明である点を考慮すれば、当時の府州県学の監督責任者は府州県官であるが、地方監察官にとって府州県学の監察は重要な項目の一つであったと推察できよう。

洪武十五年、地方監察官に頒布された「巡按事宜」と洪武二十六年の「合行事宜」をみる限り、地方監察官による府州県学の監察は、⑴提調官と学官の考察、⑵学校施設の修繕の二点が挙げられるに過ぎず、府州県学の監察は按治項目の一つとなったことが分る。洪武十五年以後、府州県学の監察は洪武二年の臥碑条文と比べて後退し、地方監察官の職務の一つになったと考えられる。

巡按事宜が頒布された洪武十五年に、第二の臥碑が頒布された。これを検討すると、生員に関する条文が多いことや、洪武十三年の胡惟庸の獄とその始末に関連すると推察される条文も含まれている点から、やはり地方監察官にとって、府州県学の監察は洪武二年の臥碑条文よりも後退したと考えざるを得ない。

靖難の変に続いて、成祖の北京遷都事業が長期化すると、国内政治は益々混乱した。この混乱を乗り切る為に宣宗、英宗は、太祖以来の地方監察制度の強化を目指した。その一つが、正統元年五月の提学憲臣の設置であった。提学憲臣とは、南北直隷に派遣された提学御史であり、出差御史の一員でもあった。各省に派遣されたのは提学副使或は僉事であり、増設按察司官の一員であった。彼等は提学を専門にし刑名を処理しないとされるけれども、地方監察官である限り軍民の訴訟を受理せざるを得なかった。しかし提学憲臣は直接処理せず、府州県官や按察司官に委託したのが実情であった。地方監察官としての提学憲臣も不才官吏の考察に当り、軍民の利病に関する上奏も職務の一つであった。確かに、提学憲臣は直接、刑名を処理しなかったという意味に於て、提学憲臣が提学を専門にし、刑名処理を行わなかったと言えよう。

提学憲臣の設置は、洪武二年の臥碑条文に記載する地方監察官に倣ったのではないかとも推察される。何故ならば、正統元年五月の提学憲臣設置の際に頒布された「合行事宜十五条」の第五条に、「学校の一切の事務は、並な洪武年間の臥碑に遵依し、故違するを許さず」とあるからである。そうなると、提学憲臣の設置は洪武二年の臥碑条文に倣って、府州県学の興隆を目指したのであり、太祖の地方監察制度の復活政策の一環であったことが再確認される。合行事宜のこの第五条は、英宗が復位後に頒布した天順六年の臥碑に継承された点からも、提学が地方監察官の職務であると認識していたからに相違ない。それ故、景泰元年に提学憲臣を廃止した時、提学を各省の分巡官、南北直隷の直隷巡按御史に兼管させたのであろう。

提学に当った地方監察官は増設の出差御史たる提学御史、増設の按察司官である副使、僉事の他に各道分巡官も担当したし、遼東、宣大、甘粛地域では在外巡按御史も担当した。その他、各道の巡按御史も兼管し、巡撫都御史は提学憲臣の職務を侵してはならぬとの規定があったものの、学校施設の創設、修理等にも当ったから、提学に従事した地方監察官としては、提学御史、提学按察司官、巡按御史、巡撫都御史が挙げられる。そして正統五年以後に分守道が成立し、厳密な意味で憲職官でなかったものの、布政司官の参政、参議も提学に従事したことも忘れてはならない。

註

（1）五十嵐正一は、「明代における提学官の制度について」（新潟大学教育学部紀要六―一、一九六五）の中で、明史巻七五、職官志四の「明初置儒学提挙司。洪武二年詔天下府州県皆立学」とある儒学提挙司の設置を疑問視した。桜井智美「元代の儒学提挙司―江西儒学提挙を中心に―」（東洋史研究六一―三、二〇〇二）の中で、「明の太祖は浙東の宋濂を儒学提挙に任命し、皇太子に経書を教授させた」と指摘する。府州県学の研究としては、呉晗「明初の学校」（『読史劄記』、三聯書店、一九五七）、渡昌弘「類考について」（和田博徳教授古稀記念明清時代の法と社会』、汲古書院、一九九三）がある。

（2）宮崎市定『科挙』（秋田屋、一九四六）、尚、『宮崎市定全集十五』（岩波書店、一九九三）再録。万暦会典巻七八、礼部、儒学の条に「（洪武）二十年令、増広生員、不拘額数」とある。

（3）谷光隆「明代銓政史序説」（東洋史研究二三―二、一九六四）。

（4）嘉靖尉氏県志巻二、廟学の条。洪武二年十月二十五日、尚書礼部欽録到中書省案験。當日左丞相宣国公欽奉聖旨。今後立学設科、分教礼・楽・射・御・書・数。恁每定擬来、該学校合行的勾當教秀才、每用心講究着行、欽此。欽依会議定擬到各項事理。

（5）嘉靖尉氏県志巻二、廟学の条。洪武二年十一月十八日、中書省楊右丞等於奉天門東板房内、奏奉聖旨、准教定立罪名同這格式。各處学校都鐫在碑石上、欽此。

（6）嘉靖尉氏県志巻二、廟学の条。一、生員入学定例。凡各處所州県、責在守令。於民間俊秀及官員子弟選充。必須躬親相視人才俊秀、容貌整斉、年及十五之上、已讀論孟四書者、方許入学。其年至二十之上、願入学者、聽在内監察御史、在外按察司、巡歴到日逐一相視生員。如有不成材者黜退、別行添補。

（7）嘉靖尉氏県志巻二、廟学の条。一、選官分科教授。礼律書共為一科。訓導二員掌教礼教律教写字、於儒士有学行通曉律令、諳習古今礼典、能書字者。射楽筭共為一科。訓導二員掌教楽教数教射、於知音律能射弓弩筭法者。上項訓導但是能一等或二等者、従各處守令考験、各取所長、相兼教訓。

（8）嘉靖尉氏県志巻二、廟学の条。一、府教授、州学正、県教諭、掌明経史、務使生員知孝悌・忠信・礼義・廉恥、通曉古今識達時務、及提調各訓導、教習必期成效。上項教官、各處守令、於儒士有才徳、有学問、通曉時務者選官、応付行糧、脚力、悉赴中書省考験。

（9）嘉靖尉氏県志巻二、廟学の条。一、生員習学次第。侵晨講明経史学律。飯後学書学礼学楽学筭。未時学習弓弩教使器棒舉演重石。学此数件之外、果有餘暇、願学詔誥箋疏議碑伝記者、聽従其便。

（10）嘉靖尉氏県志巻二、廟学の条。一、礼楽二事。見行集議比候成書、頒降習学。

（11）嘉靖尉氏県志巻二、廟学の条。一、守令每月考験生員、観其進退揖拝之節、聽其言語応対之宜。背讀経史、講通大義、問難律條、試其處決。講礼務通古今、写字不拘格式。審音詳其所習之楽。観射験其膂力。又能中的稽数、明其乗除、口手相応。守令置立文簿、同教授紀載諸生所進功程。如一月某科某生、学不進則紀載於簿。至三月学不進、罰此科訓導、月米半月、多不過一月。

（12）嘉靖尉氏県志巻二、廟学の条。一、監察御史、按察司巡歴去處、考試各府州県教官、生員。如府生員十二員、州八員、県六員、学不進者罰。守令俸銭半月、教授、学正、教諭、某科訓導各俸銭一月。府二十員、州十六員、県十二員、学不進者、守令罰俸銭一月。教授、学生、教諭、某科訓導黜退。如府二十員之上、州十六員之上、県十二員之上、学不進者、守令笞四十。

（13）嘉靖尉氏県志巻二、廟学の条。一、設学之後、子弟習学、各科限一年有成、隷中書省者貢至中書省考試。中選者就便量才録用。隷各行省考試其中選者入貢、朝廷選用。

（14）嘉靖尉氏県志巻二、廟学の条。各處府州県、於洪武三年正月為始開学。務要実效。責任所在有司、守令正官提調。在内監察御史、在外按察司官、毎歳考覈学生。功課比上年有進、有司官、教官便是称職。若学生比上年学不進、有司治罪、学官黜退。

（15）洪武十五年の臥碑は正徳、万暦両会典に記載するが、正徳莘県志巻二、儒学臥碑、嘉靖邵武府志巻七、学校の条にもある。

（16）嘉靖尉氏県志巻二、廟学の条。礼部欽依出榜、曉示郡邑、学校生員為建言事理。本部照得。学校之設、本欲教民為善。其良家子弟入学、必志在薫陶徳性、以成賢人。近年以来、諸府州県生員父母、有失家教之方、不以尊師学業為重、保身惜行為先。方知行文之意、眇視師長、把持有司、恣行私事。少有不従、即以虚詞、徑赴京師、以惑聖聴、或有暗地教唆他人為詞者。出榜之後、良家子弟歸受父母之訓、出聽師長之傳、志在精通聖賢之道、務必成賢、外事雖人有干於己不為大害、亦置之不忿、固性含情、以拘其心、待道成而行、行豈不賢人歟。所有事理、條列于後。

（17）正徳会典巻七六、礼部、府州県儒学、学規の条。一、今後府州県生員、若有大事干於己家者、許父兄弟姪具狀入官辯訴。若非大事、含情忍性、毋軽於至公門。

（18）正徳会典巻七六、礼部、府州県儒学、学規の条。一、生員之家、父母賢智者少、愚癡者多。其父母賢智者、子自外入、必有家教之方、子當受而無違、斯孝行矣。何愁不賢者哉。其父母愚癡者、作為多非。子既読書得聖賢知覚。雖不精通、実愚癡父母之幸、独生是子。若父母欲非為、子自外入、或就内知、則當再三懇告。雖父母不従、致身将及死地、必欲告之、使不陷父母於危亡、斯孝行矣。

尚、本条の中に、「若父母欲非為」とある「非為」の語について、註（1）の中で、呉晗はこの二語は太祖の常用語であり、朝廷転覆を謀る行為を指すと指摘している。

（19）正徳会典巻七六、礼部、府州県儒学、学規の条。一、軍民一切利病、並不許生員建言。果有一切軍民利病之事、許當該有司、在野賢人、有志壮士、質朴農夫、商賈技芸、皆可言之。諸人不得阻當、惟生員不許。

（20）呉晗、前掲論文の中で、太祖は生員が地方官、在野賢人、農夫等と議論することを禁止したと指摘する。

（21）正徳会典巻七六、礼部、府州県儒学、学規の条。一、生員内、有学優才贍、深明治体、果治何經。精通透徹、年及三十願出仕者、許敷陳王道、議論治化、述作文詞、呈稟本学。教官考其所作、果通性理、連僉其名、具呈提調正官。然後親賚赴京奏聞。再行面試。如果真才実学、不待選挙、即時録用。

（22）正徳会典巻七六、礼部、府州県儒学、学規の条。一、為学之道自當尊敬先生。凡有疑問、及聴講説、皆須誠心聴受。若先生講解未明、亦當従容再問。毋恃己長、妄行辯難、或置之不問。有如此者、終世不成。

（23）正徳会典巻七六、礼部、府州県儒学、学規の条。一、為師長者、當体先賢之道、竭忠教訓、以導愚蒙、勤考其課、撫善懲悪、毋致懈惰。

（24）正徳会典巻七六、礼部、府州県儒学、学規の条。一、提調正官務在常加考較。其有敦厚勤敏、撫以進学、懈怠不律、愚頑狡詐、以罪斥去、使在学者皆為良善、斯為称職矣。

（25）正徳会典巻七六、礼部、府州県儒学、学規の条。一、在野賢人君子、果能練達治体、敷陳王道、有関政治得失、軍民利病者、許赴所在有司、告給文引、親賚赴京面奏。如果可采、即便施行、不許坐家実封入逓。

（26）正徳会典巻七六、礼部、府州県儒学、学規の条。一、民間凡有寃抑、干於自己、及官吏賣富差貧、重科厚歛、巧取民財等事、許受害之人、将実情自下而上陳告。毋得越訴。非干己事者不許、及假以建言為由坐家実封者、前件如已依法陳告當該府州県、布政司、按察司不為受理、聴断不公、仍前寃枉者、然後許赴京伸訴。

（27）正徳会典巻七六、礼部、府州県儒学、学規の条。一、江西両浙江東人民、多有不干己事、代人陳告者。今後如有此等之人、治以重罪。若果鄰近親戚全家被人残害、無人伸訴者、方許。

（28）正徳会典巻七六、礼部、府州県儒学、学規の条。一、各處断発充軍及安置人数、不許進言。其所管衛所官員、毋得容許。

（29）正徳会典巻七六、礼部、府州県儒学、学規の条。一、若干悪之事、有干朝政、実跡可験者、許諸人密切赴京面奏。

（30）正徳会典巻七六、礼部、府州県儒学、学規の条。最後に、「一、前件事理、仰一一講解遵守。如有不遵、並以違制論」とあるが、洪武十五年の臥碑条文は、この条を除いて全十二条と考えられる。

（31）察院、都察院については、間野潜龍「明代都察院の成立」（史林四三―二、一九六〇）、同「洪武朝の都察院について」（大谷大学研究年表一三、一九六一）、拙稿「明代都察院体制の成立」（『明代史研究会創立三五年記念論集』、汲古書院、二〇〇三）参照。

（32）皇明制書下巻憲綱事類の巡歴事例、府州県の第二条。一、学校為成賢育才之地。仰本府州県提調官及学官、常用心訓誨生徒、肄習課業、講読経史治道等事、以備擢用、不許懈怠。廟学損壊、即為脩理。仍将見在師、生員名、開報。

（33）明実録洪武十五年十一月戊辰の条。尚、巡按事宜と巡歴事例については、拙著『明代地方監察制度の研究』（汲古書院、一九九九）三九―四〇頁参照。

（34）拙稿「明代都察院の再編成について」（明代史研究二九、二〇〇一）参照。

（35）明実録正統元年五月壬辰の条に、「添設提調学校官員……一、有軍民人等訴告寃枉等事、許其詞状軽則発下衛所府州県、従公處置、重則送按察司提問」とある。

（36）明実録正統元年五月壬辰の条に、「添設提調学校官員……一、遇有軍民利病及不才官吏貪酷害人事、干奏請者、従実奏文」とある。

（37）明実録正統元年八月丁丑の条に、「命提調学校風憲官、兼督民間栽種桑棗、従河南右参政王芳蓀請也」とある。

（38）国朝獻徴録巻九四、張楷「陝西按察司副使荘公観行状」。「正統改元、新制毎省以憲臣董儒学治。大臣各舉所知。大司馬王公驥以公薦擢陝（西）右按察僉事、董八郡秀士、以督其成。公首立教條、次嚴紀律、務期成徳達才之効。陝西疆里散闊、山川険阻、公不憚勞苦、歳一躬蒞、必得其実。以故八郡士子争先奮勵、以学成名立為期。若咸寧楊鼎之占会元、與蘭県黄諫、鳳翔劉俊相継及第、入翰林有名、其他第進士者、屢科不缺。咸著英譽、若都御史王竑、任寧之類」。

(39) 国朝獻徴録巻二八、黄佐「戸部尚書楊公鼎伝」。高科考に「(正統)四年、会元楊鼎」とある。
(40) 国朝獻徴録巻二〇、「黄学士諫伝」。
(41) 国朝獻徴録巻五三、実録「南京工部右侍郎劉俊伝」。
(42) 国朝獻徴録巻三八、「兵部尚書王公竑伝」。
(43) 明実録景泰元年閏正月戊申の条に、「陞山東道監察御史任寧為都察院右僉都御史」とある。
(44) 国朝獻徴録巻一三、李賢「通議大夫礼部左侍郎兼翰林院学士直内閣薛公瑄神道碑銘」、「曾有言学政不擧者。吏部尚書郭璡首薦公、提調山東学校。公欣然就之曰、此吾事也。毎臨諸生、必親為講解不事夏楚。皆呼之曰、薛夫子」。
(45) 明実録景泰元年夏四月壬子の条に、「翰林院編脩周洪謨言……謹條十二事……一、興学校、以惇風化、各處提調学校僉事無督教之実、乞裁革、及学官有缺、不許監生充選……謂群臣会議、采而行之」とある。
(46) 明実録景泰元年秋七月戊午の条に、「命広西按察司提調学校僉事蕭鑾理本司事」とある。
(47) 明実録景泰元年八月癸巳の条に、「命山東提調学校僉事辛榮、専理糧儲」とある。
(48) 明実録景泰元年十二月壬申の条に、「復除江西按察司僉事高旭、調湖広僉事韓陽於江西、四川僉事王麟於山東。先是、旭等以提調学校裁革。至是有缺、故調補之」とある。
(49) 明実録正統十年夏四月乙巳の条に、「広東左参議楊信民奏、自投提調学校官以来、監臨上司嫌于侵職、巡歴所至、置之不問。如広東諸處阻山隔海、提学官不過歳一至而已、雖曰職専、徒為文具。乞罷之。……上曰学校廃弛、大是弊事。爾等即同都察院官察諸不職者、以名聞、朕将黜之。其司府州県提調官拘牽小嫌、故行避事、及巡按御史不擧奏者、皆不可不治。今姑宥之。爾等以朕意通行戒飭。(胡)濙等又言、在外各官一時不能悉其賢否、且無実可指、但令巡按御史詢察糾擧、庶得其実。上従之。仍命(胡)濙等察実以聞」とある。
(50) 明実録正統十三年秋七月丙戌の条に、「山西絳県儒学署訓導事挙人張幹言……近年増置御史僉事等官、専於提督学校。然地里有近遠、学校有多寡、有歳僅一至者、有歳不一者……上曰、設風憲官、提督学校、久為通例、不可以一、二人言遽廃。近因提学官廃弛、已累降勅諭勉勵。若有不依勅諭、不遵旧例、詣学課試生徒、倶治罪不宥」とある。

(51) 明実録正統十四年夏四月壬子の条に、「先是湖広郴州桂陽県学署教諭事挙人周冕奏、近年増設提調学校風憲官、俾其毎年偏歴所属儒学、考察生員。蓋欲得其材以資任用也。如本県僻處萬山、自正統七年前任僉事劉虬到州、行取生徒考選。迨今六年未有至者」とある。

(52) 万暦会典巻七八、礼部、風憲官提督の条に、「景泰元年、革罷提学風憲官。聴巡按御史、各司府州県官提督考察」とある。

(53) 万暦会典巻七八、礼部、風憲官提督の条に、「(景泰元年)又令、按察司分巡各道副使、僉事、照依提学官先奉勅書事理提督、両直隷御史提督」とある。

(54) 正徳会典巻七六、礼部、風憲官提督の条。一、学者読書、貴乎知而能行。先将聖賢経書熟読背誦、牢記不忘。却従師友講解明白。俾将聖賢言語體而行之。敦尚孝弟忠信礼儀廉耻之行。不許徒務口耳之学。将来朝廷庶得真才任用。

(55) 明実録正統元年五月壬辰の合行事宜。一、学者不惟読書作文、必先導之孝弟忠信礼儀廉耻等事、使見諸践以端本源。

(56) 正徳会典巻七六、礼部、風憲官提督の条。一、為学工夫、必収其放心。主敬窮理、毋得鹵莾間断。其於修己治人之方、義利公私之辯。須要體認精切。庶幾趨向不差、他日出仕、方能顧惜名節、事業可観。

(57) 明実録正統元年五月壬辰の合行事宜。一、士貴実学、比来習俗頽敝、不務実得於己。惟記誦旧文以圖僥倖。今宜革此弊。凡生員、四書本経必要講読精熟、融会貫通。至於各経子史諸書、皆須講明、時常考試勉勵。庶幾将来得用不負教養。

(58) 正徳会典巻七六、礼部、風憲官提督の条。一、習学挙業亦窮理之事。果能精通四書、本経、便会行文。有等生徒、不肯実下功夫、惟記誦旧文、意圖僥倖出身。今宜痛革此弊。其所作四書、経義、策論等文、務要典実平順、説理詳明、不許浮誇恠誕。至於習字、亦須端楷。庶不乖教養之意。

(59) 明実録正統元年五月壬辰の合行事宜。一、学者所作四書、経義、論册等文、務要典実説理詳明、不許虚浮誇誕、至於習字、亦須端楷。

(60) 正徳会典巻七六、礼部、風憲官提督の条。一、学效無成、皆由師道不立。今之教官賢否不齊。先須察其徳行、考其文学。果所行所学、皆善、須礼待之。若一次考験、学問踈浅及怠於訓誨者、姑戒勵之、令其進学改過。若再考無進不改、送吏部別用。其貪滛不肖、実跡彰聞者、不必考其文学、即送按察司、直隷送巡按御史問理。吏部別選有学行者、往補其缺。

(61) 明実録正統元年五月壬辰の合行事宜。一、学校無成、皆由師道不立。今之教官、賢否不齊、先須察其徳行、考其文学。果所行所学皆善、須礼待之。若一次考験、学問疎浅、如且誡勵。再考無進、送吏部黜罷。若貪淫不肖、顕有実跡者、即具奏逮問。
(62) 正徳会典巻七六、礼部、風憲官提督の条。一、師生毎日坐齋讀書、及日逐会饌。有司僉與膳夫、齋夫。府学膳夫四名、齋夫八名。州学膳夫三名、齋夫六名。県学膳夫二名、齋夫四名。不許違悞缺役。
(63) 明実録正統元年五月壬辰の合行事宜。一、師生毎日坐齋読書、及日逐会饌。有司僉與膳夫、不許違悞缺役。
(64) 正徳会典巻七六、礼部、風憲官提督の条。一、生員考試、不諳文理者、廩膳十年以上、発附近去處充吏。六年以上、発本處充吏。増広十年以上、発本處充吏。六年以上、罷黜為民。未及六年者、量加決罰、勉勵進学。
(65) 明実録正統元年五月壬辰の合行事宜。一、生員有食廩六年以上、不諳文理者、悉発充吏。増広生入学六年以上、不諳文理者、罷黜為民、當差。
(66) 正徳会典巻七六、礼部、風憲官提督の条。一、生員之家、並依洪武年間例、除本身外、戸内優免二丁差役。有司務要遵行。不許故違。
(67) 明実録正統元年五月壬辰の合行事宜。一、生員之家、並依洪武年間例、優免戸内二丁差役。
(68) 正徳会典巻七六、礼部、風憲官提督の条。一、凡巡視学校、水路乗驛舟。陸路乗官馬。仍於本司帯書吏一名随行。陸路與官驢。倶支廩給。
(69) 万暦会典巻七、吏部、吏員の条に都察院の吏員を記載し、巡按、巡塩、提督学校、巡関御史は、「書吏各一名」とある。清軍、刷巻の二御史の場合には、「名数各不等」とあり、人員数はその都度決定したのであろう。
(70) 正徳会典巻七六、礼部、風憲官提督の条。一、府州県提調官員、宜嚴束生徒、不許出外遊蕩為非。凡学内殿堂、齋房等屋損壊、即辦料量工脩理。若恃有提督憲職、将学校中一切合行之事、推故不行用心整理者、量加決罰懲戒。
(71) 明実録正統元年五月壬辰の合行事宜。一、所在有司宜用心提調学校、嚴束師生教讀、不許縦其在外放蕩為非。学校殿堂、齋房等屋損壊、即量工修理。若推故不理者、許指実移文合干上司、以憑降黜。

(72) 正徳会典巻七六、礼部、風憲官提督の条。一、所過之處、遇有軍民利病及不才官吏貪酷害人、事干奏請者、従実奏聞。

(73) 明実録正統元年五月壬辰の合行事宜。一、遇有軍民利病及不才官吏貪酷害人、事干奏請者、従実奏文。

(74) 正徳会典巻七六、礼部、風憲官提督の条。一、本職専督学校、不理刑名。如有軍民人等訴告冤枉等事、許受詞状。軽則発下所在有司問理、重則送按察司、直隷送巡按御史提問。

(75) 明実録正統元年五月壬辰の合行事宜。一、有軍民人等訴告冤枉等事、許其詞状軽則発下衛所、府州県、従公處置、重則送按察司提問。

(76) 正徳会典巻七六、礼部、風憲官提督の条。一、科挙本古者郷挙里選之法。今南北所取舉人名数、已有定制。近年奔競之徒、利他處学者寡少、往々赴彼投充。増広生員詐冒郷貫、隠蔽過悪、一概応試。所在教官僥倖以為己功。其弊滋甚。今後不許。違者聴本職及提調科挙官、監試官拿問。

(77) 明実録正統元年五月壬辰の合行事宜。一、科挙本古者郷挙里選之法。近年奔競之徒、利他處学者寡少、往往赴彼投充。増広生員詐冒郷貫応試。今後不許。

(78) 正徳会典巻七六、礼部、風憲官提督の条。一、布政司、按察司官及巡按御史、不許侵越提督者職事。若以公務至府州県、亦當勉勵師生、勤力学業、不許推故不理。若提督官行止不端、許巡按監察御史指実奏聞。

(79) 明実録正統元年五月壬辰の合行事宜。一、提調学校者、如有貪淫無状、許巡按監察御史指實奏聞。

(80) 布政司官（参議、参政）が管轄区域内を按部する（分守）ことは以前から行われた。しかし、各府州県に布政司官の按部の為の行署（布政分司）を建て、それを利用して按部する制度が実現したのは、正統五年の時であった。

(81) 正徳会典巻七六、礼部、風憲官提督の条。一、所轄境内、遇有衛所学校、一體提調整理武職子弟、悉令其習讀五経七書、百将伝及操習武芸、其中有能習舉業者、亦聴科挙。尚、本条の中で、「五経七書」とあるが、万暦会典では「武経七書」と記載する。万暦三年の合行事宜でも「武経七書」とある。

(82) 明実録正統元年五月壬辰の合行事宜。一、遇有衛所学校、一體提調武職子弟、令其習讀武経七書、百将伝及操習武芸。其中有能習挙業者聴。

(83) 正徳会典巻七六、礼部、風憲官提督の条。一、各處歳貢生員、照例将食糧、年深者嚴加考試、不必会官。如果年深者不堪充貢、就便照例黜罷。却将以次者考充。務要通曉文理、方許起送赴部。
(84) 正徳会典巻七六、礼部、考選。(正統)十年奏准。提学官会布政司堂上官一員、両直隷会巡按御史、公同提調教官、考選生員四十以上、不諳文理者、廩膳十年以上送吏部。六年以上送附近布政司。増広十年以上送本布政司。両直隷送本府、倶充吏。六年以上并鄙猥残疾者、悉黜為民。雲南、貴州免考。
(85) 正徳会典巻七六、礼部、風憲官提督の条。一、廩膳、増広生員、已有定額。廩膳有缺、於増広内考選学問優等者、幫補。増広有缺、於本處官員、軍民之家、資質聰敏、人物俊秀子弟、補充。不許聽信有司及学官、徇私作弊。若有額外之数、須嚴加考選。通曉文芸者存留待缺。不許将不堪者一概存留躱避差徭。
(86) 明実録正統元年五月壬辰の合行事宜。一、生員有闕、即於本處官員、軍民之家、選考端重俊秀子弟、補充。
(87) 正徳会典巻七六、礼部、風憲官提督の条。一、古者郷閭里巷、莫不有学。即今社学是也。凡提督去處、即令有司毎郷毎里倶設社学。擇立師範、明設教條、以教人之子弟。年一考較、擇取勤效。仍免為師之人差徭。
(88) 正徳会典巻七六、礼部、風憲官提督の条。一、師生於学校一切事務、並要遵依洪武年間臥碑行、不許故違。
(89) 明実録正統元年五月壬辰の合行事宜。一、学校一切事務、並遵依洪武年間、不許故違。
(90) 明実録正統五年九月己未の条の、行在礼部尚書胡濙等の上奏の中に、「今後起送応貢生員、自正統七年為始、先将本生姓名、年甲、食糧年月、預申本部知会。倶限正月以裏、到部聽考」とあり、「従之」とある。
(91) 正徳会典巻七六、礼部、社学の条に、「正統元年令。各處社学、提学官及司府州県官、嚴督勤課、不許廃弛。其有俊秀向学者、許補儒学生員」とある。
(92) 万暦会典巻七八、礼部、風憲官提督の条。成化六年令。貴州按察司分巡官兼理本處学校。
(93) 万暦会典巻七八、礼部、風憲官提督の条。(正徳十年)又令。口外衛学並各都司衛所士官学、離本布政司寫遠、提督官不能歳歴者、許各道分巡官歳加考校、行提学官知会。
(94) 万暦会典巻七八、礼部、風憲官提督の条。嘉靖十六年題准。大同所属府州県、衛所儒学生員、倶令冀北道分巡官代理。

今宣大倶令巡按御史帯管

（95）万暦会典巻七八、礼部、風憲官提督の条。（嘉靖）二十六年議准。甘粛各衛所儒学生員、行甘粛巡按御史帯管提調。

（96）万暦会典巻七八、礼部、風憲官提督の条。（万暦）六年題准。以江北巡按兼之。湖広衡永二府、郴州、以上湖南道副使兼之。辰州一府、靖州、以辰沅道副使兼之。広東瓊州府、以海南道副使兼之。各請専勅行事、毎歳巡歴考校。

（97）万暦会典巻七八、礼部、風憲官提督の条。（万暦十一年）又令。南直隷提学御史仍兼管江北。

（98）万暦会典巻二一〇、奏請点差の条に、「近年遼東、宣大、甘粛巡按倶兼提調学校」とある。

（99）万暦会典巻七八、礼部、風憲官提督の条。一、聖賢以経術垂訓、国家以経術作人。若能體認経書、便是講明学問。何必又別標門戸、聚党空談。今後各提学官率教官、生儒、務将平昔所習経書義理、著実講求、躬行実践、以需他日之用。不許別剏書院、群衆徒党及號召地方遊食無行之徒、空談廃業、因而起奔競之門、間請託之路。違者、提学官聴巡按御史劾奏、遊食人拏問解発。

（100）万暦会典巻七八、礼部、風憲官提督の条。一、孝弟廉譲、乃士子立身大節。生員中有敦本尚実、行誼著問者、雖文藝稍劣亦必量加奨進、以勵頽俗。若有平日不務学業、属託公事、或捏造歌謡、興滅詞訟、及敗倫傷化、過悪彰著者、體訪得実、不必品其文藝、即行革退。不許狥情姑息亦不許輕信有司、教官開送、致挾私中傷、誤及善類。

（101）万暦会典巻七八、礼部、風憲官提督の条。一、我聖祖設立臥碑、天下利病、諸人皆許直言。惟生員不許。今後生員、務遵明禁、除本身切己事情、許家人抱告有司、従公審問。倘有寃抑、即為昭雪。其事不干己、輒便出入衙門、陳説民情、議論官員賢否者、許該管有司申呈提学官、以行止有虧革退。若糾衆扛幫、聚至十人以上、罵詈官長、肆行無礼為首者、照例問遣。其餘不分人数多少、盡行黜退為民。

（102）万暦会典巻七八、礼部、風憲官提督の条。一、国家明経取士、説書者以宋儒傳註為宗、行文者以典実純正為尚。今後務将頒降四書五経、性理大全、資治通鑑綱目、大学衍義、歴代名臣奏議、文章正宗及當代誥律典制等書、課令生員誦習講解、俾其通曉古今、適於世用。其有剽竊異端邪説炫奇立異者、文雖工弗録。所出試題、亦要明白正大、不得割裂文義、以傷雅道。

（103）万暦会典巻七八、礼部、風憲官提督の条。一、提学官奉勅専督学校、不許借事枉道、奔趨撫按官、干求薦挙。各撫按二司官亦不許侵伊職掌行事。若有不由提学官考取、径自行文、給與生儒衣巾、及有革退生員、赴各衙門告訴復学者、即将本生問罪革黜。若提学官有行止不端、怠玩曠職者、許巡按御史指実劾奏。

(104) 万暦会典巻七八、礼部、風憲官提督の条。一、該管地方、毎年務要巡視考校一遍。不許移文代委、及於隔別府分、調取生儒、以致跋渉為害。亦不許令師生匍匐迎送。考畢、即於本地方発落、明示賞罰。不許携帯文巻於別處発案、致令書吏乗間作弊、士子無所勧懲。亦不許招邀詩朋酒友、遊山翫水、致啓倖門、妨廃公務。其水陸夫馬廩給随帯吏書、俱照常行。

(105) 万暦会典巻七八、礼部、風憲官提督の条。一、提学官巡歴所属、凡有貪汚官吏、軍民不法重情、及教官干犯行止者、原係憲司、理當拏問、但不許接民詞、侵官喜事。其生員犯罪、或事須對理者、聽該管衙門提問、不許護短曲庇、致令有所倚恃、抗拒公法。

(106) 万暦会典巻七八、礼部、風憲官提督の条。一、廩膳、増広旧有定額。迨後増置附学名目、冒濫居多。今後歳貢務厳加校閲。如有荒疎庸耄、不堪作養、即行黜退。不許姑息。有捏造流言、思逞報復者、訪実拏問、照例問遣。童生必擇三場、俱通者始収入学。大府不過二十人、大州県不得十五人。十一年題准。如人才衆多地方、就試人衆、許酌量増取。但不許須狥情過濫。見後 如地方乏才、即四、五名、亦不為少。若郷宦勢豪干託不遂、暗行中傷者、径自奏聞處治。

(107) 万暦会典巻七八、礼部、風憲官提督の条。一、両京各省廩膳科貢皆有定額。近来有等姦徒、利他處人才寡少、往々詐冒籍貫、投充入学。及有詭寫両名、随處告考。或假捏士夫子弟、希圖進取。或原係娼優隷卒之家及曾経犯罪問革、変易姓名、援例納粟納馬等項、僥倖出身、殊壊士習、訪出、嚴行拏問革黜。若教官納賄、容隠生員、扶同保結者、一體治罪革罷。

(108) 万暦会典巻七八、礼部、風憲官提督の条。一、府州県提調官員、宜嚴束生徒、按季考校。凡学内殿堂齋房等損壊、即辦料量工修理。其齋夫膳夫学糧学田等項、俱要以時撥給、不許遅悞剋減。

(109) 万暦会典巻七八、礼部、風憲官提督の条。一、生員之家、依洪武年間例、除本身外、戸内優免二丁差役。

(110) 万暦会典巻七八、礼部、風憲官提督の条。一、生員考試、不諳文理者、廩膳十年以上、発附近去處充吏。六年以上者、発本處充吏。増広十年以上、発本處充吏、六千(年)以上者、罷黜為民。

(111) 万暦会典巻七八、礼部、風憲官提督の条。一、儒学教官、士子観法所係。按臨之日、考其学行、俱優者、礼待奨勵。其行履無過、但学問疎浅者、一次考験、始行戒飭。再考無過、送吏部別用。有老病不堪者、准令以礼致仕。若卑汗無恥、素行不謹者、不必試其文学、即拏送按察司問革。

(112) 万暦会典巻七八、礼部、風憲官提督の条。一、考貢、照近日事例、毎歳預将次年応貢生員、限年六十以下、三十以上、屡経科挙者六人、厳加考選、取其優者充貢。後題准。考貢止用一正一陪。見歳貢条定限次年四月到部、聴候廷試。文理不通者、即行停降。年老哀憊者、姑援以冠帯栄身。不許但挨次濫貢。其有停廩降廩者、必考一二等、方許収復十二年題准、停廩、降廩者、考居三等、亦准復未収復者、不許起送応貢。如有濫貢及廷試発回五名以上、提学官照例降調。

(113) 万暦会典巻七八、礼部、風憲官提督の条。一、補貢。有缺務査人文未経到部、果在一年以裏者、将原給批沓朱巻追繳、方取年力精壮、文学優長者一人補貢。定限該貢年分、次年到部、方准収考。如有不遵旧例、年遠貢缺、濫補市恩者、起送到部、即将本生発回、革廩肄業。提学官参究。

(114) 万暦会典巻七八、礼部、風憲官提督の条。一、遇郷試年分、応試生儒名数、各照近日題准事例、毎挙人一名、取科挙三十名、此外不許過多一名。両京監生亦依解額照数起送。有多送一名者、各監試官径行裁革、不許入場。

(115) 万暦会典巻七八、礼部、風憲官提督の条。一、名宦郷賢孝子節婦及郷飲礼賓、皆国之重典、風教所関。近来有司忽於教化、学校是非不公、濫挙失実、激勧何有。今後提学官、宜以綱常為己任。遇有呈請、務須核真。非年久論定者、不得挙郷賢名宦。非終始無議者、不得挙節婦孝子。非郷里推服者、不得挙郷飲賓僎。如有妄舉受人請求者、師生人等、即以行止有虧論。其従前冒濫混雑、有玷明典者、照近例径自査革。

(116) 万暦会典巻七八、礼部、風憲官提督の条。一、所轄境内、有衛所学校、一體提調整理。武職子弟、悉令習讀武經七書、百将傳、及操習武藝。有願習舉業者聴。社学師生、一體考校。務求明師責成、量免差役。其行止有虧、及訓詁句讀、音韻差謬、字畫不端、不通文理者、即行革退。

(117) 武経七書は、六韜、孫子、呉子、司馬法、三略、尉繚子、李衛公門對を指す。

(118) 百将傳、宋の張預の撰。

(119) 提学憲臣が名宦、郷賢の人選に当った例として、南直隷蘇州府の崇禎呉県志があげられる。同書巻一三、学官の名宦祠崇祀主位の条に、嘉靖四十四年に提学御史耿定向、万暦五年に提学御史褚鉄、崇禎八年に提学御史倪元珙の批祀により、蘇祐、曹自守、袁宏道が名宦に入れられた。郷賢に祀られた人物に陸師道、袁洪愈等がいるが、これは提学御史陳子貞の批祀によったとある。

第二章　明代の兵備道

はじめに

明代の地方監察官の中で、省内を幾つかの分道に随って按治したのが按察司官の副使、僉事であり、彼等は分巡官、道臣として知られる。(1) 当初は毎年八月、或は二月に省城から出巡して、分道内を按歴して回司した。しかし、遍歴する範囲が広大である上に、府州県に設置された按察行署での地方官庁の文書点検、軍民の詞訟処理に追われた為に、分道内を期間内に分巡できず、その職務も充分に果たせなかった。そこで分巡官の他に、各専門の監察項目をもった按察司官が新たに派遣されることになり、彼等は屯田、清軍、提学、兵備等の各僉事と呼ばれた。(2)これらの増設専任分巡官の中では、提学僉事の如く提学以外の監察には従事しないという純専任僉事もいたが、(3)他の増設専任分巡官は、詞訟等の処理にも従事したと考えられる。

正統五年以後になると、布政司官の参政、参議も幾つかの分道に随って省内を分守することになり、彼等は分守官と呼ばれた。分守官も毎年省城から出巡して分道内を遍歴したが、按察司官と同様にその範囲が広大であった為、期間内に分守できず、職務も充分に果たせなかった。そこで分守官の他に、各専門の分守事項をもった分守官が新たに派遣されて、彼等は屯田、糧儲、清軍、駅伝参議等と呼ばれた。分守官による分守事項が按察司官の監察事項とほぼ重複したため、本来、監察官と行政官の職務は歴然と区別されていたが、次第にその相違は曖昧になっていったと推察される。嘉靖年間に入ると、地域によっては一年間の半分を分巡官が、残りの半分を分守官が担当して、両者の協調体制が成立する場合もあった。(4)

増設専任守巡官の中で、最も重要な役割を果したのが兵備道であった。(5)兵備道には二種類あり、一つは整飭兵備道であり、他の一つは守巡官が兵備を兼管した兵備道である。けれども両者共に、勅令によって成立した欽差兵備道であった点では同じであった。(6)ただ、整飭兵備道は軍事的重要地域に置かれたので、その地域の安定が得られれば裁革される場合もあったのに対し、例えば分巡道兼管兵備道の場合、分巡官が兵備を兼ねたので、兵備を兼管する必要がなくなれば、もとの分巡官の職務に戻った点で異なる。

兵備道の誕生は、従来の分巡制度を大きく変えることになった。当初、分巡官は省城から出巡して回司する制度であったのに対し、兵備道は回司せずに軍事的重要地域に常駐したからである。しかも兵備道はある地域に常駐したに止まらず、その地域内を分巡して詞訟の処理等にも当ることになった結果、「兵巡道」とも呼ばれることになった。即ち、兵備道は分道内の軍事的重要地域の分巡も行ったので、分巡官はその地域を按治する必要がなくなったし、一方、分巡道兼管兵備の場合は、軍事的重要地域に常駐し、その常駐地から分道を遍歴することになった。その結果、分巡官には省城から出巡して遍歴する従来の分巡官と、軍事的重要地域から出巡して分道内を遍歴する分巡官も出現することになったし、軍事的重要地域内のみを遍歴する増設分巡官という三種類を生み出した。

明代中期以降の軍事担当者としての兵備道は、成化・弘治年間に成立し、二直隷十三省の十五区画に設置された。そこで、兵備道の成立過程を整理し、次に兵備道の一例として江西の九江兵備道を中心に考察し、兵備憲臣の活動内容を検討したい。また兵備憲臣は巡撫、巡按官の下で活動したので、撫按官との関係についても考察し、最後に、直省に設置された兵備道を列挙して検討してみたい。

一　直省の分巡道

太祖は建国以前から元制に基づき分巡制度を採用し、按察僉事に各行省内を分巡按治させた。洪武元年八月、直隷地域の設置と同時に、監察御史に分巡させることにより、按察司官と監察御史が地方監察官となった。この両者による分巡按治の監察を分巡道と言ったので、分巡道とは両者による地方監察の総称であった。(7) この様に監察御史による直隷地域の監察が明末まで行われたにも拘らず、正統年間以後、直隷旁近の按察司官の衙を得た監察官が直隷地域内にも設置されたため、分巡道の語は按察司官が地方按治を行う総称として用いられた。

洪武二十五年、南直隷に六道の分道が設けられ、同二十九年に分道名の変更があったものの、直隷巡按監察御史が分巡した。嘉靖年間に入っても、「巡按郡県三人」とあり、三人の直隷巡按御史が南直隷の十四府四州を分巡した(8)。一方、北直隷には仁宗の洪熙元年四月、行在都察院とは別に、北京都察院が設置され、北直隷の府州県を四道に分け、各道に三人の直隷監察御史を置いた(9)。その結果、北直隷も南直隷と同様に、監察御史が分巡按治を行い、監察制度の上でも北直隷は「直隷待遇」となったことにより、従来の南京の都察院下の「北京道」は廃止された。

この様に南北二直隷は直隷巡按御史が分巡按治を行っていた。然るに、明史巻七五、職官志四の条に、

両京、布、按二司を設けず。故に督学は御史を以てす。後に守・巡諸員を置くも所属なく、則ち銜を隣近省の布、按司官に寄す。

とあり、両京（二直隷）は布政司、按察司を設置しなかったので、正統元年に各省に提学僉事を設けたが、両京には提学御史を設けたという。既に述べたように、直隷には監察御史が派遣されて分巡按治を行っていたのであるから、提学官として御史を派遣するのは当然であったと考えられよう。次に明史の条では、後になって両京にも分守、分巡官を置いたが、これらの守巡官は両京隣近の省の管轄下におかれ、所属はなかったと述べる。しかし、両京の地域が隣近の省の布政司、按察司下にあったとは名目上でも考えられない。直隷には監察御史が分巡按治しているばかりでなく、都察院から毎年、直隷巡按御史に止まらず、「在外直隷巡按御史」が派遣されており、直隷は都察院の直接管理下にあった。それ故に、両京設置の布、按司官は必要に応じて配置されたのであり、在外直隷巡按御史の管轄下にあったとみるべきであろう。その上、宣徳年間以後、直隷にも巡撫官が派遣をみたから、この巡撫官の管轄下にも入ったと考えられる(10)。そうみてくると、既に正統年間になると、直隷では巡撫、巡按官による按察司官を指導、監督する体制が樹立していたと考えられる。

ところで、両直隷の屯田を監察させたのは正統八年十一月の時であり[11]、直隷傍近の按察僉事に当らせた。同十一年には北直隷の屯田を山東僉事に提督させ[12]、同年五月に山東参議張允中が北直隷の易州薪炭を督理した[13]。成化二年十二月、南直隷の学校を按察副使厳洤に提調させ[14]、同十一年四月、山東僉事が増設されて北直隷の管屯に当っており[15]、直隷に於いてはその傍近省の布、按司官による監察が定着していった。明実録成化十五年十月癸巳の条に、

直隷管屯僉事に命じて刑獄を兼審せしむ。巡按直隷監察御史王億奏す、南北直隷は止だ巡按御史あるのみ。事務は繁冗にして刑獄清ならず。専差官、毎年一次、或は二次審録せしめんことを乞う。否らざれば則ち管屯事例の如く、按察司官を増設し、職は審録を専らにするを便と為す。都察院議して、直隷、現に管屯僉事あるを以て、刑獄を兼管せしむべし。必ずしも増設せざれと。之に従う。

とあり、直隷巡按御史王億は、南北直隷には巡按御史が置かれているだけであり、その為に刑獄が停滞している実情を指摘し、解消するには専差官か按察司官の増設を求めた。しかし、都察院の決議に従って、既に置かれていた管屯僉事に刑獄を兼管させるに止まった。けれども、成化二十年四月になると、山西按察司副使、僉事各二員を増設して、北直隷の大同、宣府の軍儲を督理させ[16]、弘治五年になると、宣府に分巡道を増設するに至った[17]。嘉靖宣府鎮志巻二、詔令考に分巡口北道の設置の勅令を載せて、以下のように述べている。

山西按察司管屯僉事趙縉に勅す。宣府所属地方の衛所・州県の城堡、倉場は、政務繁冗、奸弊多端なり。近ごろ該鎮巡等の官を設けて整理せんと奏請す。特に爾に命じて彼處に前往し……一応の糧草を専督、併びに各該衛所の月糧、布花、馬匹草料及び馬価銭鈔、均徭、贓罰、預備等の項を稽考……詞訟の応に理めるべき者は即ちに現受をなせ。所属吏人等の敢て故《こと》さらに禁約に違い、狗私作弊する者あらば、軽きは則ち量情懲治し、重きは則ち応に挐問すべきは律の如くせよ。応に奏請すべき者は参奏来聞せよ。

この勅令は弘治五年十月、宣府鎮に分巡口北道が新設された際に出されたもので、山西管屯僉事趙縉が分巡官に任命され、初めて京師（北直隷）に按察司官の分巡道が設置されたことを示す。その結果、山西僉事趙縉が宣府鎮の衛所、州県を分巡して月糧、布花、馬価銭鈔、均徭等を稽考し、訴訟を受理し、所属吏人の考察に当った。

更に嘉靖十八年になると、宣府鎮に分守口北道も設置された。嘉靖宣府鎮志の同条に、

山西布政司右参議劉珂に勅す。近ごろ該行辺兵部尚書瞿鑾奏称す。宣府地方、軍馬銭糧の数多く、詞訟は浩繁、止だ分巡官一員ありて管理周《あま》ねからず。遼東、甘粛事例に照し、分守官一員を添設せんことを要すと。已に請う所を允す。余特に爾に命じ、彼處に前去して分守し、人民を撫安し、各項の銭糧を督徴し、軍民の詞訟を兼理せよ。宣府鎮城に在りて住劄し、毎年分定し、分守官は上半年、分巡官は下半年、各々出巡して城堡を偏歴し、倉庫、銭糧の多寡を譏察し、一応の奸弊を禁革せよ。各官の賢否を詢察し、出巡の回日、行過事蹟を将て撫按官の処に開送し、以て奏報に凴らしむ。

とあり、嘉靖十八年、分守口北道が宣府鎮に新設され、山西右参議劉珂が分守官に任命された。右の文中で注意すべき所は三点ある。第一点は監察官でなかった布政司右参議劉珂に、軍民の詞訟の受理と官吏考察という監察権を与えたことである。布政司官は行政官であり、按察司官は監察官であって、両者には歴然とした区別があった。元来、詞訟の処理や官吏考察には布政司官は干与できなかった。それ故、正統五年以後、布政司官も按察司官と同様に分道に随って巡歴して地方按治に携わったが、当初、憲職官（監察官）でなかった布政司官は詞訟の処理や官吏考察には従事できず、按察司官に委任せざるを得なかった。そうなると事務処理は停滞し、軍民等の不満が生じた為に布政司官にも監察権を付与して解決させる途が開かれることになったと考えられる。第二点は一年を上期、下期に分け、分巡官と分守官を交代で按治させたことである。これは第一点と関連しており、按察司官と同様に布政司官にも監察権を

付与したことから、採用された方法であった。第三点は嘉靖十八年の時点で、布政司官も回司後に巡歴して処理した事蹟を撫按官に送付することになっており、撫按官の管轄下に入ったことである。この三点から、布政司官も按察司官と同様に監察権を付与され、都察院の巡撫、巡按官の節制下に組み込まれて撫按守巡制というべき地方支配体制が、宣府鎮に於いても確立されたと見做すべきであろう。要するに、正統年間に入り、直隷にも直隷傍近の守巡官が配置されたに止まらず、弘治五年に宣府鎮に分巡口北道が、嘉靖十八年には分守口北道が設置されて、直隷にも分巡、分守道が生まれた。しかしこれは、宣府鎮が北直隷下に位置し、且つ軍事的重要地域であった為にとられた特別措置であったのであり、口北道を除いて直隷に守巡道は設置されなかった。但し、直隷にも成化以後になると流賊に対抗して各地に整飭兵備道が成立し、その地域を分巡、分守することがあったものの、直隷は監察御史が按治する原則は守られたと考えられる。

一方、各省に於いては、洪武年間より按察司官が分道に随って按治し、正統五年以降になると布政司官も分道に随って按治した。両者の分道の仕方は必ずしも同一ではなかったが、原則的には按察司官の分道に倣って置かれたと推察される。分道も時代の要請により、その増設、改組をみた。例えば河南の場合、洪武二十九年の時、河南道と河北道の二道であったが、成化二年に河南道の汝寧、南陽二府で以て「汝南道」と改名して都合三道となった[18]。福建では成化六年、漳南道[19]（汀州、漳州二府）、弘治三年、武平道[20]（邵武、延平二府）がそれぞれ増設された。

分道の改組、増設のみでなく、按察司官（後に布政司官も）の出巡、回司の時期も変更された。出巡の月は按察僉事の制度が元代の制度を継承していたことから、八月が原則であったと推察される。しかし永楽七年には二月出巡[21]、宣徳七年には八月出巡とあって[22]一定していないが、原則として年一回の出巡であった。けれども嘉靖年間に入ると、「正月出巡、十一月還司」とか、「二月、七月出巡、五月、十一月還司」にすべきであるとの意見も出されているように[23]、年二回の出巡も行われた。既にみた如く、宣府鎮では一年間を上下二期に分け、分守官と分巡官の交代が嘉靖年間になると行われていたが、腹裏地方に於いてもこの方式は採用されたと推察される。元代に於いては、分巡官の出巡と回司の月は、時代、地域によって異なったとされるが[24]、明代の場合も同様であったと考えられよう。

二　整飭兵備道の成立

兵備道については、明史巻七五、職官志四の条に、「兵道の設は、洪熙間より仿いて、武臣の文墨に疏なるを以て、参政、副使の沈固、劉紹等を遣わし、各総兵の處に往き、文書を整理し、機密に商榷せしむ。未だ嘗って身づから軍務を領せざるなり。弘治中に至り、本兵馬文升は武職修まらざるを慮り、議して副・僉一員を増し、之に勅す。是より兵備の員、天下に盈つ」とあり、洪熙年間より兵備道が設けられたが、当時の布政司官、按察司官は軍務を領せず、文書を整理するに止まった。しかし、弘治年間に入ると副使、僉事の按察司官を増設して兵備に当らせた結果、兵備道が増大したと要約する。即ち、武臣ゆえに文書の処理等の面で支障をきたした為に、洪熙年間から兵備参政、副使等を派遣して商榷に当らせ、弘治年間に入ると、参政、副使等が派遣されて直接軍務を担当した。それ故に参政、副使等の文官が兵備を担当する兵備道が全国に設置された訳である。そこで兵備道の成立について検討したい。

明実録成化二年三月己未の条に、四川按察司僉事張琬に命じて行都司の兵備を整飭させて番族を撫治しており[25]、整飭兵備道が既に設置されていた。同実録成化四年五月辛酉の条に、

四川按察司僉事顔正を陞せて本司副使となし、瀘叙辺備を整飭せしむ。時に山都掌、初めて平ぐ。提督軍務兵部尚書程信等建議して衛所を設け、営堡及び長官司衙門を増す。故に（顔）正をして瀘州等并びに戎、珙等の県の

　官軍、民快を統領し、往来調度し、城池を修護し、河道を整理し、屯種の諸事を清理せしむ。

とあり、整飭瀘叙兵備道の成立を述べる。成化四年五月、都掌種の大壩蛮の乱を平定した後、その後の対策として僉事顔正を副使に昇格させ、勅令を以て瀘叙兵備に当らせた。即ち瀘州衛を設置し、副使顔正に叙州府の興文県（元の戎州）、珙県（高州）と瀘州（直隷州）の官軍、民快を統領させた。[26] また、この地域を往来調度して、河道、屯種等も統轄させることになった。このように副使顔正の職務は官軍、民快を統領するに止まらず、城池の修理、河道、屯種等の監察などの本来の按察司官の業務も含まれており広範囲であった。言い換えれば、按察司官の職務を遂行し、且つ兵備を担当することが、兵備道設置の目的だったのであり、副使顔正はその地域の総轄責任者であったことが分る。

成化五年七月、巡撫都御史馬文升の要請により、陝西按察司僉事楊冕に命じて固原州の土達を撫治させ、鎮守、守備等の官と協同して兵備に当らせた。[27] 成化四年五月の副使顔正は衛所の官軍と民快を統領したが、僉事楊冕は鎮守や守備等の官と協同して兵備に当っている。同年十一月、広東巡撫等の要請により、知府孔鏞を広東副使に移して高、雷二府を専守し、民夷を撫治させ、城池の修理等に止まらず、廉州、肇州両府の隣境に警あらば兵を率いて之に対応させた。[28] 翌十二月には監察御史侯英を四川僉事に任命し、行都指揮司の建昌兵備を整飭させた。[29] 成化六年三月になると、倭寇の被害に遭った瓊州府の兵備副使に徐桀が任命された。[30] 正徳瓊台志巻一九、兵備憲臣の条によれば、成化六年、広東守臣の要請によって専属憲臣として徐桀が赴任した際、璽書を奉じて海南兵備を整飭した。このように徐桀は「欽差整飭兵備副使」である所から、海南兵備道は整飭兵備道と呼ばれた。副使徐桀は倭寇対策として兵備を整飭しただけでなく、分道の海南道（瓊州府内）も分巡し、城池の修理、軍民の詞訟の処理等にも当ったから、「兵巡道」とも称された。徐桀のように分道全体を分巡するのでなく、既に見てきた瀘叙兵備、固原州兵備、高雷二府兵備等の場合も、その地域内を分巡したから同じく兵巡道であって、整飭兵備道の殆んどは「兵巡道」であったといえよう。

次に成化二十三年、「欽差整飭兵備兼管分巡漳南道按察司僉事」として、福建汀州府に派遣された伍希閔に付与された誥勅を検討してみたい。嘉靖汀州府志巻一五、詔勅の条に、以下の如くある。

福建按察司僉事伍希閔に勅す。福建汀・漳二府所属地方は広東潮州、江西贛州と脣歯相接し、山勢は険阻、樹林は蓊密なり。一たび盗賊の出没有らば、左に逐えば則ち右し、此に追えば則ち彼に匿れ、事掣肘多く、猝かに撲捕し難し。……茲に特に簡んで爾に命じ、常に汀州の上杭に居住し、南漳道を兼管して不時に汀・漳二府の所属地方を巡歴し、府県・衛所を提督して軍士、民壮を操練し、賊を殺して器械を整理せよ。凡そ一応の事宜は倶に都御史金澤の節制を聴き、応に鎮守官に呈稟すべき者は旧に仍りて呈稟し、応に守備と計議すべき者は計議して處分せよ。其れ軍民の争訟及び大小の事、風憲の職の當に理むべき所の者は、仍お之を兼理せよ。

この勅令の中で注意すべき第一点は、汀・漳二府が広東潮州府、江西贛州府と密接しており、守備するには厄介な地域であったことである。嘗って正統十四年、延平府沙県の鄧茂七の乱の時も、福建、広東、江西三省の隣接地区であった為に、その拡大を阻止できなかった。その結果、巡按御史が福建等三省の都布按三司を指導して反乱を鎮圧せざるを得なかった。天順六年、上杭渓南の賊が反した折にも、同じく巡按御史の伍驥が官兵を監督して鎮圧し[31]、成化十四年にも上杭の渓南の賊（鍾三等）が郷邑を劫掠した如く、上杭の地は守備するには不便な要害の地であった[32]。前年の成化二十二年二月、江西巡撫閔珪等の要請により、広西僉事李轍を江西贛州府に駐留させ、三省附近の衛所や有司官を監督させたものの、不穏な状態は継続していた[33]。同年九月、福建僉事楊峻に上杭を専守させ、漳南道事を兼管させたが鎮圧できなかった[34]。この時、僉事楊峻が「欽差僉事」として派遣されなかった為に、その権限には制限があったと推察される。そこで成化二十三年、僉事伍希閔を欽差僉事にして、鎮圧の命が下った。この勅令の注意すべき第二点は、伍希閔に上杭県居住を命じたことである。従来、分巡官や清軍、巡塩、屯田等の専任分巡官は、省城から出巡して回司する方式が原則であった。處がこの時の伍希閔は特定地域での居住が求められたことになり、分巡する際には上杭県から出巡して、漳南道を分巡する方式が採用されたことになる。第三点は、整飭兵備道僉事伍希閔が分道の漳南道を兼管したことである。専任分巡官の派遣は、分巡官を補足する意味であったのに対し、兵備僉事が分巡官の職務を兼管することになった。第四点は、僉事伍希閔が巡撫金澤の節制下にあったことである。明初、按察司官は都察院から派遣された巡按御史の節制下にあった。勿論、伍希閔は当然巡按御史の節制下にあったが、この時は巡撫金澤がその地域の最高責任者であった為の措置であった。これは成化年間、福建、広東、江西三省の総轄責任者として、巡撫制が確立していたことを証明する。

以上の如く、㈠福建の上杭の地は広東、江西二省と接する要害の地であった為に、欽差僉事の派遣をみた。㈡僉事伍希閔は兵備憲臣として上杭県に居住した。㈢兵備僉事が漳南道の分巡を兼管した。㈣僉事伍希閔は巡撫金澤の節制下にあったことが分る。

成化年間に設置された整飭兵備道は以上の他、十三年正月、整飭安綿百泉江油龍州等處兵備(35)（四川）、十四年二月、整飭臨安兵備(36)（雲南）、十五年五月、整飭大壩兵備(37)（四川）、同年八月、整飭威清等處兵備(38)（貴州）、同年十二月、整飭松潘等處兵備(39)（陝西）、十六年七月、整飭臨清等處兵備(40)（山東）、十七年三月、整飭固原等處兵備(41)（陝西）、二十二年六月、整飭代州雁門等関兵備(42)（北直隷）があり、重複を含めて八つの整飭兵備道があげられる。

弘治年間に入ると、その数も更に増加し、嘉靖、万暦には増加の一途を辿った。兵備道の設置は按察司官、布政司官の増加を齎したが、その地域の治安が確保されると冗官として裁革される場合もあった。例えば、正徳二年二月、吏部は天順年間以後に添設した内外大小官として一二九員を挙げるが(43)、裁革すべきでない官七十員を列挙し、その中には会昌兵備（江西）、黄花鎮兵備（山東）、雁門等三関兵備（山西）、靖州兵備（湖広）等道がある。更に要地に非ず、裁革すべき官五九員をあげ、その中には天津兵備（北直隷）、臨清兵備（山東）、建寧兵備（福建）があるけれども、暫くすると復置される場合が多かった。

三　九江兵備道

江西九江府は附郭の徳化県と、徳安、瑞昌、湖口、彭沢の属県を併せた五県で以て構成された。東は浙江、福建、南は広東、西は湖広、北は長江に接し、且つ南京の上流に位置したから、東南の要衝の地であった。読史方輿紀要巻八五、九江府の条に、「府は廬山に南面し、北は大江を負う。江湖の口に據りて、噤喉の地たり。……明初、陳友諒、此に據りて上流の患となる。……九江は全省の噤喉たり。また湖広、江南の腰膂たり」と述べ、九江府が全省の要所であったと指摘する。

大明一統志巻九二、九江府の条によると、九江衛は洪武二十二年に設置され、前軍都督府に直隷した。本来、中央の五軍都督府は在内の衛と在外の都司を管轄し、在外の衛を直接管轄することはなかった。唯一の例外が九江衛であり、前軍都督府に直隷したのは、その地が東南の要衝の地であって、且つ南京の上流に位置したためと考えられる。けれども、明代の衛所制度は成立当初より軍人の逃亡等が多く、軍人の確保に躍起となった。全国的にみても九江府は要衝の地であるにも拘らず、前軍都督府に直隷した九江衛も例外ではなかった。嘉靖年間の九江衛の員数を確認すると、指揮以下軍舎余丁の原額数は、六、四九六名であったのに、その十分の四は不足して、三、七七二名に過ぎなかった。(44)

成化年間に入り、流賊、倭寇が横行すると、九江府でも守備の強化が図られた。明実録成化十三年正月壬戌の条に、「南京府軍衛指揮使陸宣に命じて九江等の処の地方を守らしむ」とあり、守備官として南京府軍衛指揮使の陸宣が来任した。南京府軍衛は親軍衛であるが、九江衛が前軍都督府に所属していた為にとられた措置であった。陸宣は九江府に赴任すると、正廳、後廳、廊坊、儀門よりなる守備廳を建て、同二十三年に金吾衛指揮使翁琦が赴任すると、守備廳の建物は規制に称わずとして民地を購入し、更に壮大な規模の守備廳を構築した。しかし、正徳年間になり流賊等の横行が活発になると、守備廳を中心とした体制では対応できなかった。そこで九江知府は守備官として新たに兵備憲臣の赴任を求めて、守備の強化を図った。嘉靖九江府志巻九、公署の条に、

正徳辛未（六年）春、盗起旁午し、江南甚しと為す、兼ねて北寇、江漢に出没す。時に九江知府李従正、統制都御史陳金に請いて謂う、守備武臣は権任稍軽く、一たび忽ち警有らば、調度し難し。奏して按察司憲臣一人に勅して兵備を整飭し、守備官を安慶に改めんことを乞う。疏上し、制して曰う可なりと。是年の夏、副使周廷徵至るも、時に軍務倥傯、旧宅に仍りて未だ更めざるなり。

とあり、九江知府李従正は江南に於ける流賊の横行が甚しいので、統制都御史陳金に要請し、按察憲臣に兵務を整飭させ、従来の守備官は安慶府に移すようにと進言した。何故なら、守備武臣では権限が軽い為、一たび警あらば調度し難いという理由からであった。この進言は裁可され、正徳六年夏、按察副使周廷徵が九江府に赴任した。

兵備副使周廷徵の治政は厳格であり、事が生じると自ら先頭に立って対処したという。その治績の一つに水戦艦の建造があげられる。正徳七年、彼は工人に命じ、水戦艦を建造して寇賊の侵入に備えさせた。(45) 同年新たに赴任した兵備副使馮顕は按察分司の建物（旧守備廳）が不適格であるとして、創建した。(46) 今度の新按察分司の建物には兵鎧を貯える武庫も附属させたり、その規模も拡大して兵備道の建物としての体裁を整えたと推察される。この他に、九江衛

の演武場の中に閲操の為の建物を造ったり、義勇武安王廟[47]を建てて軍人の規律を正し、且つ士気を高めた。その上、江上の十里毎に煙墩を造って、游寇対策に当った[48]。このように九江兵備道は兵備憲臣の周廷徴、馮顕の二人の努力によって、その基礎が確立された。

嘉靖年間に活躍した九江兵備憲臣の一人に、副使謝迪がいる。彼の業績には二点あり、第一点は彭沢県城の修築である。嘉靖九江府志巻八、兵防の条に、

彭沢県治は鳳凰山に依り、其の形は椅の如し。惟だ其の前を欽く。旧、土城あるも久しく圮れ、游寇もまた或は之を侵す。嘉靖三年、兵備副使謝迪は茲の邑もまた江南の要地なるを以て、備え無きは不可とし、乃ち之を撫按に謀るや、咸な其の議を是とす。知県李孟壽をして旧址に因りて鳳凰山に接せしむ。築城一百七十五歩、高さ一丈五尺、堞を加えるに石砌を以てす。門二を為くり覆うに楼を以てす。

とあり、彭沢県城は江南の要地であるにも拘らず、其の前面が欠けていた為、游寇もそこから侵入するので備えとして不充分であるとし、謝迪は撫按官に図り、知県李孟壽に命じて築城させた。副使謝迪の業績の第二点は、運糧の改革である。同書巻八、兵防の条に、

漕船、原額一百六十五隻、歳ごとに運糧す。弘治間、安慶、建陽等の衛は船二十五隻を将て本衛に付して之に代えしむ。船衆く糧多く、官軍遂に困敝するに至る。毎歳京儲の多くは期に依り完納するを失す。嘉靖三年、兵備副使謝迪、朝に建白す。上、之を許し、船は該衛に帰し、数は旧に仍る。京儲始めて完して軍士も亦やや甦る。

とあり、九江衛の運糧船は原額一六五隻であったが、弘治年間に安慶、建陽等の衛の船二五隻が九江衛に移された。これは成化十三年に守備廳が設置された後、九江衛が安慶、建陽等の衛を管轄していた為にとられた措置であった。その結果、九江衛の船の数は二五隻も多くなり、運糧も多かったので軍士は困敝していた。そこで副使謝迪は建白し

て、安慶、建陽等の船二五隻をそれぞれの衛に戻させたので、九江衛の運糧数も旧に復し、軍士もやや楽になった。

以上のように、江西九江衛は南京の上流に位置し、東南の要衝の地であるのみでなく、全省の噤喉の地でもあったから、前軍都督府に直隷していた。成化年間に入り、流賊、倭寇の横行が顕著になると守備の強化を図り、南京府軍衛指揮使の陸宣や金吾衛指揮使の翁琦が赴任した。しかし、彼等は守備廳の建物を拡大するに止まった。正徳年間になって、流賊等の横行が激しさを加えると、守備廳は充分に対応することができず、九江府は新たな対策を講ずる必要に迫られた。そこで知府李従正は守備武臣に見切りをつけ、兵備憲臣の赴任を要請した。恐らく成化以降、各地で璽書を奉じた兵備憲臣によって流賊の鎮圧が成功していたことを踏まえての要請であったと考えられる。新たに就任した兵備憲臣の周廷徴、馮顒、謝迪等の政策を検討すると、水戦艦の建造、煙墩等の軍事対策に止まらず、県城の修築や京儲の運糧の改革にみられるように、九江衛軍自体の強化では事足りず、九江府全体の体制強化が不可欠であったことを裏付ける。即ち、九江兵備道の成立過程を通じて、守備武臣による軍事面での強化対策では当時の流賊等に対抗できず、彭沢県城の修築や京儲運糧の改革にみられる如く、九江府全体の体制強化が求められていたことがわかる。これを可能にする新しい軍事指導者として、兵備憲臣の来任が期待されていたことが理解できよう。

四　撫按守巡制の確立

洪熙、宣徳年間、政府高官が地方の巡撫の為に派遣された。当初、臨時的派遣であった巡撫官も、巡按御史と共に監察業務として各省の方面官の考察に当ったただけでなく、正統年間に入ると審録にも携わることになった結果、政府高官であっても、監察官でなかった巡撫官と巡按御史、按察司官の監察官との間に、文移等の上で支障をきたした。

しかし、景泰四年、巡撫として派遣された政府高官が監察都御史の銜を兼ねることによってその点の解決をみたが、[49]それは巡撫が制度上に於いて新たな地方監察官になったことを意味した。既に宣徳、正統年間に巡按御史は地方三司を指導して、地方長官的な役割を演じていた所に、巡撫も地方監察官として参入したのであり、巡按官と同様に巡撫官として地方長官的な役割を演じた。明実録景泰三年五月甲午の条に、

一、各處の巡撫・巡按官は専ら禁盗撫民を以て上務となす。盗止まり民安んずるにあり。其の余の事訟等の項の末節小事は、悉く所在官司、憲司に付し、公に従って問理し回報せしむ。

とあり、撫按官の職務は「盗止まり民安んずる」に存し、地方監察官としての訴訟等の処理は、末節小事として片付けられた。同四年三月になると、「今の巡撫、鎮守、往々にして方面御史より多く出づれば、則ち今の方面御史は盖し亦、他日の巡撫、鎮守なる者なり」とあって、巡按御史が後に巡撫官となる例が多いと指摘された。[50]両者を撫按官と称するが巡撫官は監察都御史の銜を兼ねた結果、品秩の上では当然、監察御史より上位にあった。それ故に相見礼儀の上に於いては、都御史が常に御史よりも上坐に位置したとはいえ、[51]監察業務の面では対等の関係にあった点は注意されなければならない。

宣徳以後、撫按官が地方統治の運営に干与し、地方長官的役割を演じていたことが、成化年間以後の兵備道誕生に大きな影響を与えたと推察される。江西九江兵備道の条で考察した如く、流賊等の横行に対応する為には守備武臣による軍事力の強化のみでは限界があり、城堡の修理等の面でも他の官司との協力を必要としたし、京儲運糧等の改革は撫按官に要請して解決を図らざるを得なかった。流賊等の横行に対処する為に兵備憲臣が派遣され、軍事担当者として活躍できた理由は、勅令を付された点もあるが、地方統治が同じ地方監察官である撫按官によって行われていた点も考慮しなければならない。

成化、弘治年間になると、巡撫官、巡按官、按察司官、布政司官の地方監察官は、衛所軍を直接監督するようになった。明実録弘治六年二月乙酉の条に、兵部主事欧鉦が軍政について指摘した中で、

祖宗立法し、衛所相属し、四時訓練し、之をして寒暑に耐え、労苦に習らしむ。近来、掌印鎮操等の官、苟且玩愒し、習いて故常となる。或は之に帰休を縦し、或は之を私用に役す。演武廳、将台は鞠《ただ》すと蔬園となり、卒に虞《そな》えなき有り。何を以て禦に備えん。

とあり、当時の衛所の状態にふれ、領操官の綱紀は弛み、軍卒の帰休を許し、或は軍卒を私用に利用する状態が長く行われていた。その上、演武廳や将台は蔬園となって役に立たず、これでは防禦の用をなさないと指摘した。欧鉦は続けて、

宜しく巡撫、巡按及び分巡、分守、守備の官をして、応操の期に遭う毎に按臨校試を行い、勤むる者は賞し、惰なる者は罰して、以て成効を期さん。

とあり、衛所軍卒の鍛錬の際に撫按守巡官の按臨を求めたり、軍卒に賞罰制度を採用して綱紀粛正を図るべきだと述べる。明初から衛所では軍人の逃亡が多かったし、成化、弘治の頃になると軍卒の綱紀も弛み、制度の弱体化は深刻となっていたことが分る。これ以後、各衛所軍の統轄は撫按守巡官の職務となった。弘治九年八月、湖広の流賊黄瑛等百余人が郴州府の桂陽県を攻掠し、後に鎮圧された。この時巡按御史曾昂は、守備署都指揮僉事王震、兵備副使馮錤、分巡僉事傅金、分守左参政章鋭等の処罰を奏請した。その結果、王震、馮錤等は逮問、章鋭、傅金は各々三ヵ月の罰俸となった[52]。同年三月、広西の流賊二千余人が広東高州府の信宜県を攻掠した時、官軍は敗れ、分守参議、参政、分巡僉事はその責任を問われている[53]。このように、弘治年間に入ると撫按守巡官が各衛所軍を統轄し、流賊の鎮圧に当り、湖広、広東の場合、敗れると分守、分巡官もその責任の追及から逃れなかった。成化以後、各地に兵備憲臣に

よる整飭兵備道が成立して流賊の鎮圧に当ったが、他の守巡官も参加した。嘉靖年間になると、兵備道の設置は増加し、各地に派遣された撫按官の指導の下に活動したが、同時に他の分守、分巡官も当然、鎮圧に加わった。明実録隆慶六年閏二月乙卯の条に、提督両広軍務右侍郎殷正茂が述べた條議四事の中で、信地（駐留地）を分けよと言い、広東十二道の信地を以下のように決定した。

巡視海道は東莞南頭城に駐す。
分守嶺南道は省地（城）に駐す。
分守嶺東道は恵州府城に駐す。
分守嶺西道は高州府城に駐す。
分守海北道は雷州府城に駐す。
広州兵備兼分巡道は新会県城に駐す。
嶺西兵備兼分巡道は肇慶府城に駐す。
南韶兵備分巡道は韶州府城に駐す。
恵州兵備分巡道は長楽県城に駐す。
海防兵備分巡潮州道は潮州府城に駐す。
海南兵備分巡道は瓊州府城に駐す。
海北兵備分巡道は廉州府城に駐す。

隆慶六年の時点で広東に置かれていた守巡道は十二道で、その内、兵備道が六道（巡視海道は兵備道である）、分守道が四道、兵備を兼ねた分巡道が二道であった。十二道の内、兵備道が八道で最も多く、省城から出巡、回司した分守道は分守嶺南道の一道だけである。このように守巡官を各地に駐留させたのは、流賊、倭寇に対しての防禦措置であって、軍事上の責任が兵備憲臣に止まらず、守巡官全員にあったことを示している。また兵備道のみならず、分守道も現地に駐留することとなり、明初の分巡制度は大きな変更を余儀なくされたと言うべきであろう。

分巡制度は原則として各守巡官が省城から出巡して回司した。處が嘉靖年間に入ると、現地駐留政策がとられ、流賊、倭寇の鎮圧に当ることになった。明実録嘉靖十三年十二月己亥の条に、

先に旨あり、今各省の守巡官は皆、所轄各道に分駐し、時を以て郡邑を巡行す。是に至り、山東撫按官奏言す、守巡官は各府に分駐するに、家従を以てするを欲す。即ち、須らく公署を増建すべきも、未だ民を労し財を蕩するを免れず。仍って省城に留家し、第《た》だ毎年二月初めに出巡し、五月の終りに至りて返り、七月初めに出巡し、十一月の終りに至らば返らんことを請う。上、許さず、前旨の如く、各々所轄地方に駐せしめ、違う者は撫按官をして指名参奏せしむ。

とあり、守巡官の各所轄分道への分駐が決定したところ、守巡官が家従を連れて駐留することを希望した。しかし、山東撫按官は駐留地の布、按行署の増築は民を労し、財を蕩するから、守巡官は家従と共に省城に居住し、以前通り二月、七月の出巡、五月、十一月の回司を奏請した。けれども、皇帝は許可せず、守巡官を所轄地方に駐留させ、違反者は撫按官に劾奏させた。即ち嘉靖年間に入ると、流賊、倭寇への対策から、省城に駐留して分巡するのではなく現地駐留制度が確立し、その制度が兵備道のみならず、守巡官全員に及んだことが判明する。

成化以後、兵備道が各地に成立した。弘治年間になると巡撫、巡按、分巡、分守官は衛所の軍卒を管轄して流賊の鎮圧に当り、兵備憲臣だけでなく、守巡官もその責任を担った。更に嘉靖、万暦年間に入ると、兵備道を含めて撫按、守巡官に大きな変化が生じた。第一に、兵備道の増設である。嘉靖十四年、南直隷に太倉兵備が添設され(54)、同十五年、

湖広上荊南道が兵備を兼管して蘄州に駐留し、下江防道と称し、武昌に駐留した兵備僉事は上江防道と称した。[55] 同十九年には遼東に金復、海蓋等兵備僉事が増設され、[56] 同二十一年に北直隷に井陘兵備、[57] 同三十三年に昌平兵備道が、[58] 同三十七年に山西には左右威平四衛及び朔州、井坪二城を管轄する兵備道が増設された。[59] 万暦年間に入っても同様であった。第二に、撫按官による人事の掌握である。嘉靖四十五年閏十月、山東巡撫洪朝選は各道員が省城に居住して地方の撫按に当っていないと指摘し、分巡東兗道は兗州府に、済南道は徳州に、海右道を萊州府に駐留させた。[60] 万暦二十五年、宣大督撫の要請で、寧北道兵備副使張国璽を口北道に、雁平道兵備副使趙彦を岢嵐道に補した。[61] 明実録万暦二十八年二月己亥朔の条に、総督李化竜の要請で、四川司道等官の人選を行い、

副使馬朝陽を右参政に陞せて川北道を分守させ、右参議史旌旲を副使に陞せて馬湖兵備に、陝西右参政張悌を按察使兼参議に陞せて川東（道）を分守させ、真定知府秦璘晋を副使に陞せて分巡川西兵備に、河南副使王嘉謨を右参政に陞せて川南に分守させ、鳳翔知府江応泰を副使に陞せて松潘に備兵させ、原任四川按察使周嘉讀を原官より起補して川北を分巡せしむ。

とあり、総督李化竜は四川司道官の人事を把握したし、同二十九年三月に河南撫按、[62] 八月には宣大総督の要請により守巡官が任命された。[63] 第三に、兼職の盛行である。明実録嘉靖三十九年五月丁丑の条に、

整飭応天太平寧国徽州広徳州兵備副使を添設す。銜を浙江按察司に列し、仍お布政司参議を兼ねて蘇松等の府の糧儲を兼督せしむ。南京兵部の議に従う。

とあり、整飭応天太平寧国徽州広徳州兵備副使を添設した際、南京兵部の要請により、浙江按察司副使兼参議として蘇松等の府の糧儲をも兼督させた。従来、糧儲の監察の場合、辺境の糧儲には按察司が当ったが、腹裏の糧儲は主として布政司官が当った。處が嘉靖以後、按察司官が布政司参議を兼職して、腹裏の糧儲をも兼督した。このように兼

職させて両者の一方が担当すれば、人員の整理を齎して合理化を図ったことになる。しかも分巡按察司官の任期は原則として一年であったから、布政司官を兼任することにより長期の在任が可能になった利点もあげられる。しかし兼職の盛行は按察司官と布政司官との相違を曖昧にすることにもなった。監察官が行政官を兼任したり、その逆の場合などは、明初に於いては考えられぬ事態であった。第四に、撫按官の権限の増大である。宣徳、正統年間、他者に跨がる鉱賊の反乱が生じると、巡按官が都布按三司を指導して地方長官的役割を演じた。景泰四年以後になると、巡撫官が監察都御史の銜を兼ね、巡按官と同じく地方長官的役割を演じたから、官吏考察、審録等の監察行政の面は勿論のこと、その他の行政等の面でも両者によって運営され、撫按制ともいえる地方統治体制が確立されることになった。成化、弘治以前の撫按制は官吏考察、審録等に当るだけでなく、分巡官や屯田、巡塩、提学等の専任分巡官を指導、監督したと推察される。当時の撫按制は監察行政を通して地方統治全般に干与するものであった。しかるに弘治年間以後になると、撫按官、守巡官は衛所制度の弱体化打開の為に、衛所軍の鍛練等を通じて衛所を管轄することになった。しかも成化以後、兵備憲臣による兵備道が成立し、従来の指揮使等に代って地方軍事担当者として活躍した。兵備憲臣は皇帝の勅書を付与されて権限が増大し、整飭兵備道と呼ばれた。整飭兵備道を形成したのは兵備憲臣のみならず、分巡官も担当したし、分守官も兵備を担当し、兵備参議による整飭兵備道も誕生した。整飭兵備道を管轄したのも撫按官であったから、軍事面に於いても撫按制、或は撫按守巡制が確立した。その結果、嘉靖年間に入ると、軍事、糧儲、漕運、塩法、屯田、提学等の地方政治の全般に及んで撫按守巡制によって運営されたと見做すべきであろう。このような撫按官の権限の増大は、各省の布政使、按察使の存在を稀薄にし、万暦年間になると布政、按察使が兵備憲臣を兼任する例も増加した。

五　直省の兵備道㈠

明代の監察区画は行政区画と同一で、二直隷十三布政使司（道）であり、十五区画となったのは、正統六年以後であった。洪武年間は一直隷十二道の十三区画で構成された。

建国以前から按察司官による分巡按治が行われ、呉元年十月にその制度は確立された。洪武元年に直隷区画が設置されると、在京（内）と在外の区別が決定し、前者は監察御史が、後者は按察司官が分巡按治する地方監察制度が発足した。洪武十四年に監察御史、按察司官の地方監察官は、各区画を幾つかの分司（後に道）に随って按治することとなり、同二十九年には分道名も決定した(64)。後に分巡道というと按察司官による地方按治を指すことになったが、洪武年間にあっては監察御史と按察司官の按治の総称であった。

洪武十三年、御史台が廃止され、同十五年に都察院が設置された。御史台時代は直隷（在内）と在外に分けられて、前者は察院監察御史、後者は按察司官がそれぞれ地方按治を行うという形態であった。都察院が設置されると全国を十二道の監察区画とし、監察御史が各道の監察業務を管轄して、直隷は御史台、地方は按察司が管理するという従来の形態を改めた。即ち、直隷と在外の地方按治を都察院が総轄することになった。その結果、都察院は全国の地方監察権を掌握し、更に各道に毎年巡按御史を派遣して地方按治に当ったため、都察院は地方の按治状態をより詳細に把握し得えたと言えよう。景泰四年以後、地方監察官となった巡撫都御史と並んで各道巡按御史は、中央と地方との連絡官として役割を果たしたと指摘された(65)。

永楽十九年の北京遷都後、北京を含む北平布政司は「在京」区画となった。しかし、今迄都察院に設置されていた

「北平道」を「北京道」に改めたに止め、在京を監察御史が分巡按治せず、年に一度、北京道巡按御史が派遣された。靖難の変により荒廃した在京（北平布政司）の復興は、北京工部を新たに設置して遂行させた。漸く洪熙元年四月になって、北京都察院が設置され、在京を四道に分けて直隷監察御史が按治した。[66] この時点で、従来の北平布政司は、監察制度上、直隷区画となったと言える。宣徳十年、雲南道、貴州道が都察院に設置され、明代を通じての二直隷十三道の十五区画の成立をみた。

処で、兵備僉事が置かれたのは宣徳年間以降であり、当初は未だ軍事に直接干与することはなかった。しかし成化年間に入って流賊、倭寇が横行すると、それに対抗する為に「兵備道」が設置され、弘治年間以後になると各地で兵備憲臣が活躍することになった。そこで、十五区画に置かれた兵備道をとりあげて、その成立年代、管轄区域等を整理し、兵備道の特色について検討したい。また、各区画の分道は洪武二十九年に決定したが、その後、時代の要請によって増設、改組された。兵備道を考える場合、分道の変遷は重要と思われるので、先ず分道を整理し、その上で各兵備道について考察を加えたい。尚、各兵備道については、実録、地方志の記事、万暦会典巻一二八、督撫兵備の条等を参考にした。

(一) 南 直 隷

洪武二十九年、直隷巡按御史の分道は以下の六道であった。

淮西道－鳳陽、廬州二府、徐、滁、和三州、太僕寺、中都留守司

淮東道－淮安、揚州二府及び六合県、両淮、都転塩運使司

蘇松道－蘇州、松江二府

建安徽寧道－池州、安慶、徽州三府

常鎮道－常州、鎮江二府

京畿道－太平、寧国二府、広徳州、句陽、溧水、溧陽三県

当時は六人の直隷巡按御史が分巡した。しかし嘉靖年間になると三人となり、太平府、泗州、蘇州府に常駐して十四府四州を分巡した。但し、分道名は不明である。

（1）　潁州兵備道（鳳陽兵備道）

これは、弘治六年、潁州知州劉譲が、鳳陽府の潁・寿二州は南北の要衝に位置するにも拘らず、州の衛所が犬牙相制する状態であったので不安を感じ、兵備の添設を奏請して設置された。この時、河南按察僉事史俊が鳳陽兵備に就任し[67]、寿州に置かれた。弘治十年、河南按察僉事閻璽の時、鳳陽兵備は寿州から潁州に移鎮し、廬鳳淮揚四府、安慶二八衛所の屯田を提督して理刑をも兼ねた[68]。万暦三十三年以後、陝西参政が担当した[69]。尚、隆慶四年四月、河南按察僉事馬豸が寿州等処兵備を担当したが[70]、この兵備道は一時的措置で長期のものではなかった。

（2）　徐州兵備道

これは、正徳六年、直隷州の徐州に設置された兵備道で、山東按察副使張憲が就任した[71]。当初、その行署は按察分司を利用したが、正徳八年に旧公館を改建して新たに按察分司を建てた。嘉靖十五年に副使宋圭が「射圃」を設置して[72]軍事訓練の場所とし、兵備行署に相応しい建物となった。嘉靖徐州志巻八、兵防の条によれば、徐州兵備道は揚州、淮安二府、徐州並びに所隷二六州県及び宿州（鳳陽府）、徐州左、邳州、淮安、沂州（山東）等の十衛、通州（淮安

府）、泰州、山東の莒州等の五千戸所を管轄した。(73)

(3) 淮揚（安）兵備道

これは、嘉靖三十三年五月、総督漕運侍郎鄭曉と直隷巡按御史李逢時の要請により、揚州府の泰州に設置された。(74) 最初に就任したのは湖広按察副使張景賢であった。この時は「江北海道」と呼ばれ、(75) その他、「揚州海道」(76)「淮揚海道」(77) と言われたように海防道であった。嘉靖三十八年七月、江北七星港が倭寇の侵略にあった時、参将等を監督して防禦に当った。(78) 淮揚兵備道は揚州、儀真、高郵等の衛、通州（淮安府）等の千戸所を管轄し、京操官軍も分管した。尚、兵備副使の銜は湖広按察司と決まっていた訳でなく、嘉靖三十三年五月に就任した劉景賢は湖広按察司であったが、万暦八年の舒大猷(79) は浙江布政司、泰昌元年十月の宋継登(80) は山西布政司であった。

(4) 蘇松常鎮兵備道

これは、正徳七年、蘇州府の太倉州に置かれた海道兵備道であり、太倉兵備、蘇松兵備道とも言う。(81) 最初に就任したのは浙江按察副使謝琛であり、翌年三月には水利も兼管した。嘉靖二十七年、副使魏良貴は蘇松常鎮四府の銭糧を兼管したから、(82) 倭寇防禦、水利、糧儲の管轄が主な職務であった。同三十九年十一月、太倉兵備熊桴に蘇松糧儲を、常鎮兵備陳学夔に常鎮糧儲を兼理させているから、当時は太倉（蘇松）と常鎮の二兵備道が置かれていた。(83) 隆慶五年七月、湖広按察副使蔡国熙に「蘇松常鎮兵備」を整飭させたとあるので、(84) この時、太倉と常鎮の二兵備が一括され、蘇松常鎮兵備道になったと推察される。

(5)　徽寧池太安慶広徳兵備道

これは、万暦会典巻一二八、督撫兵備の条によると、浙江按察司が担当し、布政司参議を兼ねて蘇松等府の糧儲をも兼管した兵備道である。即ち、池州府の貴池県（倚県）に置かれ、徽州、寧国、池州、太平、安慶五府、広徳州、句容等六県（応天府）及び新安、建陽、宣州、安慶の各衛所を管轄し、堤防を管理し、江賊、鉱徒を鎮圧した。この兵備道は万暦年間に置かれたと考えられる。何故なら、嘉靖三十四年七月、応天兵備が設置され[85]、副使一員を置き、応天府の句容、溧陽県と広徳州（直隷州）を往来駐箚したからである。五年後の嘉靖三十九年五月、南京兵部の要請により、新たに応天太平寧国徽州池州広徳六府州兵備副使一員を添設した[86]。(4)の蘇松常鎮兵備道の条で述べたように、同三十九年十一月、太倉兵備熊桴が蘇松糧儲を兼理したが、この時、応天兵備徐光啓は池州府、無為州（盧州府）、和州（直隷州）の兵糧を兼理していることを考慮すると[87]、応天兵備と新たに添設された応天太平寧国徽州池州広徳六府州兵備の二兵備道が並存していたと推察される。處で、徽寧池太安慶広徳兵備道の管轄区域と職務をみると応天府の兵備が含まれているから、万暦年間に入って、徽寧池太安慶広徳兵備道として一本化されたのであろう。また、万暦三十九年十二月になると、「寧太分巡兵備道」の関防を鋳造しているから[88]、寧国府と太平府を担当する分巡兵備道が新たに生まれたと考えられる。

(二)　北直隷

洪武二十九年、北平布政司の分道は以下の二道であった。

燕南道―保定、河間、真定、広平、順徳、大名六府

燕北道―北平、永平二府及び行都指揮使司所属衛分

当時、二人の按察司官が分巡した。永楽十九年の北京遷都後、北京を含む従来の北平布政司の区画は、南直隷の如く直ちに「直隷」扱いにはならなかった。南京を含む在京の区画は「直隷」であるから、都察院の監察御史が派遣され、その区画内を分巡按治したのに対し、北京を含む従来の北平布政司の区画の扱いは、「直隷」とはならず、従来の「北平道」を「北京道」に改めたにすぎなかった。即ち、都察院の監察業務上では「浙江道」等と同様に北京道とされたから、「直隷」扱いにはならなかったのである。北京を含む北平布政司の区画が直隷扱いになったのは、洪熙元年四月の時であった。この時、北京都察院が設置され、四道の分道に分けられて十二員の直隷巡按御史が分巡按治し、南直隷と同様に北京を含む北平布政司は「北直隷」となった。監察制度の上で、北平布政司が「北直隷」となったのは洪熙元年四月の時であり、都察院に置かれていた「北京道」は廃止された。處で、洪熙元年四月に十二員の監察御史が置かれていたけれども、正統十四年十一月、「北直隷では監察御史二員によって八府を巡歴していて、これでは人員不足であるとして二員を増員した」とあり、[89]四員の直隷巡按御史によって分巡されていたことが分る。その後も北直隷は直隷巡按御史の分巡が行われ、嘉靖年間になると三員となった。しかし、分道名は不明である。

(1) 天津兵備道

これは、弘治三年、刑部侍郎白昂が「天津の地は水路咽喉にして甚だ重きに係わる所」であるとして、憲職一員の増設を要請し、河間府静海県の天津三衛の地に置かれた兵備道で、山東按察副使劉福が就任した。[90]天津より徳州(済南府)に至る沿河附近の軍衛有司衙門を管轄した。兵馬の操練、城池の修理、奸弊の禁革に当り、盗賊の生発に遭うと即ちに応捕官員を督し、軍夫、民快、火甲を率いて撲捕した。また河道を点検し、浅瀬の個所は工部管河官と会議して浚渫した。その他、軍民の詞訟を受理した場合、文職五品以下は挐問し、五品以上、或は軍職の者に対しては奏聞口処した。この処理方法は他の兵備副使にも適用されたと考えられる。尚、正徳二年に天津兵備道は一時裁革されて捕盗御史を設けたが、同六年には復設し、同九年には霸州兵備をも兼管した[91]。

(2)　霸州兵備道

これは、正徳六年、流賊蜂起により順天府の霸州に置かれた兵備道で、天津管屯僉事許承芳が兼管し、次の僉事寧溥は北直隷の屯田を兼管したが、後に一時裁革された。正徳十六年に復設されて山東副使張思斉が就任し、以後は副使が当った[92]。嘉靖元年に就任した副使馬応龍の人となりは、「断獄明敏にして紀綱振粛し……大寇の巨奸、相継いで翦除され、朝野に声聞こゆ」とある[93]。同二十六年の副使周復俊は兵備道行署を改建した[94]。同四十四年九月、霸州兵備道は密雲兵備道下にあった順天府の香河県と営州前屯衛を管轄し[95]、万暦年間に入ると、西山瀾河一帯（順天府）の兵馬、銭糧、屯田、河道をも管轄した。

(3)　密雲兵備道

これは、弘治八年七月、順天府の薊州に置かれた兵備道で、監察御史張璡を山東按察司副使に陞せて、密雲等處の辺備を整飭させた[96]。後に密雲県（順天府昌平州）に移鎮し、正徳九年三月には永平府[97]に、嘉靖元年五月になると、また密雲に常駐させた。このように、駐留地は薊州－密雲－永平－密雲へと移鎮し、担当者も山東按察司から山西、河南按察司の銜へと変更をみた。この兵備道は石塘嶺、古北口、曹家寨、墻子嶺四路を管轄し、副参将等の官を監督した。更に通州、密雲、三河、宝坻、平谷五州県を管理し、密雲中・後衛、通州左・右衛、神武中衛、定辺衛、興州後衛、営州後屯・前屯・中屯衛、梁城守禦千戸所の兵馬、銭糧、屯田を分管した。

(4)　昌平兵備道

これは、嘉靖三十三年十二月、総督薊遼兵部尚書楊博（溥）の要請により増設された兵備道で、順天府の昌平州に置かれた。[98]隆慶五年正月、戸部銀七千両、太僕寺馬価銀三千両で以て、薊州、昌平各兵備道の墩台を修築した。[99]黄河鎮、居庸関、横嶺城三路を管理し、副参将等の官を監督した。更に昌平州、懐柔県、順義県、長陵等の九陵衛及び延慶、営州左衛二衛、龔靖、鎮辺、渤海、白洋四千戸所の兵馬、銭糧、屯田を分管した。

(5)　薊州兵備道

これは、順天府の薊州に置かれた兵備道で、その前身は弘治八年七月、薊州に発足した密雲兵備道であるが、嘉靖年間に成立したと推察される。隆慶四年十月、副使張学顔、万暦元年六月、右参議王之弼、同十七年十二月には按察使成遜が任命されており、山西按察司、布政司に寄属した。[100]喜峰口、馬蘭谷、松棚谷、太平寨四路を管轄し、副参将等の官を監督し、薊州、遵化、豊潤、玉田四州県を管理した。更に薊州、鎮朔、遵化、営州右、東勝右、忠義中、興州前、開平中屯、興州左屯の九衛と寛河千戸所の兵馬、銭糧、屯田を分管した。

(6)　懐柔兵備道

これは、嘉靖三十九年、総督薊遼兵部尚書楊溥の要請により、順天府昌平州の懐柔県に置かれた兵備道である。[101]同四十三年正月に裁革されたが、万暦三十七年二月、河南知府張経世を副使に陞せて担当させた。[102]このように常置されなかったためか、万暦会典の督撫兵備の条には記載がない。

（7）　永平兵備道

これは、嘉靖三十九年二月、昌平、懐柔兵備道と同じく総督楊溥の要請により、永平府に置かれた兵備道である。[103]万暦十四年九月、山東副使葉夢熊は三年考満により右参政に陞ったが、この時按察僉事を兼ねて永平兵備事務を担当した。[104]同二十年十月、山東僉事楊鎬の時から馬政をも兼理した。[105]この兵備道は、燕河営・台頭営、石門寨、山海関の三路を管轄した。更に副参将等の官を監督して永平府灤州の盧竜、遷安、撫寧、昌黎、楽亭の五県を管理し、撫寧、永平、盧竜、山海、東勝左、興州右の六衛の兵馬、銭糧、屯田を分管した。

（8）　大名兵備道

これは、正徳七年、流賊蜂起により大名広平兵備道が設置されたが、[106]治安がよくなると一時裁革され、嘉靖十年十一月、保定巡撫林有孚の要請によって復設された兵備道である。[107]隆慶六年に井陘県にも駐留したが、[108]大名府元城県にも常駐した。[109]浙江、河南按察司に寄属し、万暦三十九年七月に河南右布政使許汝魁は副使を兼職した。[110]この兵備道は順徳府所轄の辺隘（北は錦繡堂等口に起こり、南は数道厳口に至る）并に順徳、広平二府の各九県と大名府所属の十一州県、順徳守禦千戸所を管轄し、更に山東、河南の隣境州県、衛所の操練、防盗、馬匹等の項を兼制し、駅伝をも兼管した。

（9）　易州兵備道（紫荊兵備道）

これは、嘉靖元年三月、保定府の易州に置かれた兵備道で、山東按察副使田登が就任し、紫荊関（易州）、竜泉（真定府阜平県）、倒馬関（真定府定州）等の兵備を整飭した。[111]万暦元年九月に就任した山東副使高文薦は布政司右参政を兼ねた(112)。山東按察司だけでなく山西、河南按察司にも寄属した。易州兵備道は紫荊関并に該関所轄の隘口（東は沿河口総より起こり、西は白石口総に止む）及び保定一府所属の二十州県、保定五衛、茂山衛并に山西の広昌、霊丘等の州県軍衛有司を管轄した。仍お、保定巡撫の節制に聴《したが》い、山西都御史に干渉し、一体に呈請施行した。

(10) 井陘兵備道

これは、嘉靖二十年九月、保定巡撫劉隅の要請により設置が計画された兵備道で、大名兵備の張素を調任させようとしたが、同二十一年正月、設置されず廃止された(113)。しかし、嘉靖二十一年七月、吏部が井陘の地は幾輔に密邇し、内郡扼塞の要地であると主張したことにより設置され、山西按察司副使孫錦を真定府の井陘県に常駐させ、故関等の処の兵備を整飭させた(114)。倒馬、竜泉、故関并に各関の隘口（東は揷箭嶺総口より起こり、西は榴嘴等口止に至る）及び真定府所属の三二州県、真、神、定三衛、平定守禦千戸所并に山西太原府の平西・平定州、楽平、五台、繁峙等の県を管轄し、馬政、駅伝も兼管した。

(11) 懐隆兵備道

これは、嘉靖三十六年、北直隷の宣府鎮の中の懐来衛城に設置された兵備道で(115)、山西按察司副使張鎬が就任した。宣府の南山一帯を兵備し、平時ならば則ち懐来衛に駐留し、防秋ならば則ち岔道口（北直隷延慶州）に移守した。万暦八年に裁革されたが、同十一年閏二月に復設され(116)、以後は山東按察司にも寄属した。

(12) 赤城兵備道

これは、嘉靖三十八年、北直隷の宣府鎮の中の赤城堡に設置された兵備道で、山西按察司僉事張時が就任した(117)。宣府鎮の北路兵備を専管し、兵馬を整飭して銭糧を稽査し、詞訟をも兼理した。田地荒蕪する者は召人承田せしめ、官軍脱伍する者は法を設けて勾捕し、余丁離散する者は多方撫輯した。

(13)(14)　守巡口北道兵備

これは、万暦会典巻一二八、督撫兵備の条によると、宣府鎮城に駐留した口北道分守と分巡が兵備を兼管した兵備道である。宣府鎮は明代の分巡制度を考える時、特殊な扱いをされた地域であった。嘉靖宣府鎮志巻一、制置考の条に、「章皇帝宣徳元年、監察御史に命じて巡按せしむ」とあり、更に本条の注に、「時に畿省は各一員なり、宣大重鎮を以て特に巡按直隷と称する者を遣わす。宣鎮は畿内に属するに因るなり」と記載する。宣徳元年当時、都察院から在外巡按御史が直省に各一員派遣されていた。即ち直隷と各省に在外巡按御史は一員と限られた。しかし、山西に所属せず、重鎮地域ということで北直隷に隷属した故に、宣徳元年に直隷巡按御史を派遣して分巡させたという。五の直省の兵備道の前文で考察した如く、直隷傍近の分巡官が寄属して分巡したが、宣府鎮の場合も山西按察司官がこれに当った。但し、直隷地域に分巡道が置かれることはなく、直隷傍近の分巡官が分巡しても、分道名はなかった。直隷地域で分道名をもつ分巡は宣府鎮に置かれた「口北道」のみであった。弘治五年に分巡口北道、嘉靖十八年に分守口北道が設置されたのは稀な例であった(118)。同じ宣府鎮に、(11)の懐隆兵備道、(12)の赤城兵備道もそれぞれ嘉靖年間に設置され、この他に万暦年間に入ると、分守口北道も兵備を兼管したことになる。

(三)　山東布政使司

洪武二十九年の分道は、済南道（済南、東昌、兗州三府）、海右道（青州、登州、莱州三府）、遼海東寧道（東寧、瀋陽、中遼、海鉄嶺、三万、金川、復州、蓋州、海州、義州十衛及び広寧中護衛、広寧左・前・後四屯衛、定遼左・右・中・後衛）の三道であったが、正統以後は次の四道となった。

済南道―済南府
兗東道―兗州、東昌二府
海右道―青州、登州、莱州三府
遼海東寧道―遼東都司

(1)　武定兵備道

これは、正徳七年、流賊の横行により、済南府の武定州に設置された兵備道である[119]。同十年十二月、「事寧らぐ」を以て、曹州、大名兵備道と共に裁革されたが、同十二年十一月に復設された[120]。万暦年間に入ると、冬と春は武定州に、夏と秋は徳州に駐留した。武定、濱、徳三州并に陽春、商河各州県を往来して屯営を督理し、操練防守した。

(2)　済南兵巡道（分巡済南道兼管兵備）

これは、嘉靖二十二年六月、宣大総督侍郎翟鵬の要請により、分巡済南道に兵備を兼管させた兵備道で[121]、「兵巡道」ともいう。済南府を分巡した分巡官に、徳州、歴城、長清、肥城、斉河、禹城、平原七州県の兵馬、銭糧を管轄し、警有らば徳州に移治して専ら防禦に当った。万暦三十三年八月、副使文球が就任した時にも「済南兵巡道」とある[122]。

(3)　済寧兵備道

これは、隆慶六年、兗州府の済寧州に置かれていた管河道副使に、兵備の職銜を加えて兵務を兼管した兵備道で、正確には「欽差管河道兼管済寧兵備道」である[123]。この時、河道都御史の要請によって塩法を裁去し、万暦年間に入ると、済寧州、寧陽、魚台二県（兗州府）と東平州の汶上県并に済寧一衛の兵備を兼ね、仍お所属範囲の分巡を兼ねたので、済寧兵巡道ともいう。

(4)　曹濮兵備道

これは、弘治十二年、按察副使が兗州府の曹州に駐留して、東昌府の濮州をも管轄した兵備道である[124]。嘉靖年間、その管轄範囲は曹州、東平州、濮州、城武等一三県、水保等四巡検司、東平等二千戸所であり、分巡も兼管した。隆慶四年、巡撫姜廷頤の上奏により一時裁革し、兗東分巡道に帯管させたが[125]、後に復設された。

(5)　沂州兵備道（兗西兵巡道）

これは、正徳七年四月、濮州知州王棟を陞せて按察司僉事となし、兗州府の済寧州に置かれた兗州兵備道を継承し、同十年七月、兗州兵備僉事張嘉漠を沂州に移置して、流賊に対応した兵備道である[126]。その結果、兗州兵備道、兗西兵巡道ともいう[127]。嘉靖年間以後、兗州府、沂州、泰安、済寧三州、費県（沂州）等九県、羅滕鎮等六巡検司、兗州等三衛、滕県守禦千戸所を管轄した。万暦年間に入ると、馬政、分巡を兼管した。

(6)　臨清兵備道（東昌兵備道）

これは、成化年間、臨清州（東昌府）に置かれた兵備道である。成化十六年七月に入ると、巡按御史張蕙が「臨清、済寧、張秋等の処は軍民雑処し、商家紛集して姦偽日々滋し。旧例に照して副使一員を復設し、兵備を整飭して刑名を兼理すべし」と上奏したことにより、按察司副使潘瑄が就任した[128]。嘉靖年間には、東昌府、臨清、高唐二州、武城等一六県、甲馬営等五巡検司、平山等三衛を管轄した。万暦年間に入ると、分巡、馬政、河道を兼管した。仍お、万暦十一年七月、「臨清兵備道を分巡東昌道に改む」とあるので[129]、分巡東昌道の存在が分る。即ち、分道の兗東道は兗州府と東昌府を管轄していたが、整飭臨清兵備道が東昌府の分巡を兼管した結果、兵備の必要なくなっても裁革されず、分巡東昌道と改められて東昌府を分巡したことになる。一時的に分道が増設された訳である。しかし、同四十三年十月になると、「東昌兵巡道」とあるから[130]、また臨清兵備道が復設されたと考えられる。

(7)　青州兵備道

これは、正徳七年、流賊の横行により、青州府益都県（倚県）の顔真鎮に設置された兵備道で、僉事が就任した[131]。同九年六月になると、巡察海道僉事の牛鸞が青州兵備道を兼管することになった[132]。嘉靖二年、この兵備道は顔真鎮から益都県治に移置し[133]、同三十一年三月、兵備僉事を副使に改め、青州・莱州二府の分巡を兼管した[134]。

(8)　巡察海道

これは、弘治年間、莱州府に設置された兵備道で、単に海道ともいい、登州、莱州二府、蓬萊等の十二県、高山等の十八巡検司、寧津等の五守禦千戸所を管轄した[135]。嘉靖四十一年五月になると、巡察海道を莱州府から登州府に移置し[136]、海防を専管すると同時に、登州府の分巡も兼管した。嘉靖の末になると、分道の海右道は、青州、莱州二府を青州兵備道が、登州府を巡察海道が分巡を兼管して、両者とも「兵巡道」となった。

(9)　分巡遼海東寧道兼管兵備

分巡遼海東寧道は洪武二十九年、遼東都司の広寧城に置かれたが一時裁革された。正統元年五月、巡撫左僉都御史李濬の要請により復設された[137]。成化二十年十一月、遼東巡撫馬文升は、「遼東は地広きにも拘らず、分巡東寧道は僅か一員であり遍歴する能わず」として、僉事一員の増設を要請した結果[138]、三年の任期となり、主に墻堡の修繕に当って、東寧道の分巡業務は山西の河東分巡僉事に代行させた。分巡遼海東寧道が兵備を兼管したのは、この成化二十年十一月の時であった。万暦年間に入ると、広寧、錦州、義州等の兵備を帯管し、春と夏は錦州に、秋と冬は義州に駐留した。東は広寧、鎮武并に西興、西平、西寧、平洋等の堡に至り、西は錦州、杏山の駅所に至るまでの広寧等の九衛、城堡、駅所三五所を管轄し、屯田、馬政をも兼管した。

(10)　分守遼海東道兼管兵備

これは、嘉靖年間に撫按官の要請により参議が増設され、遼東都司の遼陽城（定遼中衛）に置かれた分守道の兼管兵備道である[139]。当然、山東布政司の銜を得たが、万暦二十九年六月、湖広の荊州知州徐堯華を河南右参政に陞せて、遼海東寧道を分守させた[140]。同三十五年八月には遼東兵備郝大猷を山西按察使に陞せ、且つ旧に照して管事させたとあり、分守遼海東寧道は山東のみでなく、河南、山西布政司にも寄属した点[141]に特色がある。万暦年間に入ると、遼陽、瀋陽、撫順、蒲河、寛奠各城堡の辺備を帯管し、屯田、馬政をも兼管した。

⑾　寧前兵備道

これは、嘉靖四十一年五月、遼東都司の広寧前衛に設置された兵備道である[142]。万暦十五年八月、僉事王邦俊は屯田、整開事務を兼管した[143]。同三十一年七月、同四十五年九月には右参議が就任したから[144]、守巡兵備道であった。春と夏は寧遠城に駐留し、秋と冬は広寧前屯衛に駐留した。東は寧遠、塔山所に至り、西は前屯、中前所、関所に抵るまでの、寧前二衛、城堡、駅所あわせて三二處を管轄し、屯田、馬政をも兼管した。

⑿　開原兵備道

これは、遼東都司の開原城（三万衛）に置かれた兵備道である。開原図説巻上、職官の条に、「欽差整飭兵備一員」とあり、九辺図説の遼東鎮の条には「兵備四員、一駐開原城」とあり、整飭兵備一員が開原城に駐留したと記載する。設置年代は不明であるが、嘉靖年間であったと推察される[145]。開原図説巻下、兵備道右参政馮□?の「整飭営伍公移」の条に、「烽火を厳にし、車営を習い、営伍を粛し、訓練に勤め、火器を練し、心力を斉しくす」とあり、兵備道の職務を述べる。尚、管屯、軍政を帯管した。開原兵備道の担当者は副使、参政等の両者であり、守巡兵備道であった。

⒀　苑馬寺卿兼金復海蓋兵備道

これは、嘉靖十九年三月、行辺使翟鑾の要請により、遼東都司の金州、復州、海州、蓋州四衛を統轄するために設置された兵備道である[146]。この時には山東按察司僉事が就任したが、嘉靖三十二年には遼東〔苑馬〕寺卿張忠に金、復、蓋三衛の軍民を兼轄させ、同四十二年には兵備を帯管させた[147]。万暦年間に入ると、苑馬寺卿が按察副使、布政参政等を兼任して、兵備を帯管した。夏と秋は蓋州衛、冬と春は海州衛に駐留して、金州等の四衛并に東昌、東勝、耀州、連邦谷等の堡を整飭した。

⒁　遼東行太僕寺少卿兼僉事兵備道

これは、遼東行太僕寺少卿が僉事を兼任した兵備道である。万暦六年二月、山東僉事劉鳳朝を陞せて行太僕寺少卿兼僉事となし、兵備を整飭し、屯田をも兼管させ、遼東では行太僕寺も苑馬寺と共に兵備を担当した。[148]

㈣　山西布政使司

洪武二十九年の分道は、冀寧道（太原府、澤、潞、遼、沁、汾五州）、冀北道（大同府、東勝等衛）、河東道（平陽府）の三道であったが、嘉靖年間に冀南道が設けられて、次の四道となった。

冀寧道—太原府、澤、遼、沁三州
冀南道—汾州、潞安府
冀北道—大同府、東勝等衛
河東道—平陽府

⑴　雁平兵備道

これは、太原府の代州に設置された兵備道で、雁平とは雁門と平荊の地を併称したものである。成化二十二年六月、按察副使毛松齢が代州雁門等関兵備を整飭したのが最初である。[149]翌年二月、副使毛松齢は辺将と不和になり、僉事王璿が就任した時には「整飭雁門等関兵備」とあり、[150]弘治十四年十月、副使楊綸が就任した時には、「整飭雁門偏頭寧武三関兵備」とあって[151]、名称は統一されていない。しかし雁門、偏頭、寧武の三関は代州にあるから、雁平等関兵備、或は雁平兵備と称したのであろう。万暦年間に入ると、広武、北楼、平荊（共に代州の古名）等處の兵備を管理した。代州、繁峙、五台、崞県の四州を管轄し、屯田も兼管した。尚、万暦三年十一月、副使許守謙が偏頭関に駐留して兵備を整飭したが[152]、これも雁平兵備道であろう。

(2)　寧武兵備道（行太僕寺卿兼寧武兵備道）

これは、嘉靖三十九年、太原府代州崞県の寧武関城に設置された兵備道で[153]、雁平兵備道とは異なる。主に副使、僉事が就任したが、万暦三十三年九月、参政の郭光復が就任したから[154]、守巡兵備道となった。万暦年間に入ると、八角堡、神池堡、寧武三守備と中路（寧武道）参将地方の兵備を分管した。万暦会典巻一二八、督撫兵備の条では、この兵備道を「行太僕寺卿兼寧武兵備道」と記載するから、山西の行太僕寺卿が按察僉事を兼任したと推察される。

(3)　岢嵐兵備道

これは、嘉靖の初め、太原府の岢嵐州、石州（後に汾州府に帰属）、隰州の地の防盗の目的で設置された兵備道で、石隰に駐留して岢嵐石隰兵備と称した。嘉靖二十二年二月の頃には岢嵐州に移置して岢嵐兵備道と称した[155]。石隰、保徳、岢嵐等州、寧郷（永寧州）、河曲（太原府）、興（岢嵐州）、嵐（岢嵐州）、臨（汾州府）等県、鎮西（岢嵐州）等衛所、新増の三岔堡（岢嵐州）、五寨（岢嵐州）の守備等を管轄した。万暦元年三月になると関防が鋳給され、「整飭岢嵐偏老等処兵備」とあり、同年十一月になると駐留地を偏頭関（太原府河曲県）に移した[156]。偏老、岢嵐、河曲の処の兵備、西路参将と老営遊撃地方（山西鎮）の兵馬を分管し、屯田を兼管した。当初は按察副使が就任したが、同三十七年二月、右布政使劉余澤[157]、同四十三年八月には参政李従心の布政司官が就任した[158]。

(4)　分巡冀南道兼管兵備（潞安兵備道）

これは、(3)の岢嵐石隰兵備道の駐留地を嘉靖二十二年二月に石隰から岢嵐州に移置した結果、その所轄範囲であった汾州府の孝感、平遙、介休、交城等県及び汾州衛が遠くになって管轄しがたいという理由から、分巡冀南道が兵備を兼管した兵備道である[159]。この分巡冀南道は嘉靖八年に潞安府が直隷州から府に昇格した時に成立し、汾州、孝感、平遙、介休、交城等県を合わせて構成された。ところで、万暦十五年、原任陝西副使成憲を除補して潞安兵備を担当させたが[160]、この兵備道が管轄した地域は汾州、孝感、平遙、介休、交城等の県であることを考えると、後に潞安兵備道が冀南道の分巡を兼管したのであろう。その結果、分巡冀南道兼管兵備は潞安兵備道とも称した。万暦会典巻一二八、督撫兵備の条に、「潞安兵備一員、冀南道分巡を帯管す」と記載するようになった理由である。

(5)　分巡冀寧道兼管兵備

これは、万暦年間に分巡冀寧道が兵備を兼管した兵備道である。万暦会典巻一二八、督撫兵備の条に、「分巡冀寧道兼兵備一員、永寧州（元代の石州）、寧郷（永寧州）、臨県（汾州府）、静楽、清河、交城、文永（共に太原府）五県を管轄し、太原参将営の兵馬、銭糧を兼管す」とあり、万暦年間になると、分巡冀寧道が兵備を兼管した。

(6)　分巡河東道兼管兵備

これは、隆慶年間以後、平陽一府を分巡した河東道が兵備を兼管した兵備道である。明実録隆慶六年十一月癸巳の条に、「山西右参議馮叔言を陞せて按察司副使分巡河東道と為し、隰州を帯管し兵備を兼理せしむ」とある。万暦年間に入ると、河東道（平陽府）以外に、隰州を管轄するだけでなく、西は陝西の関隘地方に接する地域の兵備にも当った。

(7)　分巡冀北道兼管兵備

これは、嘉靖～万暦の間、分巡冀北道が大同鎮城に駐留して兵備を兼管した兵備道である。北東、北西二路并に渾源、聚楽、高山等の二三城堡を管轄し、屯牧をも兼管した。

(8)　分守冀北道兼管兵備

これは、嘉靖三十八年、朔州兵備道(161)が陽和に移置した後に、朔州の城に駐留し、兵備を兼管した兵備道である(162)。防秋には平虜城に移駐し、平虜等の城堡を管轄して辺備に当った。仍お、原管の懐仁県、応州等の州県を管理し、屯政をも兼管した。

(9)　陽和兵備道

これは、嘉靖二十五、六年、大同府の朔州に置かれた朔州兵備道(163)が、同三十八年、陽和城に移駐して生まれた兵備道である(164)。沿辺の地方兵備を整飭し、専ら軍門の委用を聴き、天城、陽和二衛并に東路、新平二路の十三城堡を管轄し、屯牧をも兼管した。担当者の按察司官は参政を兼任し、或は布政司官が僉事等を兼任する守巡兵備道であった。

(10)　大同兵備道（左衛兵備道）

これは、嘉靖三十七年、大同鎮の左衛に設置された兵備道で、左衛兵備道とも称す[165]。左右霍玉、威遠等の五衛を管理し、万暦八年に一時裁革されたが、同十一年に復設された[166]。尚、嘉靖三十九年八月、右参議王彙征は僉事を、隆慶四年六月に、右参政崔錦が僉事を兼職したから、守巡兵備道であった[167]。

(五)　河南布政使司

洪武二十九年の分道は、河南道（開封、河南、汝寧、南陽四府）、河北道（懐慶、彰徳、衛輝三府）の二道であったが、成化以後には次の四道となった。

大梁道－開封、帰徳二府

河南道－河南府

河北道－彰徳、衛輝、懐慶三府

汝南道－南陽、汝寧二府

(1)　睢陳兵備道

これは、正徳八年三月、「睢、陳の二州は四道の郊、盗行出没の地」であると守臣が述べたことにより、帰徳府の睢州（嘉靖三十四年以前は開封府に所属）と開封府の陳州の守備に当った兵備道であり、按察僉事馮相が就任した[168]。嘉靖十年七月になると、睢陳兵備僉事を裁革して屯田僉事に兵備を兼管させた[169]。睢陳兵備道の復置をみたのは、嘉靖十七年七月、僉事趙彦之が開封府の陳州に駐留して兵備を整飭した時であった[170]。万暦八年、懐隆兵備道等と共に一時裁革されたが、同二十九年三月、河南撫按の要請により復設され、按察司の銜を加えられた参政蕭雍が就任した(171)。

(2)　大梁兵巡道（分巡大梁道兼管兵備）

これは、万暦二年十一月、河南巡撫呉道直の要請により生まれた実際的な兵巡道で大梁道の分守官を帰徳府の睢州に、分巡官を開封の禹州にそれぞれ常駐させた(172)。この時、「厳しく州県を督し、共に業務を分職せしむ」とあるから、大梁道（開封、帰徳二府）は守巡官の二者によって按治が分担されていた稀な例である。実録万暦二十五年三月乙未の条に、「大梁兵巡道副使黄希夷、病を以て致仕す」とあるように、のちに兵備をも兼管した。

(3)　開封兵備道

これは、万暦会典巻一二八、督撫建置の条に、「省会（城）に駐留し、開封及び本府属の二九州県并に宣武一衛を管轄し、往来して軍衛有司を提督した」とあり、開封府に置かれた兵備道と記載する。しかし、省城に駐留して開封府を分巡して兵備を兼管した兵備道の存在は不明である。(1)の睢陳兵備道の条で、正徳八年三月、開封府の陳州に兵備道が置かれたし、(2)の大梁兵巡道の条では、大梁分巡官が開封府の禹州に万暦二年に駐留していた。更に(1)の睢陳兵備道が嘉靖十七年七月、開封の陳州に置かれ、万暦二十九年に復設されていたとあった。但し、大梁分巡官が万暦二年十一月に禹州に駐留する以前は、明実録万暦二年十一月癸巳の条に、「守巡官は一向に省城に駐箚す」とあり、大梁守巡官が省城に駐留していたことが分る(173)。実録等にも「開封兵備道」の記事が見当らないこと、そして大梁分巡官が万暦二年十一月以前は、省城に駐留していたことの二点から、開封兵備道とは、大梁分巡道であったとも推察できよう。

（4）　分巡汝南道兼管兵備

洪武二十九年の時、汝寧、南陽の二府は河南道に含まれていた。成化二年三月、河南巡撫賈銓は「行移便ならず」との理由から、汝寧、南陽二府を以て新たに「汝南道」を創設することを要請して認められ、ここに汝南道が成立した。(174) 汝南道に兵備道が初めて設置されたのは、正徳十年七月の時であり、河南按察僉事閻欽は汝寧府の信陽州に駐留して信陽兵備道の設置をみた。(175) 同十五年正月、直隷州の汝州の魯山県内で盗賊が横行すると、兵科給事中李学は、これは憲臣が分巡を兼管していなかった為に生じたとして、汝南分巡官に兵備を兼管させて信陽州に駐留させ、(176) 分巡汝南道兼管兵備道が設置された。嘉靖元年五月になると、按察副使張翰が汝寧南陽等処兵備を整飭し、関防も賜わっているから、汝寧南陽兵備道が成立したことになる。(177) 万暦七年二月には、副使范伋に汝南兵備を整飭させていることをみると、(178) 分巡汝南道兼管兵備は汝寧南陽兵備道にとって代わられ、後者が分巡を兼管したと推察される。けれども、万暦二十八年八月、分守汝南道右参議兼僉事黄煒が「汝南を分巡し、兵備を整飭す」とあるから、(179) 汝寧南陽兵備道は嘉靖、万暦年間、治安が維持されるまでの期間に設置された兵備道であったと考えたい。その後、治安が安定すると、分巡汝南道が兵備を兼管することになった。尚、万暦会典巻一二八、督撫建置の条には、汝寧南陽兵備道を記載せず、ただ「分巡汝南道一員、兼整飭兵備」とあるのみである。

（5）　磁州兵備道（分巡河北道兼管兵備）

これは、嘉靖四十一年五月、分巡河北道が彰徳府の磁州に駐留した兵備道である。(180) しかし、明実録嘉靖四十一年五月丙午の条に、「河南分守河北道は懐慶に駐し、巡道（分巡河北道）は磁州に駐し、仍お兵備を兼ぬ」ともあって、この時に分守河北道が懐慶に駐留して兵備を兼管したとあるから、懐慶兵備道、或は分守河北道兼管兵備が設置されたと考えられる。尚、万暦会典巻一二八、督撫建置の条には、「磁州兵備一員、磁州に駐留し、盗賊を擒捕し、城池を修理し、軍馬を操練す。其れ衛輝府所轄の県分、輝県旧駐地方は仍お往来巡歴し、馬政を兼ぬ」とあり、磁州兵備道は馬政をも兼管したとある。

六　直省の兵備道(二)

(六)　陝西布政使司

洪武二十九年の分道は、関内道（西安、鳳翔、平涼三府）、関南道（漢中府）、河西道（延安、慶陽二府、寧夏衛）隴右道（臨洮、鞏昌二府、洮、岷、河、南州四衛）、西寧道（西寧、荘浪、滄州、永昌、山舟、甘州、粛州七衛）の五道であった。成化以後、関西道が増えて、次の六道となった。

関内道―西安府
関西道―平涼、鳳翔二府
関南道―漢中府
河西道―慶陽、延安二府、寧夏衛
隴右道―鞏昌、臨洮二府
西寧道―陝西行都司

陝西は兵備道の数が多いので、延綏（楡林）、寧夏、陝西三辺、甘粛、陝西腹裏の順に説明を加えたい。延綏鎮に置かれた兵備道は次の四道である。

(1)　靖辺兵備道（楡林西路兵備道）

これは、靖辺営に駐留した兵備道で楡林鎮の西路兵備を担当した(181)。東は延綏西路、旧安辺に至って起こり、西は寧夏萌城に至った。各営堡、倉場の辺務は経理を聴され、大塩池（慶陽府安化県）の塩法に及び、分巡、屯田をも兼ねた。担当したのは按察司官の憲職官に限らず、布政司官もいるから守巡兵備道であり、分巡も兼ねたから兵巡道であった。尚、九辺図説の延綏鎮の条によれば、「兵備二員、一は靖辺営に駐し、一は定辺営に駐す」とあり、万暦年間以前、二つの兵備道が置かれていたと推察される。

(2)　神木兵備道（楡林東路兵備道）

これは、神木堡に駐留した兵備道で楡林鎮の東路兵備を担当した。建安、高家、栢林、大柏油、永興鎮等の城堡并に葭州、神木、府谷、美堡四州県の分巡も兼管した。万暦二十五年十二月には、「神木等処兵巡道」の関防も鋳給され(182)、同二十三年三月に、左参議張悌が就任しているから(183)、守巡兵備道であった。

(3)　楡林兵備道（楡林中路兵備道）

これは、楡林鎮城に駐留した兵備道で、楡林中路を管理した。兼ねて雙山、常楽、鎮城、保寧、響水、波羅等の堡並びに楡林二衛、延安府の綏徳、米肥、清澗三州県并びに清平、威武、懐遠三堡の辺墻を分巡した。担当者は按察副使、布政参政等であり、守巡兵備道であった[184]。

(4) 分守河西道兼管兵備

これは、万暦会典巻一二八、督撫兵備の条によれば、分守河西道が慶陽府の附郭の安化県に駐留した兵備道である。延安、慶陽二府の所属州県を分理し、兼管して就近の所属の城堡を督修した。仍お、慶陽衛并びに環県千戸所の各屯田、駅遞をも分管した。

寧夏鎮に置かれた兵備道は次の三道である。

(5) 寧夏河西管糧道兼管兵備

寧夏鎮は洪武二十九年の時、延安、慶陽二府と共に河西道に所属していた。しかし、嘉靖寧夏新志巻一、按察司の条に、「弘治十七年以前は関西道の分巡管理、或は副使、或は僉事に属して三年一更なり。(弘治)十七年、始めて僉事一員を銓注し、寧夏督儲道の関防を給し、糧斛を専収して水利を兼管す」とあり[185]、寧夏鎮が弘治十七年以前は、関西道の分巡管糧副使下に属することになった。弘治十七年になって寧夏督儲道を設置し、関防が給されて糧斛を専収して水利を兼管したといい、弘治十七年、新たに寧夏河西督儲道の設置をみることになった。正徳九年になると、河西督儲(管糧)道僉事黎堯卿は水利を兼管したが、未だ兵備を兼管しなかった[186]。河西管糧道が塩法と霊州地方の兵備を兼管したのは嘉靖十一年の時であり、僉事劉思は往来巡歴して刑名を問理したから[187]、兵巡道となった。寧夏鎮城に駐留し、糧儲を管理し、本鎮東路、寧夏後衛等の十二堡城、及び小塩池(寧夏後衛)の塩法を帯管し、屯田も管理した。

(6)　寧夏河東兵糧道兼管兵備

これは、隆慶九年（万暦三年）、総督王崇古の要請により増設された兵備道で[188]、河西管糧道を引き継いで兵備を兼管した。万暦十年に就任したのは馬時泰、郭汝で[189]、彼等は陝西行太僕寺卿（少卿）兼僉事であった。霊州に駐留し、本務の馬政を妨げず、花馬池後衛、霊州、興武、韋州の一衛三所、東中二路の城堡、倉場、駅遞、兵政、糧儲、屯田、水利、塩法并に清水営の互市を管理した。

(7)　環慶等處兵備道

これは、成化から嘉靖年間、河西道に置かれた兵備道で、万暦年間に寧夏河東兵糧道に引き継がれた。成化年間、僉事左鉦が環慶等處兵備を担当し慶陽府の環県に駐留した[190]。弘治四年二月に裁革されたが、同十三年四月に復設されて塩法も兼管した[191]。正徳元年九月に楊一清の要請により、「整飭環慶霊州等処兵備」に改められ、霊州に常駐した[192]。

陝西三辺（延綏、寧夏、甘粛諸鎮の辺衛）に置かれた兵備道は次の六道である。

(8)　固原兵備道

これは、成化五年七月、巡撫馬文升の要請により設置された兵備道で、僉事楊冕は固原等処の土達を専撫し、鎮守、守備等の官と協同して兵備を整飭した[193]。固原衛は弘治十五年、州に昇格して平涼府に所属した[194]。嘉靖三十一年四月には静寧州（平涼府）、隆徳、鎮原二県（共に平涼府）が固原兵備道の管轄下に入った。[195] 万暦年間になると、参政、布政使が就任して、守巡兵備道となった。万暦会典巻一二八、督撫兵備の条には、固原静寧隆徳鎮原等處兵備一員とあり、屯田、駅遞をも兼管した。

(9) 洮岷兵備道

弘治五年十月、副使柳応辰が岷州等處兵備を整飭し、[196] 嘉靖六年正月、副使祝続が岷州兵備を整飭しているので、[197] 弘治から嘉靖年間に岷州兵備道が置かれていた。洮岷兵備と称されたのは、嘉靖十五年三月、副使馬紀が番族を斬獲した時であり、以後は洮岷兵備道と言われた。[198] 岷州衛に駐留し、洮、岷二州并びに西固、階州、文県の三千戸所を分管した。并びに漳、成二県（鞏冒府）を兼管して分巡し、屯種、駅遞をも兼管した。万暦以後になると、布政司官も担当し、守巡兵備道となった。

(10) 延安兵備道

これは、延安府の鄜州に駐留した兵備道で、延安、慶陽二府所属の城堡を督修し、屯田をも兼管した兵巡道である。万暦十七年十二月、僉事杜華先が、同二十年七月、僉事粛察が延安兵備を整飭しているから、[199] 嘉靖から万暦年間に設置されたと推察される。

(11) 臨鞏兵備道

これは、鞏昌府の附郭の隴西県に駐留した兵備道で、臨洮府所属の五州県、甘・蘭二州、臨河西衛の倉場、駅遞、屯種をも兼管した。万暦元年八月、副使楊起元が、同二十一年九月、按察使劉易従が臨鞏兵備を担当しているから[200]、嘉靖以後に設置されたと推察される。

(12)　鞏昌兵備道

これは、鞏昌府の泰州に駐留した兵備道で、鞏昌府等處の撫安兵備を整飭した。分道の隴右道を分巡し、茶馬を巡禁し、屯糧も帯管した。更に鞏昌府の衛所并に秦、徽二州及び清水、礼県等十県を分督した。尚、この兵備道は臨鞏兵備道と同様に、嘉靖以後に設置されたと推察される[201]。

(13)　靖虜兵備道

万暦元年十月、陜西苑馬寺卿兼僉事馬文健を靖虜衛に移駐させ、靖虜兵備道を整飭させた[202]。同二十六年五月、張子忠を靖虜兵備副使に陞せ、同三十年閏二月には副使黎芳を留任させているから[203]、陜西苑馬寺少卿が常に憲職を兼ねた訳ではない。この兵備道は靖虜衛に駐留して、馬政を修擧し、兵糧を兼管し、鞏昌府の安定、会寧二県并に永安等九堡、衛所の屯寨を分管し、靖虜屯田を兼管した。

甘粛に置かれた兵備道は、次の三道である。

(14)　粛州兵備道

これは、成化・弘治年間、粛州衛に設置された兵備道である[204]。嘉靖四年五月、副使趙載に「番夷を撫治し、永昌等の九衛所を兼管せしめ」ており[205]、隆慶六年十一月、右参議兼僉事徐節に「甘粛の管糧と兵備を兼理せしめ」ており[206]、撫治道、兵備道である。粛州兵備道は専ら粛州地方に在って番夷を撫治し、兵備并に粛州、鎮番二衛の銭糧を整飭し、屯田をも兼ねた。万暦会典巻一二八、督撫兵備の条には、「甘粛兵備一員」とある。

(15)　西寧兵備道

これは、弘治元年七月、甘州の西寧衛に置かれた撫治道である[207]。しかし、粛州兵備道と同じく、後に兵備を兼管して西寧番夷を撫治し、西寧衛所属の倉場を兼管した。万暦以後、他の兵備道と同様に布政司官も担当した守巡兵備道である。

(16)　荘浪兵備道

これは、成化、弘治間、甘州の荘浪衛に置かれた兵備道である[208]。隆慶五年十一月に、「甘粛行太僕寺分理馬政兼整飭関防」が鋳給されて、甘粛行太僕寺が兵備を担当することとなり、太僕寺少卿が僉事を兼ねて荘浪に駐留した[209]。万暦八年六月に裁革されたが、同十六年十一月に復設され[210]、以後は按察使、副使が担当した。

陝西腹裏に置かれた兵備道は次の六道である。

(17)　漢中撫治道

これは、成化六年四月、監察御史梁観を陝西按察司副使に陞せ、漢中府に駐留した撫治道であり、流民を撫治した[211]。

弘治十一年二月、正徳元年十一月、それぞれ副使の楊縉、劉淮が担当した分巡撫治道である。[212] 嘉靖二十年十二月には分守漢南道を添設し、[213] 漢中分巡副使と共に撫治に当った。⒂の粛州兵備道の如く、撫治を兼ねた兵備道もあるが、撫治道は厳密な意味では兵備道とは言えない。しかし、広義の意として漢中撫治道を兵備道に入れておきたい。

⒅　商洛兵備道

これは、弘治九年八月、左参議楚麟に西安府の商洛等處を専撫させた撫治道であり、布政司官が担当したから、分守撫治道である。[214] 嘉靖二十年十二月、西安府商州に駐留して、商州、洛南、商南、山陽、鎮安の五州県を分守した。[215] 万暦会典巻一二八、督撫兵備の条によると、「商洛兵備一員、商州に駐箚す。商州、洛南、商南、山陽、鎮原（安）等處の兵備を兼管し、屯田、駅遞を兼ぬ」とあり、万暦年間に入ると、撫治道のみでなく兵備道ともなったのであろう。

⒆　西安兵備道（分守関内道兼管兵備）

これは、嘉靖二十年十二月以後、商洛兵備道（分守道）の管轄した商州等五州県以外の、長安等三一州県を分守した関内道が兵備を兼管した兵備道である。[216] 万暦会典巻一二八、督撫兵備の条によれば、西安等處の衛所の兵備を整飭した分守関内道で、糧斛、駅伝、塩法、水利を兼管した。万暦年間に入ると、西安府の州県、衛所等は、西安兵備道と商洛兵備道の二道によって分巡、分守、兵備を管理したことになる。しかも、万暦七年三月には副使の王體後が担当したから、守巡兵備道となった。[217] 万暦年間に入ると、按察司官が分守を、布政司官が分巡に携わるようになったが、西安兵備道もその例である。

⒇　邠涇兵備道

これは、嘉靖十八年七月、陝西巡撫戴璟が、「西安府の邠州は、地昿く人稀にして盗賊旁午す」と上奏したことにより、[218]分巡関内道を邠州に駐留させた兵備道である。分巡道が軍事的に重要な地域に位置して、兵備を兼管したのであり、これは分巡関内道兼管兵備であった。この時、東の白水等六県（西安府同州）は遙摂しがたいので、潼関兵備道に所属させたので、西安府等の二七州県を専管して兵備を整飭した。また、漢中府の寧羌等の州県及び平涼、慶陽二衛の牧地、軍民、糧草を管轄した。

(21)　潼関兵備道

これは、正徳七年正月、陝西巡撫藍章が潼関の賊を鎮圧するために要請し、西安府華陰県の潼関衛に設置された兵備道である。[219]一時裁革されたが、嘉靖十六年五月に復設され、同十八年七月、西安府同州の白水等六県の兵備を兼管した。[220]更に班軍を管轄し、河南の閿郷、霊宝二県、山西平陽府の蒲州并に守禦千戸所を分管した。

(22)　漢羌兵備道

万暦会典巻一二八、督撫兵備の条に漢羌兵備一員とあり、漢中府の寧羌州に駐留し、撫民及び分巡関南事務を兼管した。また漢中府所属の南鄭等州県并びに漢中衛、寧羌衛、沔県千戸所、駅遞、糧草を分管した兵備道であると記載する。(17)の漢中撫治道の条でみた如く、成化六年に漢中府に撫治道が置かれ、弘治十一年に漢中府の分巡を兼ねたが、当時は分巡撫治道であったと推察される。しかも、実録に万暦二十年十二月、副使周有光が漢羌兵備を整飭したとあるから、[221]万暦年間に入り、漢中撫治道は兵備を兼管して兵備道となったのであろう。

(七)　四川布政使司

洪武二十九年の分道は、川東道（重慶、夔州、保寧、順慶、潼川五府州及び貴州都司所属の衛分）、川西道（成都、叙川、馬湖三府、嘉定、瀘、眉、雅、龍五州及び建昌等衛、松潘軍民司）、黔南道（雲南、大理等府州県并に各衛分）の三道であった。雲南按察司の設置は洪武三十年のことであるから、黔南道は一年しか置かれなかった。嘉靖以後は、次の六道となった。

川西道－成都、保寧、龍安三府
川北道－順慶府
上川東道－重慶、遵義二府
下川東道－夔州府
上川南道－眉州、嘉定州、邛州、黎州安撫司、天金六番招討司、四川行都司
下川南道－叙州、馬湖二府、東川、烏蒙二軍民府、瀘州、鎮雄軍民府、永寧宣撫司

(1)　安綿兵備道

これは、成化十三年正月、成都府の綿州に置かれた兵備道で、安綿石泉江油龍州等の處の兵備を整飭した[222]。安綿兵備道は大壩城に置かれていた兵備副使を裁革して、この時に設置されたから、大壩兵備道が置かれていたとも推察される。しかし、成化十五年五月になると、巡撫都御史孫仁等の要請により、再び副使范純に大壩兵備道を整飭させた[223]。ここで、安綿兵備道と大壩兵備道の二道が併立することになった。安綿兵備道は一時裁革されたが、正徳五年九月に復設された[224]。万暦年間に入ると、関堡を提督し、土兵、民壮を操練し、更に利州衛（保寧府）并に保寧府の官軍、民

快を兼督した。

(2) 叙瀘兵備道

これは、成化四年五月に置かれた兵備道で、副使顔正が整飭した[225]。実録では瀘叙兵備であり、瀘州（直隷州）に駐留した可能性が高い。瀘州等并に戎（興文県）、珙（叙州府）等の県の官軍、民快を管轄し、城池、河道、屯種等を管理した。隆慶三年十一月、叙瀘兵備道は下川南兵備道に改められて分巡を兼管したから[226]、厳密に言えば、叙瀘兵備道兼管分巡であり、下川南道兼管兵備と言えない。万暦年間に入ると、建武鎮城（守禦千戸所、叙州府興文県）に置かれ、民兵を招集し、墩堡を整備し、叙・馬二府、瀘州所属及び叙瀘二衛新所并びに永寧、東川、鎮雄、烏蒙等五土司地方の兵備を担当した。馬瀘、叙馬瀘兵備道ともいう。

(3) 威茂兵備道

これは、弘治十六年四月、成都府の茂州に置かれた兵備道で、副使莫立之が担当し、本道の糧儲を兼理させた[227]。この時、威茂原管糧布政司参議を裁革別用するとあるから、本道とは威茂道のことであろう。成化以後、兵備道は所轄範囲の兵備を整飭し、且つ分巡をした時には、このように威茂道と呼ばれた。茂州に駐留して威州、茂州の兵備を整飭し、羌族を撫治した。一時裁革されたが、正徳五年九月に復設され明末まで置かれた[228]。

(4) 重慶（夔）兵備道

これは、嘉靖九年十二月、県民李紹祖が左道もて人を惑わし、衆を聚めて乱を起こした時に[229]設置された兵備道で、重夔兵備僉事劉隅が捕縛したから、正徳、嘉靖間に置かれたと推察される。嘉靖四十五年以後、重慶に駐留して上川東道を分巡し、重慶府衡州県并に貴州酉陽等處土司を管轄した。尚、嘉靖四十五年に重夔兵備から重慶兵備に変更された。

(5)　夔州兵備道

これは、嘉靖四十五年九月、分道の川東道が上川東道（重慶、遵義二府）と下川東道（夔州府）に分けられ、夔州府の達州に駐留した兵備道である。[230] 下川東道の兵備を整飭し、分巡を兼ねた兵巡道であり、兵備道が分巡を兼管した。万暦会典巻一二八、督撫兵備の条によれば、夔州府の衛、州県并に石砫土司を専轄し、撫民捕盗に当り、湖広の施州をも兼制した。

(6)
(7)　守巡上川南道兼管兵備

これは、隆慶三年十一月、分巡上川南道が直隷州の雅州に移駐し、分守上川南道は直隷州の嘉定州に移駐して、上川南道の兵備を整飭した[231]兵備道である。嘉、眉、邛、雅の四州并に雅、大二所（雅州、大渡河守禦千戸所）、天金招討、黎州、安撫二土司を管轄した。後に分巡上川南道は邛州に移駐した。

(8)　建昌兵備道

これは、成化五年十二月、建昌衛に設置された兵備道で僉事侯英が担当した。[232] 隆慶三年十一月に兵糧道となり、分巡も兼管して兵巡道となった。[233] 万暦年間に入ると、塩井、会川、寧番、越嶲四軍民指揮司下の礼州、徳昌、鎮山、晃山、迷易、打沖河等の衛所并びに昌州、馬剌、邛部、威竜、普済等土司地方の兵備を管轄した。

(9) 松潘兵備道

これは、成化十五年十二月、松潘衛に置かれた兵備道で、副使戴省が就任した[234]。西陲の重地に当った松潘衛は、正統、天順年間に都御史等の派遣をみており、その後も鎮守、太監等が派遣された結果、兵備道の担当者の僉事では権限が軽いために制肘されると批判され、戴省は僉事から副使に陞った。正徳元年二月に左参政張翼が、同八年正月には副使盧翊が担当した[235]から守巡兵備道であった。松潘等処兵備を整飭し、羌族を撫治し、紅花、潭𡱁等八屯を兼管した。

(10) 涪州兵備道

これは、嘉靖四十五年九月、重慶府の涪州に置かれた兵備道で[236]、分守涪州参議が就任した分守兵備道である。重慶府属の忠州、長寿、墊江、南川、酆都、彭水、武隆、黔江九県を兼理した。尚、分巡上川東道僉事も涪州に駐留し、兵備を兼管して、重慶府の衛州県并びに酉陽等土司を専轄した。

(11) 分巡川西道兼管兵備

これは、分巡道が兵備を兼管した兵備道で、万暦二十八年二月には真定府知府秦璘晋が分巡川西道按察副使に陞り[237]、成都府の倚県の華陽県に駐留した。成都、倚寧、龍安の三府で構成された川西道には、この他に安綿、威茂兵備道が置かれたから、都合三道の兵備道が設置された。尚、(10)の涪州兵備道の条でみた如く、分巡上川東道も兵備を兼管したが、他の地域でも分巡、分守道が兵備を兼管した場合があったと推察される。

⑿　遵義兵備道

これは、万暦二十九年四月、上川東道内の潘州の地に遵義軍民府が設置され、白田壩城府（遵義県）に置かれた兵備道であり、按察僉事が就任した[238]。新設の郡県（一州四県）并に重慶衛、忠州、黔江二所、平邑等の土司を分巡し、兵備を整飭した兵巡道でもある。翌三十年三月、副使傅光宅が就任した[239]。しかし、同三十三年正月、四川遵義兵備左布政使崔応麒を裁革した理由として、原任兵備参議徐中佳と遵義府通判鄧弘烈の職を奪ったことを挙げている点を考慮すると[240]、その当時の遵義軍民府には兵備左布政使、兵備参議等が置かれていたことが分り、特殊な例であったと推察される。

㈧　江西布政使司

洪武二十九年の分道は、嶺北道（南安、贛州、吉安、臨江、袁州五府）、両江道（南昌、南康、九江、瑞州四府）、湖東道（建昌、饒州、広信、撫州四府）の三道であった。成化以後は次の五道となった。

南昌道－南昌、瑞州府
湖東道－広信、建昌、撫州府
湖西道－吉安、臨江、袁州府
九江道－饒州、南康、九江府
嶺北道－贛州、南安府

(1)　南昌兵備道（分巡南昌道兼管兵備）

これは、弘治十六年二月、分巡南昌道に兵備を兼管させた兵備道である[241]。巡撫江西都御史韓邦問は、瑞州府は南が湖広の長沙、瀏陽等県に接し、北が南昌府の奉新、靖安等県に接しており、人性頑梗にして俗に劫掠を尚ぶの地であるとの理由で、分巡南昌道に勅を賜わって兵備を兼管するよう上奏した。その後、巡視都御史林俊も上奏したこともあり、分巡南昌道に兵備を兼管させることになった。万暦年間に入ると、南昌府の寧州に常駐したが、後に南昌府の倚県の新建に移駐した。営郷等の兵を訓練し、且つ湖広の興国、通城、崇陽、瀏陽、成寧、平江等の六州県を兼制した。扼険捕盗し、如し盗賊が湖広の寧武、湖新等に逃亡した時には、守巡武昌道に移文して会剿することが聴された。

(2)　九江兵備道

これは、弘治十二年八月、兵部尚書馬文升の要請により、九江安慶建陽等府兵備道が設置され、副使欧鉦が就任したことに端を発した兵備道である[242]。同年十月に、監察御史陳銓等が、馬文升と欧鉦との間には「朋比の罪がある」と劾奏したために、この兵備道は廃止された[243]。同十五年八月になると、馬文升は九江府に副使一員の増設をまた上奏したが許可されなかった[244]。漸く正徳六年五月に九江兵備道が設置され[245]、更に翌七年九月には饒州万年等處兵備道が饒州府城に設置され、副使李情が就任した[246]。その結果、九江道に二つの兵備道が並存したが、万暦八年六月になると、饒州万年等處兵備道は裁革された[247]。万暦年間に入り、九江兵備道が饒州、南康、九江三府を分巡して兵備を兼ねて兵巡道となって、南康府の湖防を督理し、仍お、上江船廠を提調し、更に南直隷の安慶府を管轄した。

(3)　撫建広兵備道

この兵備道の前身は、正徳七年九月、撫州府の東郷県に設置された撫州東郷等處兵備道であり[248]、副使胡世寧が就任した。同十一年二月、「盗が平らぐ」との監察御史呉華春の上奏によって裁革された[249]。その後、設置年代は不明だが、撫州、広信、建昌三府の兵備を整飭し、且つ分巡する撫建広兵備道が設置された。夏と秋は建昌府に駐留し、冬と春は撫州府に駐留して、撫州等三府各属県の額設精兵并に鉛山及び撫建二府の各守禦所の官軍を整飭した。

(4)　袁州兵備道（分巡湖西道兼管兵備）

これは、隆慶元年十二月、江西撫按任志憑の要請により設置された兵備道で、湖西分巡官が吉安府に常駐した分巡湖西道兼管兵備であった[250]。しかし、万暦三十年閏二月には右参議何継高が僉事を兼任した[251]。湖広の茶、攸、郴州、桂陽、瀏陽等の處を兼管し、更に吉安府の万安県の控制を妨げずに、往来巡歴した。

(5)　贛州兵備道（会昌兵備道）

これは、成化二十三年、贛州府の会昌県に置かれた兵備道で、僉事李轍が就任した。明実録弘治九年九月庚午の条に、巡撫江西都御史金澤の上奏により副使張璁が就任したが、この時には「整飭会昌兵備兼管嶺北道」とあり、当初は会昌兵備と称した。明実録正徳十一年五月戊戌の条に、「江西按察司副使楊璋を以て、贛州兵備を整飭せしむ」とあるから、正徳年間以降になると贛州兵備と称したと推察される。贛州地方の兵備を整飭し、分巡嶺北道を兼管した。

㈨　湖広布政使司

洪武二十九年の分道は、武昌道（黄州、徳安、武昌、漢陽四府）、荊南道（荊州、岳州、襄陽三府、沔陽、安陸二

州）、湖南道（長沙、衡州、宝慶、永州四府、桂陽、郴二州）、湖北道（常徳、辰州二府、靖、沅二州）の四道であったが、弘治以後は次の七道となった。

武昌道－武昌、漢陽、黄州三府
荊西道－徳安、承天二府、安陸州
上荊南道－荊州、岳州二府、夷陵、澧二州
下荊南道－鄖陽、襄陽二府
湖北道－常徳、辰州二府
上湖南道－衡州、永州二府、郴州
下湖南道－長沙、宝慶二府、施州

(1)　岳州兵備道（上江防道）

嘉靖十五年正月、湖広巡撫翟瓚の要請により、長江流域に江防、湖禁を目的とした上、下の江防道を設置した[252]。江防道の管轄地域は承天、岳州、常徳、長沙、黄州、徳安の六府における長江流域に亘っていて、従来の分道による管理方法では対応できなかった。そこで設置されたのが江防道で、上下二道に分けて兵備に当らせた。上江防道は岳州府に置かれたので岳州兵備道と言った。沔陽州（承天府）と岳州、常徳、長沙三府の長江流域の江防湖禁巡司[253]を提督し、更に雲南の寧州并びに寧州守備を兼制した。

(2)　蘄州兵備道（下江防道）

嘉靖十五年正月、上荊南道分巡僉事を兵備僉事に改めて蘄州に駐留させ、漢陽府より下流の黄州府の蘄州、徳安府等処の江防湖禁巡司を提督した[254]。尚、明史巻七五、職官志五、提刑按察司の条で、上下江防道を分守道として記載する。しかし、初めは僉事等の分巡官が担当し、後に布政司官も担当したのであって、守巡道であったと考えたい。

(3)　沔陽兵備道（荊西兵巡道）

これは、嘉靖二十七年十一月、巡撫林雲同の要請により、承天府の沔陽州に置かれた兵備道である[255]。この時、荊西道僉事を整飭荊西等兵備と改め、原轄の承天、徳安二府及び隣近の嘉魚（武昌府）等の県の分巡も兼管したから、荊西道分巡兼管兵備でもあった。

(4)　武昌兵備道（分巡武昌道兼管兵備）

この兵備道の前身となるのは、嘉靖四十五年四月、黄州府に設置された武漢黄州等處兵備道である[256]。撫按官の要請により、駅伝僉事を兵備僉事に改め、徳安府の随州、応山、孝感、雲夢県を兼制した。万暦年間に入ると、武昌道分巡官が省城に駐留して軍民を団練し、南は嘉魚県、北は白湖鎮（武昌県）二哨に至るまでを管轄した。更に漢陽府の黄陂県地方にまで及んだ。

(5)　岳州九永等處兵備道（分守上荊南道兼管兵備）

これは、嘉靖四十五年四月、撫按官の要請により、岳州府の澧州に設置された兵備道であり[257]、分守上荊南道参政に憲職を量加して担当させた分守兵備道である。この後も右参議等が憲職を兼任して岳州九永等處兵備を整飭し、軍衛有司を管理した。万暦会典巻一二八、督撫兵備の条では、分守上荊南道一員と記載するが、実録等では岳州九永等處兵備と記述されることが多い。

(6)　撫治荊州道

これは、嘉靖二年十一月、荊州府（上荊南道）と襄州府（下荊南道）の両府は河峡に接しており、土着、流民が雑処し、往々にして集合して盗を行うので、吏部が副使一員の添設を要請した結果、荊州府に設置された兵備道であって、(258)副使楊守礼が就任した。翌三年十二月、楊守礼は公安県（荊州府）の強賊、熊振昂等を捕えて誅殺した。(259)

(7)　荊瞿（夔）兵備道

これは、嘉靖四十五年九月、整飭荊瞿兵備副使を施州に専駐させて成立した兵備道である。(260)荊州等の處、四川の重慶、夔州等の處を管轄した。貴川湖州撫按官の節制下に置かれたが、隆慶三年五月には裁革され、僅か四年間の設置であった。

(8)　撫治荊州兼施帰兵備道（分巡上荊南道兼管兵備）

これは、隆慶三年五月、荊瞿兵備道を裁革した後に置かれた兵備道で、(261)分巡上荊南道が荊州府に駐留した。万暦会典巻一二八、督撫兵備の条には、「撫治荊州兼施帰兵備一員、旧に照して上荊南道を分巡し、荊州等府の流民を撫治し、荊州府に駐箚す」とあり、分巡上荊南道が兵備を兼管したのではなく、撫治荊州兼施帰兵備が上荊南道を分巡したとする。そして、荊州府所属の州県及び荊州衛右衛、瞿塘衛、枝江、恵州各千戸所、施州、永順等の土司を統轄し、夷陵、帰州、巴東一帯の州県を巡歴した。仍お、川貴巡撫、四川巡按の節制に聴《したが》った。

(9)　分守荊西道兼管兵備

これは、承天府に置かれた分守兵備道で、守備太監と協同して陵寝を守護し、承天、徳安二府を管轄した。荊州左衛を顕陵衛と改め、興都留守司を設置したのが嘉靖十八年の時であったから[262]、それ以後の設置であろう。

(10)　鄖襄兵備道

これは、嘉靖年間に設置されたと推察され、襄陽府に置かれた兵備道で、万暦七年三月には湖広常徳知府葉朝陽を副使に陞せて、鄖襄兵備を整飭し下荊南道の分巡も兼管させた[263]。兵備道が分巡道を兼管した兵巡道であり、練兵捕盗に当った。同三十一年三月、右参政李燾は僉事を兼任[264]して担当したから守巡兵備道となった。

(11)　郴桂兵備道

これは、弘治四年十一月、衡州府に置かれた兵備道であり、副使張鋭が就任して衡郴等處兵備を整飭した時が端緒である[265]。正徳十二年九月には副使陳壁が郴桂衡永兵備を整飭したとあり[266]、名称は一定しなかった。嘉靖十九年二月に副使李鳳翔が郴桂兵備を整飭したとあり[267]、これ以後、郴桂兵備道として名称は固定され、明末まで置かれた。万暦年間に入ると、春と夏は郴州（直隷州）、秋と冬には衡州府に駐留した。郴州の永興、宜章、興寧、桂陽、桂東の五県、桂陽州所属の各衛所地方及び広東の韶州府所属の県、守禦所、並びに衡州、永州府所属の県、守禦千戸所、広東の韶州府の乳源、楽昌、広州府の連山、三水県、広西の平楽府の富川、賀県、江西の南安府の大庾、上猶等県、衡州、永州二衛及び広州府の連州、陽山県の一帯地方を提督した。郴桂兵備道は湖広、広東、広西三省に跨る地域の兵備を整飭した点に特色がある。

⑿ 靖州兵備道

これは、成化、弘治間、副使馮俊が沅靖偏橋等處兵備を整飭した時が端緒である[268]。沅靖偏橋等處兵備道は、沅州（辰州府）、靖州（直隷州）、偏橋衛（貴州）の二省に跨っていた。担当した馮俊は貴州の偏橋衛にも屯戍していた数万の軍人への運糧に当って、石河を鑿ち、浮橋を造って達成したという功績が知られている。弘治十五年八月、副使張璡は靖州等處兵備を整飭したとあり[269]、以後、その名称は靖州兵備道として固定された。万暦年間に入ると、専ら靖州銅鼓、五開等の八衛并に天柱守禦千戸所に在って居中駐留し、兵備、操練や前項の衛所の軍馬を整飭し、銭糧をも兼管した。

⒀ 辰沅兵備道（分守湖北道兼管兵備）

これは、成化以降に設置された兵備道と推察され、万暦七年二月にも、辰州府と沅州（直隷州）の兵備を担当した。この時、右参議章甫端が按察副使に任じて辰沅兵備を整飭し[270]、学校も兼摂したから、分巡兵備道であった。同三十二年十月、辰沅兵備右参政黄元が下江防道に就任し、右参議張応鳳が辰沅兵備道に就任したから[271]、この頃は分守官が担当したことが分る。万暦会典巻一二八、督撫兵備の条に、「分守湖北道一員、辰州に駐箚す」とあるのは、当初、按察副使が担当したが、後に参政、参議の布政司官が担当した為に、辰沅兵備道を分守湖北道兼管兵備と記載したのであろう。尚、万暦会典の同条によると、苗民を撫治し、軍衛有司を提督した。

㈩　浙江布政使司

洪武二十九年の分道は、浙東道（紹興、寧波、温州、台州、處州、衢州七府）、浙西道（嘉興、湖州、杭州、厳州四府）の二道であったが、弘治以後は次の五道となった。

杭厳道－杭州、厳州二府
嘉湖道－嘉興、湖州二府
寧紹道－寧波、紹興、台州三府
金衢道－金華、衢州二府
温處道－温州、處州二府

成化年間以後、洪武二十九年の分道名が一つとして残らなかったのは、浙江布政司のみである。何故ならば、浙江の場合、早くから倭寇、流賊に対応する兵備の必要が生じ、守巡官による軍事体制が成立したからに他ならない。巡海道は既に正統八年七月に設置されたし、弘治年間以後になると、杭厳等の各兵備道が浙江全府を分巡する事態にまで発展した。各兵備道の設置年代について、巡海道、温處道（弘治十二年設置）を除いては不明であるが、温處道のそれと同じ頃であったと推察される。その結果、浙江では兵備道が全十一府を分巡するという他省では見られない事態になった。

(1)　杭厳兵備道

これは、杭州府の仁和県に設置された兵備道であり、杭州、厳州二府の兵備を整飭し、分巡を兼管した。杭厳兵備道は杭州前後二衛の軍兵と各府県の民壮を併せて団練して、水陸の盗賊を督捕した。このように杭厳兵備道は本来、兵備道が分巡を兼管した兵巡道であるにも拘らず、明実録万暦十四年六月癸未の条に、「兵備河南僉事趙燿を陞せて浙江副使となし、杭厳道を分巡して杭厳二府の兵備を兼管せしむ」とあり[272]、杭厳道が恰も分道の如く述べる。

(2) 金衢兵備道

これは、衢州府の西安県に設置された兵備道であり、金華、衢州二府の兵備を整飭し、分巡を兼管した。明実録嘉靖四十五年十月庚申の条に、「浙江金衢分巡道僉事一員を裁革し、其の事を以て新設の徽兢（饒）厳衢兵備副使に併す。なお、江西広信府の玉山県を兼轄し、以て砿賊を防がしむ」とあり[273]、嘉靖四十五年十月、当時の鉱賊鎮圧への措置を重視し、徽饒厳衢兵備に金衢兵備道の職務を遂行させた。また万暦六年五月には、江浙の鉱徒が鉱毒を流した時、金衢兵巡道に徽州府（南直）、饒州府（江西）、厳州府（浙江）の三府と玉山、永豊（共に江西広信府）、遂安（厳州府）、松陽、龍泉（浙江處州府）三（五）県の兵備を兼理させて、整飭鐃金衢等處兵巡道となったが[274]、寇が平ぐと、また金衢兵備道に戻った。

(3) 嘉湖兵備道

これは、嘉興府の秀水県に設置された兵備道であり、嘉興、湖州二府の兵備を整飭し、分巡を兼管した。

(4) 温處兵備道

これは、弘治十二年十一月、浙江鎮巡官の要請により設置された兵備道であり、按察司僉事林廷選を副使に陞せ、温州、處州二府の兵備を整飭し、分巡のことを兼管させた[275]。温州府の永嘉県に駐留し、温處二府の兵備を整飭するだけでなく、松陽、龍泉（共に處州府）、遂安（厳州府）の三県を管理した。

(5)　寧紹兵備道（台州兵備道）

これは、台州府の臨海県に設置された兵備道であり、寧波、紹興、台州三府の兵備を整飭し、分巡を兼管した[276]。處が嘉靖三十年代に入ると、倭寇の侵入が激しくなり、寧台温三府及び寧波府の象山、定海県等の正官の入覲を免じたりしたが[277]、更に浙東守巡官の信地（管轄範囲）を更定することになった。そこで、台金厳三府を一道とし、台州分巡が台州、金華、厳州三府の兵備を兼管した。次に寧紹二府を一道とし、寧紹台兵備副使が二府を管轄した。また、温處衢を一道とし、温處兵備副使が衢州一府の分巡と兵備を管轄することになった[278]。しかし、この信地の更定は倭寇対策から出た措置であり、(2)の金衢兵備道の条でみた如く、万暦六年五月になると、饒金衢兵備道が成立したから、信地の変更は一時的措置であった。万暦会典巻一二八、督撫兵備の条に、「台州兵備一員、台州に駐箚し、寧波、紹興、台州三府を分巡し、兼ねて操練を提督す」とあるように、倭寇の侵入が鎮静化すると、従来の信地に戻ったのであろう。

(6)　巡視海道

これは、寧波府の鄞県に設置された兵備道で、浙江では最初に置かれた兵備道である。国権正統八年十月庚戌の条に、「浙江布政司右参政を増員し、巡海道を督せしむ」とあり[279]、また明実録正統十二年四月丙辰の条に、「山東按察司副使鍾禄に海道を巡視し、辺務を整理し、姦弊を禁革し、軍民を撫鄘せしむ」とあるように[280]、浙江、広東では正統年間に海道兵備が設置された。浙江の巡視海道は布政司官の右参政が最初担当したが、後に按察司官も担当して、守巡兵備道となった。巡視海道は巡海して寧紹兵備を兼理し、沿海衛所を運営して水陸兵糧を管理した。尚、(5)の寧紹兵備道の条でみた如く、嘉靖三十年代に入ると寧紹台兵備副使が設置されて巡視海道と重複するが、巡視海道は寧波に駐留し、主に沿海衛所の運営に当った兵備道であり、寧紹台三府の分巡は兼管しなかった。

㈩　福建布政使司

洪武二十九年の分道は、建寧道（建寧、邵武、延平、汀州四府）、福寧道（福州、興化、漳州、泉州四府）の二道であったが、成化以後は次の四道となった。尚、漳南道は成化六年、武平道は弘治二年に設置された[281]。

福寧道－福州、泉州、興化三府、福寧州
建寧道－建寧府
武平道－延平、邵武二府
漳南道－汀州、漳州二府

(1)　福州兵備道

これは、嘉靖以後、省城に設置された兵備道である。明実録万暦八年五月庚辰の条に、「鋳給福建清軍・駅伝道兼管福州兵備道関防」とあって[282]、清軍、駅伝道の按察司官に福州兵備道の関防を鋳給し、実録万暦十四年五月癸丑の条には、「江西布政司右参議李盛春を陞せて、福建按察司副使清軍駅伝兼兵備福州と為す」とあり[283]、万暦八年五月に清軍・駅伝・兵備道担当の按察司官が存在し、同十四年五月に副使李盛春が担当した。万暦会典巻一二八、督撫兵備の条によれば、福州兵備は分巡福寧道を兼ね、且つ全省の水陸官軍を監督したとあるから、その権限は強大であったと推察される。

(2)　福寧兵備道

これは、嘉靖・万暦年間、福寧州に置かれた兵備道であり[284]、福寧州を分巡した兵巡道で、軍務を分理し、福寧州并に福州地方を管理した。

(3)　建南兵備道

これは、嘉靖末・万暦初年に設置された兵備道で、建寧府の甌寧県に駐留して建南（寧）道を分巡した。軍務を分理し、該府（建寧府）并びに邵武、延平地方を管理した。確かに建寧府を分巡して兵備を兼管したから、建寧兵巡道と称すべきである。しかし、明実録万暦七年四月辛巳の条に、「工部都水司署郎中事員外郎張嶅を陞せて福建僉事と為し、建南を分巡して兵備を兼ねしむ」とあり[285]、同十四年十一月丙申の条にも、「刑部四川司署郎中事員外郎薛通生を陞せて福建僉事と為し、建南道を分巡して兵備を兼ねしむ」とあって[286]、建寧道を明らかに建南道と記載する。そうなると、万暦年間に入り、建寧府と邵武、延平地方を管理したことにより、建寧兵巡道を建南道と称することになったとも推察される。

(4)　巡視海道

これは、正統八年七月、福建右参政周礼に海道を巡視させ、「倭寇に遇有せば、法を設けて擒剿せよ」と命ぜられた兵備道である[287]。成化十八年正月、副使劉喬に巡視海道を担当させ[288]、その後は按察司官が就任した。漳州府に駐留して沿海の衛所官軍を督理した。兵糧、海防を専管して団練を兼理し、軍務を分担したのであり、純粋に海防に当った兵備道であって、分巡は行わなかった。

(5)　興泉兵備道

これは、嘉靖三十八年、泉州府の晋江県に設置された兵備道であり、[289]興泉道（泉州府）を分巡し、軍務を分担した兵巡道である。

(6)　上杭兵備道（分巡漳南道兼管兵備、汀漳兵備道）

これは、成化二十三年三月、汀州府の上杭県に設置された兵備道であり、按察僉事伍希閔が就任して汀漳二府の兵備に当った。[290]弘治九年九月、僉事伍希閔は再度、整飭上杭兵備に任じ、今度は更に漳南道の分巡を兼管して、兵巡道となった。[291]ところが嘉靖三十四年十月になると、都御史汪南寧の要請により、漳南兵備道が広東の大埔、程郷の二県を兼轄し、広東兵備道は福建の上杭及び江西の龍南、安遠（共に贛州府）の三県を兼轄することになったから、[292]上杭県は漳南兵備道の管轄から除かれた。しかし、万暦会典巻一二八、督撫兵備の条に、「分巡漳南道一員、上杭県に駐劄し、汀漳二處地方を分巡し、軍快人等を操練す。軍務を分理し、広東の大埔、程郷二県を兼管す」とあるから、上杭県にまた分巡漳南道兼管兵備が駐劄した。尚、この兵備道は汀漳兵備道ともいう。

㈩　広東布政使司

洪武二十九年の分道は、嶺南道（肇慶、南雄、韶州、広州、潮州、恵州六府）、海南道（瓊州府及び海南等衛）、海

北道（高州、廉州、雷州三府）の三道であった。成化以後は次の五道となった。

嶺南道―広州、韶州、南雄三府
嶺東道―恵州、潮州二府
嶺西道―肇慶、高州二府
海北道―廉州、雷州二府
海南道―瓊州府

(1)　巡視海道兼整飭広州兵備

巡視海道は万暦三年以前と以後の二つの時期に分けてみたい。

(イ)　旧設（万暦三年以前）の巡視海道は、正統十二年に広州府の省城に設置された兵備道で、市舶を兼理した[293]。成化十八年正月、副使趙広が担当しているから[294]、継続して置かれたと推察される。嘉靖十年閏六月に一時裁革されたが[295]、倭寇の侵入が激化すると復設され、海道は市舶の業務を府県官に委ねて、恵州、潮州を専ら防禦した[296]。嘉靖四十三年六月、提督両広都御史呉桂芬の要請により、海道副使に東莞城以西より瓊州府に抵る地域の兵備に当らせ、更に海防僉事を添設し、東莞以東の海豊、恵潮等処を巡歴し、専ら倭寇の防禦に当らせたが[297]、この添設の僉事は潮州兵備分巡僉事と呼ばれた。嘉靖四十五年四月、倭寇の侵入が治まると潮州兵備分巡僉事は裁革され[298]、東莞以東の海豊、恵州の防禦は、また海道の任務となった。

(ロ)　新設（万暦三年以後）の巡視海道は、広州府の東莞南頭城に駐留し、海道一帯地方を巡視して、船隻を整搠し、水戦を操演し、南頭、白鴿二寨を監督した[299]。

(2)　南韶兵備道

これは、嘉靖以後、韶州府の曲江県に駐留した兵備道である。南、韶二府の各県衛所并に広州府属州県を管轄し、分巡を兼ねた兵巡道であり、練兵事務を分管した。南韶兵備道の前身として考えられる兵備道に、弘治三年五月、按察僉事一員を置いて、広・潮・南・韶四府を守備したものが挙げられる。明実録弘治三年五月壬子朔の条に、総督両広都御史秦紘の上奏として、「広・潮・南・韶の四府は盗多し。社学を設け、以て其の子弟を訓誨し、保甲を編み、以て其の強梁を約束せん」とあり[300]、按察司僉事一員を設け、其の地を守備することを求めたのに対し、之に従うとあるから、弘治三年に「広潮南韶兵備道」が置かれた。

(3)　恵潮兵備道（嶺東兵備道）

これは、隆慶元年十一月、潮州府の海陽県に設置された兵備道[301]で、恵、潮二府の分巡事務を兼管した兵巡道でもある。恵州府所属の海豊等十県、潮州府所属の饒平等十県を巡歴し、捕盗の水陸官兵を提督し、山海地方を往来して営寨を操練した。(1)の巡視海道兼整飭広州兵備の条でみた如く、嘉靖四十三年六月、提督両広都御史呉桂芬の要請により、潮州兵備分巡僉事を設けたが[302]、二年後の同四十五年四月に裁革され[303]、東莞以東の防禦は巡視海道の任務に戻った。ところが、隆慶六年二月、右参政兼僉事僕必登が潮州等處兵備を整飭しており[304]、既に嘉靖四十三年正月、僉事徐甫宰が潮州分巡道兼管兵備事に就任していたから[305]、嘉靖、隆慶年間、潮州兵備道の存在を確認できる。この潮州兵備道は勿論、嘉靖四十三年に設置され、同四十五年に裁革された潮州兵備分巡僉事とは別であった。しかし、万暦年間に入ると、潮州兵備道に関する記事を実録に見出せないので、恵潮兵備道が潮州兵備の職務を兼管したと推察される。処で、恵、潮二府は分道の嶺東道に所属するので、恵潮兵備道を嶺東兵備とも称す。何故ならば、明実録万暦六年四月癸卯の条に、「江西九江府知府李得陽を陞せて広東副使となし、嶺東兵備を整飭し、兼ねて恵潮を分巡せしむ」とあり[306]、万暦七年正月丁卯の条には、「広東恵潮兵巡道副使李得陽」とある点から[307]、恵潮兵巡道と嶺東兵備道が同一であることが分る。

(4)　高肇兵備道

洪武二十九年の分道である嶺南道は、肇慶、南雄、韶州、広州、潮州、恵州府の六府で構成された。また海北道は高州、廉州、雷州の三府で構成された。この嶺南道、海北道の中で、肇慶、高州、廉州、雷州の四府は密接し、とり分け肇慶、高州の二府は広西の雲爐、大桂諸山と接していたために、特に傜族の侵入を受けた。成化年間に入り、流賊が横行すると二つの分道に跨った流賊の侵入への対策を図らざるを得なかった。その結果、肇慶府と高州府で以て「嶺西道」、廉州府と雷州府の二府で以て「海北道」として、新たな分道を増加したが、この措置は流賊等の侵入への対策からの現実的処理であった。分道の増加と兵備道とは関連があるので、嘉靖以前と以後の二期に分けて高肇兵備道をみてみたい。

(イ)　高廉雷肇四府兵備道（高雷兵備道）

これは、成化五年十一月、広東巡撫陳濂の要請により設置された兵備道であり、高廉雷肇四府に於ける流賊対策のために、副使孔鏞を派遣し、民夷の撫治、城池の修理に従事させ、警有らばその鎮圧に当らせた[308]。同十三年閏二月、副使陶魯に高雷兵備を提督して蛮族を防禦させ[309]、ここに高雷兵備道が設置されたが、実質は高廉雷肇四府の防禦にあって、高廉雷肇四府兵備道を継承した。それ故に、成化五年十一月の時の高廉雷肇兵備は厳密な意味に於いて整飭兵備道でなく、副使孔鏞は兵備僉事として派遣されたとも考えられるが、高廉雷肇四府を「高雷」と省略したとも考えられるので、この兵備道の設置は成化五年十一月であったとしたい。成化二十年正月、高雷兵備道は裁革されたが[310]、また流賊の勢力が拡大し、弘治三年九月に復設された[311]。しかし、弘治六年閏五月になるとまた裁革され[312]、同九年十月には復設され[313]、按察副使に四府兵備を整飭させた。尚、弘治十年十月、礼科給事中呉仕偉の要請により、高州兵備副使の派遣をみたが[314]、この副使は四府兵備副使ではなく、一時的設置であったと考えられる。

(ロ)　高肇兵備道

これは、嘉靖以後、肇慶府の高要県に設置された兵備道で、高、肇二府の兵備を整飭した。各城堡を修理し、官兵、民快、郷夫、打手を操練して撫民捕盗に当った。万暦会典巻一二八、督撫兵備の条によれば、高肇兵備道は嶺西道（肇慶、高州二府）を分巡したとあるから、万暦に入ると兵巡道になった。

(5)　雷廉兵備道

これは、嘉靖以後、廉州府の欽州に設置された兵備道で、雷、廉二府の地方兵備を整飭し、分巡海北道をも兼管し、海康、烏兎二寨を監督した。(4)の高肇兵備道の条で考察した如く、成化・弘治間、雷州、廉州二府は高肇兵備道の管轄下にあったし、雷廉兵備道が分巡海北道（雷、廉二府）を兼理したのは、万暦十四年四月のことであり、以後は雷廉兵巡道とも称された[315]。

(6)　羅定兵備道

これは、万暦年間、羅定州に置かれた兵備道である。明実録万暦二十年三月乙酉の条に、「刑部郎中陳良棟を陞せて広東羅定道練兵僉事となす」とあるから[316]、兵巡道であった。羅定州は洪武元年、肇慶府徳慶州に属したが、万暦五年五月、羅定州に陸格して布政司に直隷した。[317] 万暦五年から十一年にかけて、羅定州と属県の東安、西寧に七ヵ所の守禦千戸所を設置したから、この州は流賊対策上の目的で新設されたことが分る。羅定地方に駐留して新設一州を専管し、并に南郷、当霖、封門、函口の四千戸所及び黄姜洞（東安県）、大峒（西寧県）の二営の練兵事務を分管した。

(7)　瓊州兵備道

これは、成化六年三月、瓊州府の瓊山県に設置された兵備道[318]で、副使徐棐が就任して兵備を提督し、瓊州府地方を分守した。同二十二年十二月、瓊州兵備副使の専任は許されず、分巡海南道と一年交代で兵備を整飭し、分巡も兼管し、且つ瓊州府で交代した後に省城に戻ることになった。[319] しかし、倭寇の弊害が減少すると、また分巡海南道によって按治が行われた。弘治元年三月になると、礼科給事中李孟暘は、瓊州は交趾、占城、暹羅等の諸夷と密接な関係にあることから兵備の設置を要請したので、[320] 翌月に整飭瓊州兵備道の復設をみた。[321] 瓊州兵備道は分巡を兼管したので兵巡道であり、万暦八年十一月に就任した唐司封以後になると、学校をも兼理した。[322]

㈩　広西布政使司

洪武二十九年の分道は、桂林蒼梧道（桂林、梧州、平楽三府）、左江道（南寧、潯州二府）、右江道（慶遠、柳州二府）の三道であった。弘治以後、平楽府に府江兵備道が設置されて、平楽一府の分巡も兼管したし、桂林道、蒼梧道も別置され、嘉靖以降は次の五道となった。

桂林道－桂林府

蒼梧道－梧州府

府江道―平楽府
左江道―南寧、潯州、太平三府
右江道―柳州、慶遠、思明、鎮安四府

(1) 分巡桂林道兼管兵備

これは、嘉靖年間、分巡桂林道が兵備を兼管した兵備道である。省城に駐留して桂林一府を分巡し、全州、永福、永寧兵備事務を兼轄して撫夷を兼管した。設置されたのは嘉靖二十八年六月であり、巡按御史馮彬が広西の夷寇頻発の故に、桂林に撫夷副使の増設を要請したところ、撫按官は増設するのが冗官であると判断して、分巡道が撫夷を兼轄することになった。[323]

(2) 蒼梧兵備道

これは、嘉靖以後、梧州府城に設置された兵備道で、隆慶元年十一月に僉事(夏道南)[324]、万暦七年二月に副使(侯国治)が就任したが[325]、同三十七年十一月には参政(王一楨)が担当したから[326]、守巡兵備道であった。後に欝林州に移駐し[327]、蒼梧、北流、興業、博白、岑溪、陸川県地方の兵備を整飭し、分巡を兼管した守巡兵巡道となった。

(3) 府江兵備道

これは、弘治間、平楽府城に設置された兵備道である。[328] 正徳十一年六月、巡按御史朱昂の上奏により一時裁革され、桂林道分巡官が兼理した。[329] 後に復設されて明末迄置かれた。府江等の処の兵備を整飭し、平楽府の分巡事務を兼管した兵巡道である。

(4)　左江兵備道

これは、嘉靖年間に設置されたと推定される兵備道である。南寧府に移駐し、潯州、太平、思明等の府、馮祥州(直隷州)、桂平(南寧府)、宣化(南寧府)、養利州(太平府)等の州県、奉議、馴象、向武、太平、武縁等の衛所、及び武縁県(思恩軍民府)の膺葛、二墟地方の兵備を兼ねた兵巡道である。

(5)　右江兵備道

これは、嘉靖年間に設置されたと推定される兵備道である。[330] 万暦二十九年四月、広西巡撫楊芳之の要請により、右江兵備道副使陳勗は右参政兼僉事に陞り、左江兵備道副使王約と共に征苗に従軍した。それぞれ、「監軍」、「督餉・紀功」に当った。[331] 右江道の分巡を兼管した兵備道である。

(6)　賓州兵備道

これは、嘉靖年間、柳州府の賓州に設置されたと推定される兵備道で、賓州等處の地方兵備を整飭し、分巡を兼管した兵巡道である。成化十一年五月、副使張斅、僉事羅明を鬱林州(梧州府)と賓州等處に分駐させ、専ら兵を督して賊を禦かせた。[332] 万暦以後、軍事上、重要な地域であった鬱林州には蒼梧兵備道が移駐して兵備に当った。

(7)　柳慶兵備道

これは、成化年間、柳慶府衛に置かれた兵備道である。明実録成化二十三年六月癸未の条に、「広西の柳慶府衛の軍民が、按察僉事李珊は一年間の分巡期間を終えたけれども、留年して柳慶地方を提督し、民夷を撫治することを求め、その旨を都御史宋旻等が上奏したところ、許可された」とある㉝。この時の僉事李珊は民夷を撫治していたことを考慮すると、整飭兵備僉事であったと推定される。しかも、明実録弘治七年二月丙子の条に、「復た広西按察司副使一員を設けて、柳慶兵備を整飭せしむ。其の地、省治を去ること懸遠にして、民夷雑居するの故を以てなり」とあり㉞、翌三月、副使汪溥が就任した㉟ことからも推定される。その後、柳慶兵備道の記載は見当らないが、(6)の賓州兵備道の管轄下に入ったと推察される。

(8)　永寧兵備道

これは、嘉靖以後、桂林府の永寧州に置かれた兵備道である。隆慶五年三月、駅伝道僉事を古田兵備副使に改めたから㊱、古田兵備道の存在を知る。そして、同月、古田県を永寧州に陞格し㊲、義寧、永福二県を所属させ、翌四月には、「整飭永寧兵備関防」が鋳給されて永寧兵備道となった㊳。万暦八年六月、一時裁革されたが㊴、泰昌元年九月には右参政黄景章が永寧兵備道を担当したから㊵、復設されたのであろう。尚、(1)の分巡桂林道兼管兵備の条に、「永寧兵備事務を兼轄した」とあるから、一時期、その管轄下に入ったと推察される。

㈣　雲南布政使司

洪武二十九年、当時の雲南の地は、四川の黔南道に所属し、按察事務は布政司が兼管した。同三十年正月、按察司が置かれ㊶、三月になると雲南按察司印と巡按黔南道御史印が四顆鋳給された㊷。永楽十八年、都察院に「雲南道」が組織されて、本格的に監察体制下に組み込まれた。分道は次の四道である。

安普道―雲南、曲靖、尋甸軍民三府

金滄道―大理、鶴慶、永昌、順寧、永寧、蒙化、麗江七府、北勝州

洱海道―楚雄、姚安、武定、鎮沅四府

臨沅道―臨安、澂江、広西、広南、景東、元江軍民府、新化州

(1)　臨安兵備道

これは、成化十四年二月、臨安府に設置された兵備道であり[343]、総兵官黔国公沐琮と巡撫王恕等が、其の地は南安州（楚雄府）に近いとの理由からであった。弘治十七年八月、巡撫陳金等の要請により、澂江等四府并に陸涼等の衛所を兼轄した[344]。正徳五年九月、呉廷挙が担当しており[345]、明末まで置かれた。

(2)　騰衝兵備道

これは、弘治四年五月、当時騰衝軍民指揮使司であった騰越州に置かれた兵備道である。騰衝地方は遠く西南の極辺にあって、芒市長官司、南甸、隴川、千崖、孟密宣撫司、木邦軍民宣慰司等の處に近く、要害の地と認識されたからであった。この時、副使賀元忠に与えた勅令の中に、「専ら騰衝に在りて駐留し、金歯地方を往来し、奸私を糾察し、兵備を整飭し、軍馬を操練し、城池を修理せよ。一応の軍民の詞訟は悉く聴理の務に与り、多方法を設けて糧儲を蓄積せよ。……凡べて事の応に挙げて参将と計議するべき者あらば、公同計議し、停當して行え。なお、鎮巡官の節制を聴き、偏執違拗して乖方誤事することを許さず。故に勅す」とあり[346]、撫按官の節制下にあって、兵備を整飭し、

軍民の詞訟を受理した兵巡道であったことが分る。一時裁革されたが、正徳五年九月、李金が騰衝兵備を整飭し[347]、明末迄置かれ、概ね按察副使が担当した。

(3)　瀾滄兵備道

これは、弘治十二年九月、福建右布政使李韶（元雲南右参政）の要請により、瀾滄衛に設置された兵備道で[348]、瀾滄、姚安等の處を整飭した。隆慶六年十一月、瀾滄兵備副使周汝器は撫按官の劾奏により降調され、浙江衢州府知府湯仲を副使となし、瀾滄兵備を整飭させた[349]。万暦三十七年五月には副使楊応霈を降補して瀾滄道参議に任じ、兵備を整飭し[350]、その後も布政司官が担当しており、守巡兵備道であった。

(4)　曲靖兵備道

これは、嘉靖二年十一月、雲南鎮巡官の要請により、曲靖軍民府の曲靖衛（霑益州）に置かれた兵備道であり[351]、曲靖府、尋甸府、木密関守禦千戸所、霑益州等處兵備を整飭し、四川の晋安、東川地方を兼管した。万暦二十一年八月、副使田琯、同二十五年七月、副使鄭時章が就任しており[352]、兵巡道である。

(5)　安普兵備道

これは、嘉靖四十五年四月、雲南等の府に置かれた安普道を兵備道とし、副使一員を増設した[353]。安普等の六衛の軍馬、銭糧を整飭し、分巡を兼管した兵巡道であった。この時、瀾滄兵備道所属の武定軍民府、易門守禦千戸所を隷属した。

(十五)　貴州布政使司

洪武二十九年、貴州都司所属の衛所は、四川の川東道の管轄下に置かれた。永楽十一年に布政司が、同十八年に按察司が置かれると同時に都察院に「貴州道」が組織されて、監察体制下に組み込まれた。永楽二十一年七月、貴寧、新鎮、安平、思仁の提刑按察分司が設けられ[354]、嘉靖以後、その所轄は次のようになった。

貴寧道－貴州宣慰司、貴州・貴州前・畢節・烏撒・赤水・永寧六衛

新鎮道－鎮遠、都匀、黎平三府、麻哈、独山二州、鎮遠、施秉、清平、末従四県、龍星、新添、平越、清平、興隆、都匀六衛

安平道－程番府、永寧、鎮寧、普安、安順四州、威清、平覇、普定、安荘、安南、普安六衛

思仁道－思州、思南、銅仁、石阡四府、婺川、印江二県

(1)　都清兵備道

これは、嘉靖十年七月、都匀府に駐留した兵備道で、以後、新鎮道を分巡した兵巡道である[355]。広西の南丹州、渓平、清浪、偏鎮、銅鼓、五開等の衛も管理した。尚、貴州の場合、各兵備道が分巡道も兼管することになったので、分道名を兵備道名で表記することもある。都清道（新鎮道）、威清道（安平道）、思石道（思仁道）、畢節道（貴寧道）であるが、両者が混同して表記される時もある[356]。

(2)　威清兵備道

これは、嘉靖十年七月、普定衛に駐留した兵備道であり、以後、安平道を分巡し、雲南の泗城、霑盖等の州を兼制

し、普安、壩陽守備を兼轄した[357]。威清兵備道は成化十五年八月、整飭兵備道として設置され、糧儲と屯種を兼理した[358]。明実録成化二十年五月丙辰の条に、「貴州、兵備二員を原設し、倶に迤西に在り……専ら副使一員をして往来提督せしめんと欲す」とあり[359]、成化二十年の時点で三員の兵備憲臣の存在を記載する。一員は迤東を往来し、他の二員は迤西を往来したのであろう。

(3)　畢節兵備道

これは、嘉靖七年三月、威清兵備副使を畢節地方に改駐して成立した兵備道である[360]。同十年七月、貴州撫按官の劉士元、郭弘化の提案により、僉事一員を畢節等處兵備に改め、畢節衛に駐留して、貴寧道を分巡した兵巡道である[361]。四川の烏撒、鎮雄、永寧等府司を兼制した。

(4)　思石兵備道

これは、嘉靖十年七月、思南府に設置された兵備道であり、思石兵備を整飭し、思仁道を分巡した兵巡道である[362]。湖広の鎮筸并に四川の平茶、潘州等處を兼轄した。嘉靖四十一年九月になると、思石兵備は四川の川東守巡道、重夔兵備道と共に、潘州土司（四川）を分属し、主に徴税を統轄した[363]。万暦十五年九月、分守思仁道が思南府に移駐すると、分巡思仁道は銅仁府に移駐し、撫苗を兼管した[364]。

直省十五区画に設置された兵備道の数は、一三六道であるが、短期間設置のものを含めると更に増加する。これらを各区画ごとに整理して表にすると、以下のようになる。(表)尚、設立期間、設置地域については、万暦会典巻一二八、督撫兵備、目営小輯、実録、方志の記事に拠った。また備考の欄は、同じく万暦会典の督撫兵備の記事等を参考にした。

七　兵備道の特色

この表から分るのは、平均すると各区画ごとに約九道置かれていることと、その数の多さである。明初、按察司官の巡歴の便宜を考慮して、「分道」を置き、洪武二十九年には四一道となった。更に永楽十八年に雲南道、永楽二十一年には貴州道に、それぞれ四道の按察分司の設置をみたから、分道の数は増加した。その上、明代中期以降になると、分道内を按治する分巡官が期限内にその職務を遂行することができず、分道の数を増加した。その結果、嘉靖の頃になると、分道の数は六四道を数え、(365)洪武二十九年の四一道と比べて、二三道増加した。一方、兵備道の数は一三六道もあり、分道六四道の倍以上もあることが分る。その上、正統四年以後、布政司官の参政、参議も分道に随って「分守」することとなり、(366)「分守道」(367)と呼ばれたから、明代の直省十五区画の内、直隷を除いた十三省では、按察司官の分巡官、布政司官の分守道、兵備道官の兵備道が分巡按治した。本来、直隷は都察院の所轄であり、監察都御史、監察御史が主に按治した。ただし、北直隷の宣府鎮にのみ、「口北道」が設置されて、分巡、分守官が按治したのが、唯一の例外であった。弘治以後になると、南北直隷にも兵備道が設置されたから、直省十五区画に兵備道が置かれた。既に見てきた如く、兵備道は単に軍事強化のために設置されたのでなく、殆んどの兵備道の場合、駐留した地域内

	兵　備　道　名	設立年間	駐　留　地	備　　考
南直隷	潁州兵備道	弘　治	寿州　潁州	屯田、河防、刑名
	徐州兵備道	正　徳	徐州	
	淮揚兵備道	嘉　靖	泰州	海防
	蘇松常鎮兵備道	正　徳	太倉州	海防、水利、糧儲
	徽寧池太安慶広徳兵備道	嘉　靖	貴池県（池州府）	糧儲、堤防
北直隷	天津兵備道	弘　治	天津三衛	河道、刑名、銭糧、屯田
	霸州兵備道	正　徳	霸州	銭糧、屯田、刑名
	密雲兵備道	弘　治	薊州　密雲　永平	銭糧、屯田
	昌平兵備道	嘉　靖	昌平州	銭糧、屯田
	薊州兵備道	嘉　靖	薊州	銭糧、屯田
	懐柔兵備道	嘉　靖	懐柔県	銭糧、屯田
	永平兵備道	嘉　靖	永平府	銭糧、屯田
	大名兵備道	正　徳	元城県　井陘県	駅伝
	易州兵備道	嘉　靖	易州	
	井陘兵備道	嘉　靖	井陘県	馬政、駅伝
	懐隆兵備道	嘉　靖	懐来衛　岔道口	
	赤城兵備道	嘉　靖	赤城堡	刑名　銭糧
	分巡口北道兼管兵備	弘　治	宣府鎮	糧儲、刑名
	分守口北道兼管兵備	嘉　靖	宣府鎮	糧儲、刑名
山東	武定兵備道	正　徳	武定州(冬春)　徳州(夏秋)	屯営
	済南兵備道	嘉　靖	済南府　徳州	銭糧、分巡道兼管
	済寧兵備道	隆　慶	済寧州	
	曹濮兵備道	弘　治	曹州	分巡道兼管
	沂州兵備道	正　徳	済寧州　沂州	馬政
	臨清兵備道	成　化	臨清州	馬政、河道、分巡道兼管
	青州兵備道	正　徳	益都県	分巡道兼管
	巡察海道	弘　治	莱州府　登州府	海防
	分巡遼海東寧道兼管兵備	成　化	広寧城　錦州　義州	屯田、馬政
	分守遼海東寧道兼管兵備	嘉　靖	定遼中衛	屯田、馬政
	寧前兵備道	嘉　靖	広寧前衛	屯田、馬政、整餉
	開原兵備道	嘉　靖	三万衛	管屯
	苑馬寺卿兼金復海蓋兵備道	嘉　靖	蓋州衛(夏秋)　海州衛(冬春)	屯田
	遼東行太僕寺少卿兼僉事兵備道	万　暦	寧武関城	屯田
山西	雁平兵備道	成　化	代州　偏頭関	屯田
	寧武兵備道	嘉　靖	寧武関城	
	岢嵐兵備道	嘉　靖	石隰　岢嵐州	屯田
	分巡冀南道兼管兵備(潞安兵備道)	嘉　靖	潞安府	
	分巡冀寧道兼管兵備	万　暦		銭糧
	分巡河東道兼管兵備	隆　慶	平陽府	
	分巡冀北道兼管兵備	嘉・万間	大同鎮城	屯田
	分守冀北道兼管兵備	嘉　靖	朔州　平虜城	屯政

	兵　備　道　名	設立年間	駐　留　地	備　　考
山西	陽和兵備道	嘉　靖	陽和城	屯政
	大同兵備道(左衛兵備道)	嘉　靖	大同左衛	
	睢陳兵備道	正　徳	睢州、陳州	
河南	大梁兵備道	万　暦	睢州	
	開封兵備道	成　化	省城	
	分巡汝南道兼管兵備	正　徳	信陽州	
	分巡河北道兼管兵備(磁州兵備道)	嘉　靖	磁州	馬政
	分守河北道兼管兵備		懐慶府	
陝西	靖辺兵備道(楡林西路兵備道)	嘉　靖	定辺衛	屯田、塩法
	神木兵備道(楡林東路兵備道)	嘉　靖	神木堡	
	楡林兵備道(楡林中路兵備道)	嘉　靖	楡林鎮	
	分守河西道兼管兵備	嘉　靖	安化県	屯田　駅遞
	寧夏河西管糧道兼管兵備	嘉　靖	寧夏鎮	屯田、水利、塩法
	寧夏河東兵糧道兼管兵備	万　暦	霊州	馬政、糧儲、屯田、水利
	環慶等處兵備道	成　化	環県	塩法
	固原兵備道	成　化	固原衛	屯田、駅遞
	洮岷兵備道	弘　治	岷州衛	屯糧、駅遞
	延安兵備道	嘉　靖	鄜州	屯田
	臨鞏兵備道	万　暦	隴西県	屯糧、駅遞、倉場
	鞏昌兵備道	嘉　靖	泰州	茶馬、屯種
	靖虜兵備道	万　暦	靖虜衛	兵糧、馬政
	粛州兵備道	成化弘治	粛州衛	屯田、銭糧
	西寧兵備道	弘　治	西寧衛	倉場
	荘浪兵備道	成化弘治	荘浪衛	
	漢中撫治道	成化弘治	漢中府	
	商洛兵備道(分守道)	弘　治	商州	屯田、駅遞
	西安兵備道(分守道)	嘉　靖	西安府	糧斛、駅伝、塩法、水利
	邠陘兵備道	嘉　靖	邠州	分巡道兼管
	潼関兵備道	正　徳	潼関衛	
	漢羌兵備道	万　暦	寧羌州	駅伝、糧草
四川	安綿兵備道	成　化	綿州	民快、官軍、関堡
	叙馬瀘兵備道(分巡下川南道兼管兵備)	成　化	瀘州	分巡道兼管
	威茂兵備道	弘　治	茂州	撫治羌族
	重慶兵備道(分巡上川東道兼管兵備)	嘉　靖	重慶府	分巡道兼管
	夔州兵備道(分巡下川東道兼管兵備)	嘉　靖	達州	捕盗、分巡道兼管
	分守上川南道兼管兵備	隆　慶	嘉定州、邛州	
	分巡上川南道兼管兵備	隆　慶	雅州	
	建昌兵備道	成　化	建昌衛	分巡
	松潘兵備道	成　化	松潘衛	屯政
	涪州兵備道(分守道)	嘉　靖	涪州	
	分巡川西道兼管兵備	万　暦	華陽県	

	兵備道名	設置年間	駐留地	備考
	遵義兵備道	万暦	遵義県	特設兵備道
江西	南昌兵備道	弘治	(瑞州府)、寧州、新建	
	九江兵備道	正徳	九江府	分巡道兼管
	撫建広兵備道	正徳	東郷県、建昌府	分巡道兼管
	袁州兵備道	隆慶	吉安府	分巡道兼管
	贛州兵備道(会昌兵備道)	成化	会昌県	分巡道兼管
湖広	岳州兵備道(上江防道)	嘉靖	岳州府	江防、河禁
	蘄州兵備道(下江防道)	嘉靖	蘄州	江防、河禁
	沔陽兵備道	嘉靖	沔陽州	分巡道兼管
	武昌兵備道	嘉靖	黄州府、武昌府	
	岳州九永兵備道(分守道)	嘉靖	澧州	
	撫治荊州道	嘉靖	荊州府	
	荊瞿兵備道	嘉靖	施州	湖広、四川二省に跨る
	撫治荊州兼施帰兵備道	隆慶	荊州府	分巡道兼管
	分守荊西道兼管兵備		承天府	
	鄖襄兵備道	万暦	襄陽府	分巡道兼管
	郴桂兵備道	弘治	衡州府	湖広広東広西三省に跨る
	靖州兵備道	成化弘治	靖州	湖広、貴州に跨る
	辰沅兵備道(分守道)	万暦	辰州府	分巡道兼管
浙江	杭厳兵備道		仁和県	分巡道兼管
	金衢兵備道		西安県	分巡道兼管
	嘉湖兵備道		秀水県	分巡道兼管
	温處兵備道	弘治	永嘉県	分巡道兼管
	寧紹兵備道(台州兵備道)		臨海県	分巡道兼管
	巡視海道	正統	鄞県	
福建	福州兵備道	万暦	省城	駅伝、分巡道兼管
	福寧兵備道	万暦	福寧州	
	建南兵備道	万暦	瓯寧県	分巡道兼管
	巡視海道	嘉靖	漳州府	
	興泉兵備道	嘉靖	晋江県	
	分巡漳南道兼管兵備	成化	上杭県	
広東	巡視海道兼広州兵備	正統	東莞南頭城	
	南韶兵備道	嘉靖	曲江県	
	恵潮兵備道	隆慶	海陽県	分巡道兼管
	高肇兵備道	成化	高要県	分巡道兼管
	雷廉兵備道	嘉靖	欽州	分巡道兼管
	羅定兵備道	万暦	羅定州	
	瓊州兵備道	成化	瓊山県	学校、分巡道兼管
広西	分巡桂林道兼管兵備	嘉靖	省城	
	蒼梧兵備道	嘉靖	梧州府城、鬱林州	分巡道兼管
	府江兵備道	成化弘治	平楽府城	分巡道兼管

	兵備道名	設置年間	駐留地	備考
広西	左江兵備道	嘉靖	南寧府	
	右江兵備道(賓州兵備道)	嘉靖	賓州	分巡道兼管
	柳慶兵備道	成化	柳慶府	
	永寧兵備道	嘉靖	永寧州	
雲南	臨安兵備道	成化	臨安府	
	騰衝兵備道	弘治	騰越州(騰衝衛)	刑名
	瀾滄兵備道	弘治	瀾滄衛	
	曲靖兵備道	嘉靖	曲靖衛	
	安普兵備道	嘉靖	雲南府	
貴州	都清兵備道	嘉靖	都匀府	分巡道兼管
	威清兵備道	嘉靖	普定衛	分巡道兼管、糧儲、屯種
	畢節兵備道	嘉靖	畢節衛	分巡道兼管
	思石兵備道	嘉靖	思南府、銅仁府	徵税、分巡道兼管

の分巡按治を行い、分巡官の役割を果たした。それ故に、兵備道は「兵巡道」とも呼ばれた。南直隷の潁州兵備道は、弘治六年、鳳陽府の潁、寿二州の兵備を担当したが、この二州の分巡も兼管した「兵巡道」であった。その後、廬鳳淮揚四府安慶二八衛所の屯田を提督し、刑名を理めたから、廬・鳳・淮・揚四府の分巡も行った兵巡道であった。北直隷に設置された天津兵備道は、天津三衛に置かれ、天津より徳州に至る沿河附近の軍衛有司衙門を管轄し、城池の修理等に当るだけでなく、盗賊が横行すると軍夫、民快等を率いてその鎮圧に当り、更に軍民の詞訟も処理するという、軍事と監察を兼ねた兵巡道であった。潁州兵備道や天津兵備道のように、ある一定地域の分巡を兼ねただけでなく、浙江の杭厳、金衢、嘉湖、温處、寧紹兵備の五道は、浙江全府の分巡を兼ねた。広東の雷廉兵備道は分道の海北道の分巡を行い、広西の府江兵備道は分道の府江道の分巡をも行った。一三六の兵備道の中で、浙江の巡視海道、福建の建南兵備道、広東の巡視海道兼整飭広州兵備、山東の巡察海道の四道は海防が主務で、分巡を兼管せず軍事のみの兵備道であったが、この四道を除いた兵備道の殆んどは、「兵巡道」であったといえよう。

　兵備道は按察司官が総て担当したのではなく、北直隷の分守口北道、山東の分守遼海東寧道兼管兵備、山西の分守冀北道、大同兵備道、河南の分守河北道、陝西の分守河西道、商洛兵備道、西安兵備道、四川の分守上川南道、涪州兵備道、湖広の岳州九永兵備道、分守荊西道、辰沅兵備道の一三道は、分守官による兵備道であった[368]。兵備道担当者が布政司官によるか、按察司官によるかの相違も重要であるけれども、嘉靖以後になると、布政司官が僉事を、按察司官が参議を兼職する傾向が強まり、守巡官による兵備道が増加した。布政司官の巡歴は「分守」という語からも分るように、当初に於ては詞訟等の監察業務には携わらなかったが、嘉靖以後になると、監察業務にも干与することとなり、按察司官と同様に地方監察官としての役割を果したと考えるべきであろう。

兵備道の駐留地は、腹裏地方と辺境地方の二つに分けられる。そこで両者の管轄地域と軍事力について検討してみたい。腹裏地方設置の兵備道の例として、山東の臨清兵備道を取りあげてみたい。嘉靖山東通志巻一一、兵防の条に、臨清兵備道について、以下のように述べる。

臨清兵備道は臨清州に分署す。成化間に建つ。按察副使、之を領す。府一、(曰く東昌)、州二、(曰く臨清、曰く高唐)、県十六、(曰く武城、曰く夏津、曰く冠県、曰く東阿、曰く荘平、曰く博平、曰く清平、曰く館陶、曰く莘県、曰く恩県、曰く丘県、曰く堂邑、曰く聊城、曰く平陰、曰く陽穀、曰く壽張。馬快共せて四百人。民兵、共せて二千四百四十一人。州県の巡捕官、操演を分領す)巡検司五、(曰く甲馬営、曰く裴家圏、曰く魏家湾、曰く南館陶、曰く滑口鎮)、衛三、(曰く平山、曰く東昌、曰く臨清)を轄す。

臨清兵備道は東昌府の臨清州に設置され、東昌府、臨清、高唐二州、武城、夏津、冠県、東阿、荘平、博平、清平、館陶、莘県、恩県、丘県、堂邑、聊城、平陰、陽穀、壽張一六県と馬快四〇〇人、民兵二四四一人、甲馬営、裴家圏、魏家湾、南館陶、滑口鎮五巡検司、平山、東昌、臨清三衛を管轄した。山東の東昌府と兗州府の二府は、分道の「兗東道」に属し、臨清兵備道は東昌府の臨清州、高唐州の二州と武城、夏津県等の一二県、それに兗州府東平州の東阿、平陰、陽穀、壽張四県、甲馬営等の四巡検司に、滑口鎮巡検司（兗州府東平州平陰県）、平山等の三衛を管轄した。そして、兗東道に含まれた東昌府と兗州府に所属したものの、臨清兵備道の管轄外の府州県は、曹濮兵備道と沂州兵備道が管轄して、以下のようになった。

曹濮兵備道－城武、単県、魚台、金郷（兗州府）、曹州、東平州（兗州府）、濮州（東昌府）

沂州兵備道－沂州、済寧州、滋陽、曲阜、寧陽、鄒県、滕県、嶧県、泗水（兗州府）

そうなると、分道の兗東道の全府州県は、臨清、曹濮、沂州の三兵備道が分担して管轄することになったことが分る。即ち、山東の兗東道の府州県は、嘉靖以後、山東に置かれた兵備道によって分巡按治が行われた。このように、山東の兗東道の場合、臨清等の三兵備道にとって代わられたが、兵備道の管轄府州県が二省或は三省に跨って設置される場合もあった。例えば湖広の郴桂兵備道は、湖広、広東、広西の三省に、靖州兵備道は、湖広、貴州の二省に跨った。その結果、嘉靖以後、各省は分道の守巡官と兵備道官の三者によって、地方監察並びに軍事が担当されることになった。

臨清兵備道は、管轄府州県の馬快四〇〇人、民快二四四一人、それに五巡検司と平山、東昌、臨清の三衛の軍民を動員したが、軍事力の中核は衛所軍であった。既に述べた如く、兵備道官は府州県官の協力のもとに城堡等の修理に当り、屯田、水利を監察し、軍民の詞訟を受理したのであって、その地域に於ける新しい形態の軍事担当者であったことが理解できる。

次に辺鎮に置かれた兵備道として、陝西寧夏鎮をとりあげてみたい。第六章の直省の兵備道㈡の条で考察した如く、寧夏鎮には、河西管糧道、河東兵糧道、環慶等処兵備道の三道が置かれた。この三道の内、環慶等處兵備道は慶陽府の環県に駐留したが、正徳元年九月になると、霊州に常駐して霊州地方を管轄した。ところが嘉靖十一年になると、弘治十七年から霊州に置かれていた河西管糧道が、霊州地方の兵備も担当することになった結果、環慶等處兵備は廃止された。しかも隆慶九年になって、総督王崇古の要請により、河東兵糧道が新たに設置され、翌十年には陝西行太僕寺少卿が按察僉事を兼管し、河東道（霊州地方）の兵備も担当した。即ち、寧夏鎮の霊州地方は、成化～嘉靖年間は環慶等処兵備道、嘉靖～隆慶年間は河西管糧道が、隆慶十年以後になると、河東兵糧道が兵備を担当したことになる。分道と兵備道の関係で言えば、明初、慶陽、延安二府と寧夏衛を管轄する河西道が設置されて分巡官が按治したが、万暦年間になると、慶陽、延安の二府は分守河西道が兵備を担当し、寧夏衛は河東管糧道が兵備を担当することになり、分道の河西道は、分守河西道と河東管糧道の両者が担当した。

陝西に置かれた兵備道は二二道もあり、直省十五区画の中で最も多い。中でも辺鎮の衛に置かれた兵備道がその半ばを占める。楡林、寧夏、固原、洮民、靖虜、粛州、西寧、荘浪、潼関の各衛に兵備道が置かれたし、衛の管轄する営、堡に置かれた靖辺、神木兵備道を加えると十一道となる。寧夏衛の河東兵糧道の軍事力は、花馬池後衛と霊州、興武、韋州の三千戸所で構成され、山東の臨清兵備道のように、民兵、馬快、巡検司は含まれていない。また、河東兵糧道の監察は管轄地域内の城堡、倉場、駅遞等の按治のみならず、塩法、互市の管理のように、腹裏の兵備道と異なる所もあるが、兵備道が監察と軍事を兼ねた新しい形態の軍事担当者であった点は同じである。

兵備道の担当者には、按察司官、布政司官、行太僕寺官、苑馬寺官の四者がある。一三六道の兵備道の内、按察司官担当の兵備道は一〇〇道あり、全体の約七割を占める。布政司官担当の兵備道は一三道あり、全体の約一割である。行太僕寺官は三道、苑馬寺官は二道で、両者を併せても五道である[369]。按察司官、布政司官の両者による守巡官担当者の兵備道は一五道もあり、全体の一割を越えるし、その他、按察司官による兵備道の中でも、万暦年間に入って、布政司官も担当する守巡兵備道となった場合もあったと推察すれば、守巡官担当者の兵備道の割合はもっと増加すると考えられる。兵備道担当者としての行太僕寺、苑馬寺官があるが、馬政に携わった両官が、按察司僉事を兼管して兵備を担当したことも、布政司官が兵備を担当したことと同様、監察業務は憲職に限るという原則が崩れたからに他ならない。けれども、山西の寧武兵備道の場合の如く、担当者が布政司官、按察司官、太僕寺官の三者が交代して当ったのは、珍らしい例であろう。

以上のことから、兵備道の特色として次の五点があげられる。

(一) 兵備道の多くは、監察と軍事を兼ねた兵巡道であった。

(二) 兵備道の中には、分道の分巡官を兼管する場合や、逆に分巡道官が兵備を兼管する場合もあり、明代中期以後の分巡按治は分巡道、兵備道の両者によって行われた。

(三) 兵備道の軍事力を検討すると、腹裏では民兵、馬快、巡検司、衛所軍であり、辺鎮では衛所軍であった。

(四) 兵備道の担当者は、按察司官、布政司官、行太僕寺官、苑馬寺官の四者であった。

(五) 兵備道官は、監察業務と軍事に携わる新しい形態の軍事担当者であった。

おわりに

明初に於いては、直隷は直隷巡按御史、各省は按察司官が各分道に随って分巡按治を行った。そこで、直隷府州県に直隷巡按御史の執務兼宿泊施設として「察院」が建てられ、各省の府州県には按察司官のそれとして、「按察分司」が設置された。ところが正統年間に入ると、管屯僉事等の按察司官が直隷傍近の省の銜を兼ねて、直隷にも配置されることになった。それればかりでなく、弘治五年に北直隷に分巡口北道が置かれ、嘉靖十八年になると分守口北道も設置されて、直隷府州県は直隷巡按御史が按治するという原則は崩れた。その結果、明初に於いて、分巡道とは、直隷が直隷巡按御史の、各省は按察司官の地方按治の総称であったが、後になると按察司官による地方按治を指す意味で用いられるようになった。

成化年間に入ると整飭兵備道が成立し、弘治以降も増大の一途を辿った。兵備道にはこの整飭兵備道と、分巡道が兵備を兼管する兵備道の二種類あるが、両者共に欽差憲臣であった点は同じであり、それ故に略称として兵備道とも言われる。正徳年間に成立した兵備道である江西の九江兵備道を例としてとりあげ、その成立過程を検討すると、当時の流賊の鎮圧に際し、従来の指揮使等の軍人では限界があり、兵備憲臣が新しい軍事担当者として恰好の官であったことが判明した。この兵備憲臣が新しい軍事担当者として成功した理由には、第一に、屯田、屯糧等の監察を通じて、按察司官と各衛所との関係が生まれていたこと、第二に、当時も軍人の確保は困難であり、その為に各地方では民快等を訓練したり、巡検等の動員を余儀なくされ、広い意味での軍事担当者が必要になってきたこと、第三に、正統年間以降になり、鉱賊、倭寇、流賊等の出現によって治安が乱れ、且つ長期化の傾向が顕著になると、城堡の増設や修理、新しい武器の製造や購入等を図る必要が生じ、地方有司官との協力を必要とするようになったこと、第四に、当時、従来の都布按三司に代って、巡撫、巡按官が地方長官的役割を果たす傾向が強くなっていた為に、同じ監察系統に属していた按察司官が、その任に就くのが最も適当であった点があげられた。

明代の地方監察官が派遣された順序であげれば、巡按御史、按察司官、巡撫、布政司官であり、前二者は洪武年間、巡撫は宣徳年間、布政司官は正統年間である。地方と中央の連絡官として派遣された巡撫、巡按官は中央官である所から、地方官の分巡、今守官である按察司官、布政司官を監督、指導していくのは当然の成り行きであった。しかし、巡撫、巡按官は当初、地方監察が主であり、軍事には直接干与しなかった。

宣徳、正統年間、福建等で生じた鉱賊の乱を通じて、幾省かの都布按三司を指導、監督していく過程の中で、巡按御史は地方に於ける指導者的役割を果たした。同じ頃、政府高官の地方巡察が行われ、糧儲等の経済面のみならず、官吏考察、罪囚の審録等の監察にも携わった。巡撫は監察の上で、巡按御史、按察司官の憲職官との間で、文移等の支障をきたすと、景泰四年になって地方へ派遣される巡撫官が監察都御史の銜を帯び、巡撫は地方の指導者的役割を果たすだけでなく、巡按御史と同様に監察主体としても活躍することとなった。既に景泰年間に入ると、巡撫、巡按の任務は監察面でなく、「禁盗撫民」が主な任務となり、成化、弘治間になると、地方監察官としての撫按官は按察司官、布政司官と共に衛所軍を監督した。当初は応操の期に按臨校試を行うことであったが、成化以降になると各地での流賊の反乱を通じて、撫按官は分巡官、分守官を指導して流賊の鎮圧に当り、撫按守巡官は各地の衛所軍、巡検、民快等を率いて、新しい軍事指導者として活躍することになった。

宣徳以降、各地で流賊の乱が起こり、しかも倭寇の侵攻も激化すると、直省で多くの兵備道が生まれた。明代を通じての行政区画は二直隷十三省の十五区画であり、各区画に置かれた兵備道の主な数は、一三六を数える。一番多く設置されたのは陝西布政司の二二道であり、少ないのは江西、貴州両布政司の四道であった。成立年代で最も早いのは正統年間であって、浙江、福建、広西の巡視海道があげられるが、後の整飭兵備道とは異なり、布政参議や兵備僉事が兵備を担当した。しかし後にこれらの巡視海道も整飭兵備道となった。成化、弘治間に設置された兵備道の数はおよそ三五道もあり、整飭兵備道が地方に於いて新しい軍事勢力となったことが分る。しかし、最も多く設立されたのは嘉靖年間で、約半数の六〇を数える。嘉靖に入ると倭寇、流賊による侵攻が如何に激しかったかが裏付けられる。

一三六を数える兵備道の内、按察司官が担当したのは一〇〇道ある。布政司官が担当した兵備道は一三道あり、守巡官が担当した兵備道は一五道あげられた。兵備道の性格を考える上で、兵備道の担当者が分巡官か分守官のどちらであったかも重要であるが、万暦年間に入ると、分巡官による兵備道の多くは参政、参議の分守官が担当するようになり、両者の相異は失われていったと推察される。また兵備道の場合、守巡官が担当するのが一般的であったが、山東、山西、陝西等に於ては行太僕寺や苑馬寺官が僉事等の憲職を兼任して、兵備道担当者として活躍したケースもあったことは注意されよう。

註

（1）小畑龍雄「分巡道の成立」（山口大学文学会誌三―一、一九五二）。
（2）明史巻七五、職官志四、提刑按察司の条に「副使、僉事、分道巡察。其兵備、提学、撫民、巡海、清軍、駅伝、水利、屯田、招練、監軍、各専事置」とある。後になると、各専門僉事の監察は、末尾に「道」を付して、それぞれ、兵備道、提学道、撫民道、巡海道、清軍道、駅伝道などと呼ばれた。
（3）明史巻六九、選挙志一の条に、「提学之職、専督学校、不理刑名」とある。
（4）嘉靖恵州府志巻一に「(弘治)十年、始設整飭嶺東道兵備兼分巡僉事于長楽……雖分巡、分守官員、彼此交代、責任不専」とあり、広東恵州府の事例の中に、守巡官の交代の記事がある。この事例は弘治年間であるが、嘉靖の頃には各地で守巡官の交代が行われた。
（5）張徳信『明朝典制』（吉林文史出版社、一九九六）の第十章、地方官制の中で、「其中以分守道、分巡道、兵備道、最為重要」と述べている。
（6）王天有『明代国家機構研究』（北京大学出版社、一九九二）の第六章、地方機構の中で、「兵備道全称整飭兵備道、簡称兵道、道官称兵備副使或兵憲」とある。尚、本稿の脱稿後、謝忠志『明代兵備道制度』（明史研究小組、二〇〇二）が出版された。
（7）拙著『明代地方監察制度の研究』（汲古書院、一九九九）七八頁。

（8）嘉靖南畿志巻二、志命官の条に、「巡按郡県三人」とある。
（9）明実録洪熙元年四月壬寅の条。洪熙元年四月に十二員の監察御史が置かれたが、これは仁宗が南京遷都事業を行う為の一時的措置であったとも推察される。何故ならば、この時の十二人の監察御史の設置は、洪武二十九年の時の南直隷では六人であったことと比べても倍の数になるからである。例えば明実録正統十四年十一月辛巳の条に、「畿内順天等八府、例命監察御史二員巡按。至是、都察院以国家多事、請暫増二員、毎員分巡二府。従之」とあり、正統十四年に国家多事という理由で二員を増員し、都合四員となった。正統十四年十一月以前は、二人の監察御史が八府を分巡していたことになるし、註（3）の条で、嘉靖年間に於いては三員となっていたから、北直隷に置かれた監察御史の数は二～四員が妥当であろうと考えられる。
（10）洪武十五年九月以後、南直隷では直隷巡按御史が府州県を按治する以外に、在外直隷巡按御史が派遣された。この在外巡按御史は直隷と各省に派遣され、例えば浙江巡按御史等は明末まで継続して派遣されたが、南北直隷の場合は判然としない。宣徳年間、南直隷一員、北直隷二員の在外巡按御史の派遣は確認できる（嘉靖宣府鎮志巻一、制置考の条に「時に畿省各一員、宣大重鎮を以て、特に遣して直隷を巡按する者と称す」とある）。宣徳五、六年になると、南直隷の松江府、常州府、正統年間に寧国府にも巡撫官の按察行署が設置されている事実を考慮すれば、南直隷の按治は直隷巡按御史と巡撫官によって行われたと考えられる。北直隷の場合も同様であったろう。
（11）明実録正統八年十一月己卯の条に、「陞礼科給事中李詢、湖広等道監察御史韋広、徐朝宗、王俊、南京河南等道監察御史張彦、……為按察司僉事、専督屯田」とある。
（12）万暦会典巻一八、戸部、屯田の条。
（13）明実録正統十一年五月辛未の条に、「山東左参議張允中、督理易州薪炭」とある。
（14）明実録成化二年十二月己亥の条に、「陞監察御史厳洤為浙江按察司副使、仍提調南直隷学校」とある。
（15）明実録成化十一年四月丁未の条に、「北直隷増設管屯僉事一員、以戸部主事侯恂為之、注于山東按察司。巡撫右都御史孫栄奏請故也」とある。
（16）明実録成化二十年四月庚申の条に、「増置山東按察司副使、僉事各二員、督理大同・宣府軍儲等事」とある。

（17）明実録弘治五年十月丙辰の条に、「戸部会議各處巡撫都御史所陳事宜。一、新設分巡宣府山西按察司僉事。乞給以分巡口北道関防、便姦弊可革……上俱従之」とある。
（18）明実録成化二年三月癸亥の条に、「巡撫河南等處左副都御史賈銓奏、開封、河南二府并汝寧、南陽二府、俱名河南道、行移未便、乞將汝寧、南陽二府改名汝南道、鋳換印信、以便移文。従之」とある。
（19）嘉靖汀州府志巻六、公署の条に、「漳南道……（洪武）二十八年改為建寧道。成化六年改為漳南道」とある。
（20）明実録弘治三年六月癸未の条に、「初福建建寧、邵武、延平三府、皆隷建寧道。至是守臣言……邵武、延平、更為武平道、命別官分巡。従之」とある。
（21）明実録永楽七年閏四月乙丑の条に、「臨江府新喩県致仕大使敖如淵啓、近年小民有不能安業者。由有司不得人而土民豪猾、肆意剝削……仍乞勅按察司、如旧制歳二月、出巡郡県、察吏之廉貪而去其為民害者。皇太子嘉納之、命吏部施行」とあり、旧制の如く按察司官の二月出巡を施行した。
（22）明実録宣徳七年六月壬子の条に、「巡按福建監察御史邵宗奏……宜令各處按察司、遵依成法、毎年八月分巡刷巻、年終則上其籍於都察院……命行在都察院、戒飭各按察司、以時挙行」とあり、成法に遵って八月出巡を挙行させている。地域により二月、八月が行われていたとも推察される。
（23）明実録嘉靖元年十一月丁卯の条に、「御史唐鳳儀言……請飭撫按厳督守巡諸臣、皆以歳正月出巡、至十一月還司。諸銭糧、詞訟及他興革便民者、咸務修挙。有不如令者、撫按得参奏罷黜……上従其議」とあり、御史唐鳳儀は撫按官に按察司、布政司官を厳督して「正月出巡、十一月還司」を施行し、守巡官の監督も行わせることを求めた。同実録嘉靖九年正月乙卯の条に、「都察院右都御史汪鋐言……一、厳督率、布按分司官、例該二月初出巡、五月終回司。七月初出巡、十一月終回司。御史宜厳督各官、依期巡歴、如違即行参奏」とある。
（24）丹羽友三郎『元代監察制度の研究』（高文堂出版、一九九四）参照。
（25）明実録成化二年三月己未の条に、「命四川按察司僉事張琬、整飭行都司兵備、撫治番夷」とある。
（26）民快は民壮と快手で、民兵を指す。

（27）明実録成化五年七月癸卯の条に、「命陝西按察司僉事楊冕、専撫固原等處土達、協同鎮守、守備等官整飭兵備。従巡撫都御史馬文升等言也」とある。
（28）明実録成化五年十一月乙酉の条に、「陞高州府知府孔鏞為広東按察司副使……至是広東巡撫都御史等官交章、請授憲職、専守高雷二府、撫治民夷、修浚城池。遇廉・肇隣境有警、率兵応之。下吏部覆奏。従其議」とある。
（29）明実録成化五年十二月辛酉の条に、「監察御史侯英、羅明、趙文華倶僉事。（侯）英、四川整飭建昌兵備」とある。
（30）明実録成化六年三月甲申の条に、「陞監察御史涂棐為広東按察司副使、提督兵備、分守瓊州府地方」とある。
（31）嘉靖汀州府志巻一九、附録の条に、「天順六年、上杭渓南賊反。巡按御史伍驥督官兵、討平之」とある。
（32）嘉靖汀州府志巻一九、附録の条に、「成化十四年、上杭県渓南賊首鍾三等哨聚、刼掠郷邑、為三省害。詔起右僉都御史高明撫捕之」とある。
（33）明実録成化二十二年二月甲辰の条に、「勅広西按察司僉事李轍、専居贛州、提督捕盗。巡撫江西右僉都御史閔珪等言、贛州與福建・広東・湖広境、流賊攻刼。分巡等官責任不専、事多牽掣。乞専委按察司官一人、専居贛州、分巡嶺北道、提督捕盗。事下兵部、言宜如（閔）珪議。勅分巡僉事李轍、専任其事、并行三省附近衛所有司、倶聴調遣。従之」とある。
（34）明実録成化二十二年九月壬子の条に、「勅福建按察司僉事楊峻、専守汀州上杭兼漳南道事。以其地隣江西、広東、寇盗屢作。従福建鎮守官奏請也」とある。
（35）明実録成化十三年正月己巳の条に、「陞監察御史江沂為四川按察司副使、整飭安綿石泉江油贛州等處兵備」とある。
（36）明実録成化十四年二月己酉の条に、「増設雲南按察司副使一員、整飭臨安兵備、以監察御史何純為之」とある。
（37）明実録成化十五年五月壬午の条に、「陞四川按察司僉事范純為副使、整飭大壩兵備。先是大壩置備辺副使一員。後改安綿等處。至是巡撫都御史孫仁等奏復置之」とある。
（38）明実録成化十五年八月辛卯の条に、「増設貴州按察司副使一員、整飭威清等處兵備兼理糧儲、屯種。以監察御史何淳為之。巡撫都御史陳儼等議也」とある。
（39）明実録成化十五年十二月辛未の条に、「陞四川按察司僉事戴省為副使、整飭松潘兵備」とある。

(40) 明実録成化十六年七月甲午の条に、「陞監察御史潘瑄為山東按察司副使、分巡臨清等處……乞照旧例、復設副使一員、整飭兵備兼理刑名。詔可。至是以（潘）瑄為之」とある。

(41) 明実録成化十七年三月己卯の条に、「陞四川按察司副使潘稹為按察使、監察御史翟庭蕙為陝西按察司副使、整飭固原等處兵備」とある。

(42) 明実録成化二十二年六月辛卯の条に、「銓注按察司副使毛松齢于山西、整飭代州雁門等関兵備、提督糧儲、兼理詞訟」とある。

(43) 明実録正徳二年二月乙酉の条に、「吏部奉旨天順以後添設内外大小官共一百二十九員。其間地要政繁、不可裁革者七十員、両京二十六員……在外四十四員。浙江按察司、提学、巡海副使二員。江西布政司、管糧左参議一員、按察司、提学及会昌兵備副使二員……非要地而事簡、可革者五十九員、在京二十五員……在外二十五員。浙江按察司、温處兵備副使一員。山東布政司、管糧左参政一員。按察司、天津、宣府、臨清各兵備副使三員……」とある。

(44) 嘉靖九江府志巻八、軍政の条に、「九江衛指揮千戸百戸鎮撫并軍舎餘丁実数據原額六千四百九十六員名今耗十分之四、現在三千七百七十二員名」とある。

(45) 嘉靖九江府志巻八、軍政、水戦船の条に、「大小共十九艘。其制倣南畿水操者為之。正徳七年兵備副使周廷徴、以長江有寇扞禦必假戦艦。由是命工造之」とある。

(46) 嘉靖九江府志巻九、公署、兵備按察分司の条に、「明年壬申、副使馮顯至、於兵政槩與之。暇以分司乃守備旧宅、非風憲防奸、別嫌地乃購司東隙地、遂撤旧而大新之」とある。

(47) 嘉靖九江府志巻八、軍政の城池の条に、「九江衛、演武場……正徳七年兵備副使馮顯建。廳六楹、為較閲操之所。廟北立義勇武安王廟」とある。

(48) 嘉靖九江府志巻八、軍政の煙墩の条に、「正徳間江上多游寇。兵備副使馮顯、十里設墩一所。盖效邊陲之制、濱江十有餘處」とある。

(49) 王圻、続文献通考巻八九、行御史台の条に、「景泰中、耿九疇以侍郎出守陝西、始改憲職。自後、凡巡撫、総督必以都御史。

尚書、侍郎必兼都御史、無定員」とある。
(50) 明実録景泰四年三月戊午朔の条に、「監察御史左鼎言四事……夫今之巡撫、鎮守、往往多出於方面御史、則今之方面御史、蓋亦他日之巡撫、鎮守者也」とある。
(51) 明実録弘治十七年十月甲戌の条に、礼、兵、刑三部の意見として、「今後巡撫、巡按公会文移、宜各遵礼制、都御史正坐、御史旁坐、都御史劄付御史、御史則具呈都御史」とある。西園聞見録巻九三、撫按の条に、李学曾は、「外列十三道監察御史、出則巡視方岳、入則彈压百僚。雖与都御史相渉、而非其属官、直名某道、不繋之都察院、事得専達、都御史不得預知也」とあって、監察御史が都御史の属官でなかったと記述する。
(52) 明実録弘治九年八月壬辰の条に、「初湖広流賊黄瑛等聚衆、至百余人、攻劫桂陽県治、後以次就擒。巡按監察御史曾昂以聞、因劾守備署都指揮僉事王震、兵備副使馮錤、分巡僉事傅金、分守左参政章鋭、茶陵衛指揮使周嵩、不能預防、請治其罪。都察院覆奏、詔黄瑛等依律處決、王震、馮錤等、皆逮問、韋鋭、傅金、周嵩、免逮問、各罪俸三月」とある。
(53) 明実録弘治九年三月壬午の条に、「広西流賊二千余人、劫広東信宜県、官軍禦之、為賊所敗……巡按監察御史劾奏参将姚英及分守参議孫珩、参政姜英、分巡僉事舒玠及管哨指揮孫銘等罪」とある。
(54) 明実録嘉靖十四年十一月癸未の条に、「旧以浙江僉事兼管蘇松等四府水利。至是、太倉添設兵備」とある。
(55) 明実録嘉靖十五年正月壬戌の条に、「改湖広上荊南道分巡僉事為兵備僉事、駐劄蘄州、専営漢陽。而下至蘄黄徳安等處、名曰下江防道。原駐劄岳州僉事、専営武昌。而上至沔陽岳州常徳長沙等處、名曰上江防道。各給勅書関防行事。従兵部覆湖広巡撫都御史翟瓚請也」とある。
(56) 明実録嘉靖十九年三月己未の条に、「添設整飭遼東金復海盖等兵備」とある。
(57) 明実録嘉靖二十一年正月庚戌の条に、「先是、巡撫保定都御史劉隅奏、添設井陘兵備一員、専練習民兵、以防虜寇。即以大名兵備張素調任」とある。
(58) 明実録嘉靖三十三年十二月癸巳の条に、「増設整飭昌平等處兵備僉事一員、駐昌平。従総督楊博奏也」とある。
(59) 明実録嘉靖三十七年五月庚申の条に、「増設山西按察司兵備副使一員、綜理左右威平四衛及朔州、井坪二城。従大同督撫官請也」とある。
(60) 明実録嘉靖四十五年閏十月丙申の条に、「令山東分巡東兗道駐兗州府、済南道駐徳州、海右道駐萊州府。以巡撫都御史洪朝選言各道倶聚省城於地方無補、請分道責成故也」とある。
(61) 明実録万暦二十五年五月丙申の条に、「陞山西分守口北道按察使孫維城為右布政使、駐宣府、分管西南二路。以寧北道兵備副使張国璽、補口北道。雁平道兵備副使趙彦調竒嵐道。従宣大督撫請也」とある。
(62) 明実録万暦二十九年三月己酉の条に、「従河南撫按之請也。蕭雍陞按察司、整飭睢陳兵備。陳所蘊陞右参政、分守大梁。末思明陞副使、分巡大梁」とある。
(63) 明実録万暦二十九年八月戊辰の条に、「陞分巡口北道右参政張国璽為山西按察使、仍分巡口北。雁平兵備道副使劉汝康陞山西按察使、調陽和兵備道副使劉汝康、僉事李芳仍管冀北道。山東按察使馬崇謙、仍管懐隆道。従宣大督撫之請也」とある。
(64) 註（1）小畑論文参照。
(65) 『宮崎市定全集別巻』の「中国政治論集」の蘇州民変を参照。
(66) 拙稿「明代都察院の再編成について」（明代史研究二九号、二〇〇一）。
(67) 明実録弘治六年二月辛丑の条に、「命河南按察司僉事史俊兼整飭鳳陽兵備」とあり、嘉靖潁州志巻一、郡紀の条に、「敬皇帝弘治四年、置兵備道於寿。十年移治於潁」とある。即ち、弘治四年に寿州に兵備道が置かれ、同六年にはこの兵備道が鳳陽兵備を兼管したのであり、同十年になると寿州から潁州に移治した。寿、潁二州は共に鳳陽府に所属するから、鳳陽兵備の嚆矢は弘治四年であったとも考えられよう。
(68) 嘉靖潁州志巻一三、命使の閻璽伝に、「任河南按察司僉事、奉勅提督廬鳳淮揚四府安慶二十八衛所屯田兼理刑」とある。
(69) 明実録万暦三十三年十二月甲寅の条に、「陞戸部郎中王成徳為山西参政、調陝西参政臧爾勤于潁州兵備道」とある。
(70) 明実録隆慶四年四月癸丑の条に、「南京戸部広東司員外郎馬豸為河南按察司僉事、整飭寿州等処兵備」とある。
(71) 明実録正徳六年五月辛亥の条に、「以原任貴州按察司副使毛科為山東副使、整飭徐州等処兵備……会都御史陶琰薦之、乃有是命」とある。尚、同実録弘治十八年八月戊寅の条に、「革徐州等處兵備副使」とあり、弘治年間に兵備副使が置かれていた。

しかし、嘉靖徐州志巻八、兵防、按察分司の条に、「整飭徐州兵備兼督理屯田河道副使蒞事所」とあって、兵備道行署を記載する。続けて、「本司弘治以前無設。正徳六年、廷議始置」とあり、兵備道行署は弘治年間以前は設置されなかったと述べる。また同条には最初の兵備副使として、張憲をあげ、毛科は二人目である。處で、実録では弘治年間に兵備副使の設置を述べているように、設置されていた可能性は高い。嘉靖徐州志の記述は兵備道行署の設置が正徳年間であったとも推察される。

(72) 嘉靖徐州志巻八、兵防の按察分司の条に、「嘉靖十五年、副使宋圭於廰事西建射圃」とある。

(73) 万暦会典巻一二八、督撫兵備の条に、「徐州兵備一員、整飭徐・宿州等處兵備、兼管淮安府、徐州及淮北衛所及淮安、邳州、大河、徐州、沂州等衛、莒州、東海、西海等所、京操官軍」とあり、万暦年間に入ると、徐州兵備道の管轄から揚州府は除かれ、徐州、宿州を中心とした軍事面に重点が置かれ、且つ京操官軍も兼管した。尚、明実録万暦二十四年六月辛丑の条に、「徐州兵備徐成位分管淮安地方」とある。

(74) 明実録嘉靖三十三年五月己酉の条に、「調原任湖広按察司副使張景賢、整飭淮揚兵備、専理海防。時海寇未靖、総督漕運侍郎鄭暁及直隷巡按（史）李逢時共疏、請添設兵備一員、専住泰州、以防通泰海州海賊出入之路。吏部覆従其請、因調（張）景賢為之。仍列銜于湖広」とある。

(75) 明実録嘉靖三十八年四月丁巳の条に、「先是、江北海道副使劉景韶」とある。

(76) 明実録嘉靖三十八年七月辛卯の条に、「江北七星港……揚州海道副使劉景韶」とある。

(77) 明実録万暦二十一年三月丙寅の条に、「陞刑科都給事中曲遷喬于浙江、湖広副使江鐸于山東各布政使、（曲）遷喬為淮揚海道、（江）鐸駐劄淮安」とある。

(78) 明実録嘉靖三十八年七月辛卯の条に、「江北七星港倭流刧過金沙西亭將犯。揚州海道副使劉景韶、督参將丘陞等兵、併力禦之。戦于鄧家庄、斬首六十九級、賊敗走仲家園。我兵縦火急攻、斬首二百八十四級、賊宵遯」。

(79) 明実録万暦八年六月己酉の条に、「陞広東副使舒大猷為駐劄泰州、整飭淮揚海防、浙江右参政」とある。

(80) 明実録泰昌元年十月己未の条に、「陞戸部貴州司郎中宋継登為山西布政使司右参議兼僉事海運兵備、駐淮安」とある。

(81) 正徳姑蘇志巻二一、官署上、太倉州の条に、「正徳間、設海道兵備整飭蘇松等處」とあり、嘉靖太倉州志巻三、兵防、兵備道職官紀の条に、「謝琛……正徳七年任」とある。
(82) 明実録嘉靖二十七年三月丙子朔の条に、「巡按直隷御史陳九徳言、国家財賦仰給東南而蘇松常鎮四府居半。但其土沃民澆、飛詭百出、管糧同知権軽、不能鎮圧……請特重其権、以蘇松兵備兼理、従之」とあり、直隷巡按御史陳九徳は管糧同知では権限が軽いので、蘇松兵備に兼理させんと要請した。嘉靖太倉州巻三、兵防、嘉靖二十七年該巡按御史陳九徳題允□《?》の条に、「今特命爾不妨原務兼管蘇《?》松《?》常鎮四府銭糧、仍在太倉州住箚」とあり、副使魏良貴が蘇松常鎮四府の銭糧を兼管することになった。
(83) 明実録嘉靖三十九年十一月癸酉の条に、「令太倉兵備熊桴兼理蘇松糧儲、常鎮兵備陳学夔兼常鎮糧儲、応天兵備徐光啓兼理池州府無為州、和州兵糧」とある。
(84) 明実録隆慶五年七月庚午の条に、「陞直隷蘇州府知府蔡国熙為湖広按察司副使、整飭蘇松常鎮兵備」とある。
(85) 明実録嘉靖三十四年七月壬子の条に、「南京兵部尚書張時徽等奏、応天等府地広、巡撫一人控制為難。乞添設兵備或巡撫以使責成。部議添設兵備副使一員、於句容、溧陽、広徳往来駐箚」とある
(86) 明実録嘉靖三十九年五月丁丑の条に、「添設整飭応天太平寧国徽州池州広徳六府州兵備副使、列銜浙江按察司、仍兼布政司参議、兼督蘇松等府糧儲。従南京兵部議也」とある。
(87) 註（83）参照。
(88) 明実録万暦三十九年十二月壬午の条に、「鋳給寧太分巡兵備道関防一顆」とある。
(89) 明実録正統十四年十一月辛巳の条に、「畿内順天等八府、例命監察御史二員巡按。至是都察院以国家多事、請暫増二員、毎員分巡二府。従之」とある。
(90) 明実録弘治三年十一月乙未の条に、「増設山東按察司副使一員、整飭天津等處兵備、（陝）西副使劉福丁憂服闋、因以令之。先是、刑部侍郎白昂言、天津之地、水路咽喉、所係甚重。請増設憲職一員為兵備官。従之」とある。尚、嘉靖河間府志巻一一、武備志の条に、「次年（弘治四年）建設山東按察司副使、奉勅整飭天津等處兵備」とあり、実際に置かれたのは、弘治四年であった。

（91）嘉靖河間府志巻一一、武備志に、「正徳二年裁革。後因盜賊充斥、設捕盜御史一員、正徳五年裁革。六年流賊四起、復設。九年因裁革覇州等處兵備、改令天津兵備兼換勅」とある。

（92）嘉靖覇州志巻六、秩官志に、「正徳辛未（六年）因流賊蜂起、設山東按察司僉事一員、整飭覇州等處兵備。事平裁革。正徳辛巳（十六年）復設山東按察司副使一員、整飭兵備」とあり、正徳六年に僉事許承芳、同七年に寗溥が赴任した。正徳十六年の張思斉以後は全て副使が就任した。

（93）嘉靖覇州志巻六、名宦、兵備副使の馬應龍伝に、「慷慨有大節、断獄明敏、紀綱振粛、人不敢干以私、数十年、大寇巨奸相継翦除、聲聞朝野。陞四川按察使、郡民任大紳等百餘人、詣闕乞留。事下吏部。無何卒于官」とある。

（94）嘉靖覇州志巻二、公署の条に、「兵備道在都察院西。嘉靖戊申（二六年）、副使周公復俊、以旧道西偏廨舍撤而建之」とある。

（95）明実録嘉靖四十四年九月乙丑の条に、「増設馬兵一百、歩兵四百於崔黄口、改営州前屯衛、香河県属覇州兵備道管轄。先是、漷県、武清設在河西属覇州道、香河県在河東属密雲道、毎遇失事輒相推諉。於是撫按官言、其不便、請将崔黄口、添設戍兵、給付守備統領而以香河県并営州前屯衛、改隷覇州道。従之」とある。

（96）明実録弘治八年七月癸卯の条に、「陞監察御史張璉為山東按察司副使整飭密雲等處辺備」とある。

（97）明実録正徳九年三月壬辰の条に、「命整飭密雲等處兵備副使、移駐永平。初兵備官駐薊州、後移密雲。至是副使朱瀣奏、如分巡例、一、二年一更。兵部謂非旧制不可許。乃定駐永平焉」とある。

（98）明実録嘉靖三十三年十二月癸巳の条に、「増設整飭昌平等處兵備僉事一員、駐昌平。従総督楊博奏也」とある。

（99）明実録隆慶五年正月庚寅の条に、「発戸部銀七千両及太僕寺馬価銀三千両于薊・昌各兵備道、修築墩臺」とある。

（100）明実録隆慶四年十月庚戌の条に、「起原山東按察司副使張学顔于山西、整飭薊州兵備」、実録万暦元年六月乙卯の条に、「調王之弼為山西右参議、整飭薊州」、実録万暦十七年十二月戊子の条に、「陞関原兵備山東右参議成遜為山西按察使、整飭薊州兵備」とある。

（101）明実録嘉靖三十九年二月己亥の条に、「添設懐柔・永平二道兵備各一員、調山□《？》按察司副使温景葵於永平。従総督楊溥議也」

とある。
(102) 明実録万暦三十七年二月壬戌の条に、「戸部郎中衛廉為貴州貴寧道副使、河南知府張経世為山東懐柔兵備道副使」とある。
(103) 註(101)参照。
(104) 明実録万暦十四年九月乙巳の条に、「永平兵備副使葉夢熊、三年考満、加右参政、仍兼按察僉事職銜、照旧管理永平兵備事務」とある。
(105) 明実録万暦二十年十月壬辰の条に、「調山東海防僉事楊鎬、管永平兵備、選練主兵兼理屯田、馬政」とある。
(106) 明実録嘉靖三年十一月丙寅の条に、「裁革整飭大名広平兵備副使。先是、兵備欠、吏部議覆、除河南按察司副使盛像。上問、此官起於何時、今応復設否。於是吏兵二部咸對言、兵備以正徳七年流賊起時設、十一年賊平裁革、尋復設。今二府畿且地昿多盗、仍設之。便設毋設、第令巡按加意地方」とある。
(107) 明実録嘉靖十年十一月丙寅の条に、「復設大名兵備副使一員、遷倒為巡検司於洪河口新舗地方、従巡撫保定都御史林有孚奏也」とある。
(108) 明実録隆慶六年六月戊寅の条に、「更調易州、井陘、大名三兵備道。兵備副使高文薦(易州兵備)駐紫荊関、崔錦(井陘兵備)駐倒馬関、徐炳(大名兵備)駐井陘、各照所轄地方、調度兵馬、銭糧事務、毋得致誤軍機、疏下該部」とある。
(109) 目営小輯巻一、北直隷、大名府元城県の条に、「大広順兵備駐箚」とあり、大広順兵備道とも呼ばれた。
(110) 明実録万暦三十九年七月庚子の条に、「陞陝西右参政許汝魁為河南右布政兼副使、兵備大名」とある。
(111) 明実録嘉靖元年三月己未の条に、「陞湖広按察司僉事田登為山東副使、住箚易州、整飭提督紫荊龍泉倒馬関等兵備」とある。
(112) 明実録万暦元年九月壬辰の条に、「加易州兵備副使高文薦山東右参政職銜」とある。
(113) 国権嘉靖二十年九月辛亥の条に、「井陘関城設備兵副使」とあり、井陘兵備道の設置を述べる。しかし、明実録嘉靖二十一年正月庚戌の条に、「先是、巡撫保定都御史劉隅奏、添設井陘兵備一員、専練習民兵、以防虜寇、即以大名兵備張素調任。至是、(劉)隅及巡按御史殷学言、(張)生長滇南、不習軍旅、請将(張)素改用、更選西北諳練辺務者代之……兵備官不必添設、徒擾民耳」とあり、井陘兵備を増設し、大名兵備の張素を調任したが、結局は設置されずに廃止された。

(114) 明実録嘉靖二十一年七月丁巳の条に、「改河南按察司副使孫錦于山西、専駐井陘、整飭故関等處兵備。先是、議于井陘添設兵備一員、旋復報罷。至是吏部言、井陘密邇畿輔、為内郡扼塞要地、門庭之防、所宜加謹。乞復設兵備、以図防禦。上従其議因調（孫）錦為之」とある。

(115) 嘉靖宣府鎮志巻二、詔令の条に、「（嘉靖）三十六年賜山西按察副使張鎬兵備懐隆勅諭」とある。

(116) 明実録万暦八年六月丙午の条に、「詔近来沿辺兵備、守巡及武職参遊等官多設。並非旧制、議裁革。于是、山西宣府懐隆道兵備副使一、睢陳道兵備一……倶罷設」とある。同実録万暦十一年閏二月丁酉の条に、「復設南京各部右侍郎一員并南京太常寺少卿、懐隆兵備道」とある。

(117) 嘉靖宣府鎮志巻二、詔令の条に、「（嘉靖）三十八年賜山西按察僉事張時兵備赤城勅諭」とある。

(118) 嘉靖宣府鎮志巻二、詔令の条に、「（弘治）五年賜山西按察司僉事趙縉分巡口北勅諭」とあり、また「（嘉靖）十八年賜山西布政司右参議劉珂分守口北勅諭」とある。

(119) 嘉靖山東通志巻一一、兵防、武定兵備道の条に、「分署武定州。正徳七年、因流賊之変、設按察司僉事領之」とある。

(120) 明実録正徳十年十二月己巳の条に、「革曹州、武定州、大名府兵備官。兵部議、九江、徐州、曹州、武定州、大名府五處兵備官、皆以盗賊添設。今已事寧、惟徐州兵備宜留、皆可革。従之。仍留九江兵備」とある。同実録正徳十二年十一月戊子の条に、「監察御史王汝舟為山東按察司僉事、整飭武定州兵備」とある。

(121) 明実録嘉靖二十二年六月甲申の条に、「命山東按察司分巡済南道兼管兵備、以徳州、歴城、長清、肥城、斉河、禹城、平原七州県兵馬、銭糧倶属整理。有警移住徳州、専事防禦。従宣大総督侍郎翟鵬奏也」とある。

(122) 明実録万暦三十三年八月癸卯朔の条に、「准山東撫按奏、以済南府知府文球為済南兵巡道副使」とある。

(123) 万暦兗州府志巻三二、兵防の条に、「欽差管河道兼管済寧兵備道。先是嘉靖間、因漕河淤塞、添設管河道副使一員、管塩法、駐劄済寧州。隆慶六年、該提督軍門兵部左侍郎萬、査得管河道裁去塩法、政務稍簡、相応加兵備職銜、兼管兵務以沿河一帯衛州県」とある。

(124) 嘉靖山東通志巻一一、兵防、曹濮兵備道の条に、「分署曹州。弘治十二年、建、按察司副使領之」とある。

(125) 万暦兗州府巻三二、兵防の条に、「隆慶四年、巡撫姜公廷頤奏革曹濮兵備、即以東兗分巡道帯管。尋以地連三省、軍民錯雑、當専設一道以統之、復置如故」とある。

(126) 明実録正徳七年四月辛巳の条に、「陞濮州知州王棟為山東按察司僉事、整飭兗州兵備」とある。万暦兗州府志巻三二、兵防の条に、「欽差沂州兵備道。初署済寧（州）、正徳十年改署沂州。先是天順四年、沂州設守備司、以都指揮一員鎮之。正徳十年、知州朱袞議罷守備、請設兵憲、鎮守其地、以按察司僉事領之」とある。

(127) 明実録万暦三十年閏二月戊申の条に、「山東副使来三聘為右参政兼僉事、管兗西兵巡道」とある。

(128) 嘉靖山東通志巻一一、兵防の条に、「欽差臨清兵備道。分署東昌府臨清州。成化間建、按察司副使一員領之」とある。明実録成化十六年七月甲午の条に、「陞監察御史潘瑄為山東按察司副使、分巡臨清等處。先是巡按御史張蕙言、臨清、済寧、張秋等處、軍民雑處、商賈紛集、姦偽日滋。乞照旧例、復設副使一員、整飭兵備兼理刑名。詔可。至是以（潘）瑄為之」とある。

(129) 明実録万暦十一年七月己丑の条に、「改臨清兵備為分巡東昌道」とある。

(130) 明実録万暦四十三年十月丁未の条に、「東昌兵巡道僉事孫振基」とある。

(131) 嘉靖山東通志巻一一、兵防の条に、「青州兵備道。分署青州府。正徳七年、因流賊之変設、按察司僉事領之」。

(132) 明実録正徳九年六月戊午の条に、「命山東按察司僉事牛鸞巡察海道、仍帯管青州兵備」とある。

(133) 明実録嘉靖二年正月癸丑の条に、「給事中劉洪言、山東益都県顔神鎮、旧設通判、巡検、職散且卑、不足制盗。請即其地県治、而移青州兵備、駐劄県中、于弭盗安民便。兵部請下撫按議行。報可」とある。

(134) 明実録嘉靖三十一年三月甲子の条に、「改青州兵備僉事為副使、兼管分巡」とある。

(135) 嘉靖山東通志巻一一、兵防の条に、「巡察海道。分署萊州府。弘治間建、按察司副使領之。轄府二……県十二……巡検司十八……所五」とある。

(136) 明実録嘉靖四十一年五月丙午の条に、「改山東巡察海道駐登州、守巡海右二道駐萊州」とある。

(137) 明実録正統元年五月戊辰の条に、「巡撫遼東左僉都御史李濬言……乞於山東按察司定委廉幹堂上官一員、分按遼海東寧道、庶辺務悉挙、訟獄無淹。従之」とある。

(138) 明実録成化二十年十一月庚寅の条に、「増設山東按察司東寧道。巡撫遼東副都御史馬文升奏、遼東地広、山東按察司分巡東寧道者僅一員、不能遍歴。請増設僉事一員、会諸守将修繕墻堡、三年一代。其旧東寧道諸務、仍令分巡河東僉事理之。兵部覆奏。詔可」とある。
(139) 明実録嘉靖元年正月辛未の条に、「命添設遼東海寧道参議一員、帯銜山東、管分守事。従撫按之請也」とある。
(140) 明実録万暦二十九年六月乙酉の条に、「陞荊州知州徐堯華為河南右参政、分守遼海東寧道」とある。
(141) 明実録万暦三十五年八月壬申の条に、「加易州兵備張崇礼為河南参政、遼東兵備郝大猷為山西按察使、俱照旧管事」とある。
(142) 国榷嘉靖四十一年五月己酉の条に、「設寧前道兵備副使」とある。
(143) 明実録万暦十五年八月辛酉の条に、「調湖広僉事王邦俊為山東僉事、整飭寧前兵備兼管屯田、點閘事務」とある。
(144) 明実録万暦三十一年七月庚申の条に、「以詹思虞為山西右参政分巡河東道、寧前兵備右参議楊位為山東副使」、同実録万暦四十五年九月丁卯の条に、「陞戸部郎中閻世科為寧前道参議」とある。
(145) 明実録万暦六年三月辛酉の条に、「陞開原兵備副使賀溱為山東右参政、管理前項地方事務、以（賀）溱先有功也」とあり、万暦六年、開原兵備副使賀溱の存在を確認できる。
(146) 明実録嘉靖十九年三月己未の条に、「添設整飭遼東金復海盖等兵備山東按察司僉事一員。従行辺使翟鑾請也」とある。
(147) 明史巻七五、職官志四、苑馬寺の条に、「嘉靖三十二年、以遼東寺卿張思兼轄金、復、蓋州三衛軍民。四十二年又命帯理兵備事」とある。
(148) 明実録万暦六年二月乙未の条に、「陞山東僉事劉鳳遼東行太僕寺少卿兼僉事、整飭兵備兼屯田」とある。
(149) 明実録成化二十二年六月辛卯の条に、「銓注按察司副使毛松齢于山西、整飭代州雁門等関兵備、提督糧儲、兼理詞訟」とある。
(150) 明実録成化二十三年二月丙申の条に、「調山西按察司僉事王璿、代副使毛松齢、整飭雁門等関兵備」とある。
(151) 明実録弘治十四年十月己酉の条に、「陞監察御史楊綸為山西按察司副使、整飭雁門偏頭寧武三関兵備」とある。
(152) 明実録万暦三年十一月庚戌の条に、「調山西按察司副使許守謙、以原職駐偏関、整飭地方兵備」とある。

(153) 宣大山西三鎮図説、山西鎮、寧武関の条に、「(嘉靖)三十九年、設寧武兵備道及管糧通判、建学立倉、規制大備」とある。
(154) 明実録万暦三十三年九月癸未の条に、「准各省督撫按奏、山西冀寧道参政郭光復調寧武道」とある。
(155) 明実録嘉靖二十二年二月癸卯の条に、「兵部覆巡撫山西都御史李珏言、岢嵐石隰兵備、始因防盗設、故専駐石隰。今者移駐岢嵐。石以防虜為急、所轄境土、如汾州、孝義、平遙、介休、交城及汾州衛、遙制非宜。請改隷冀南兵備道。其石隰、保徳、岢嵐等州、寧郷、河曲、興、嵐、臨等県、鎮西等衛所、新増三岔、五寨、守備城操、禦冬等兵馬、専属本道、庶于調度防禦為便。報可」とある。
(156) 明実録万暦元年三月戊子の条に、「改給岢嵐道関防、曰整飭岢嵐偏老等處兵備」とあり、同実録万暦三年十一月庚戌の条に、「調山西按察司副使許守謙、以原職駐劄偏関、整飭地方兵備」とある。
(157) 明実録万暦三十七年二月戊戌の条に、「以三品考満、加山西按察使劉餘澤右布政使、仍管岢嵐兵備」とある。
(158) 明実録万暦四十三年八月丁亥の条に、「陞山西岢嵐兵備参政李従心為右布政、照旧管事」とある。
(159) 註(155)参照。
(160) 明実録万暦十五年十一月辛卯の条に、「除補原任陝西副使成憲為山西潞安兵備副使」とある。
(161) (9)陽和兵備道参照。
(162) 嘉靖三十八年、朔州兵備道が陽和城に移置した後、朔州の兵備は分守冀北道が兼管した。
(163) 宣大山西三鎮図説、大同鎮の陽和城の条に、「(嘉靖)二十六年改朔州兵備為陽和道」とあるが、同書の大同鎮総図説の条には、「(嘉靖)二十五年……是年、置朔州兵備、後随総督軍門駐陽和」とあって、朔州兵備が陽和城に移置した年代と、その設置年代が同時になって矛盾する。ここでは、嘉靖二十五(六)年を、朔州兵備の設置年代と考えたい。尚、註(164)参照。
(164) 宣大山西三鎮図説の大同鎮総図説の条に、「(嘉靖)三十八年、移分守道、駐朔州」とあって、朔州兵備道が陽和城に移置したので、不在になった朔州城の兵備を、分守冀北道に兼管させたと考えられる。尚、同書の陽和城の条に、「(嘉靖)二十六年、改朔州兵備為陽和道」とあるのは誤記であろう。
(165) 宣大山西三鎮図説、左衛城の条に、「(嘉靖)三十七年、設大同兵備道、駐劄本城」とある。

(166) 明実録万暦八年六月甲寅の条に、「改大同左衛兵備副使鄧喬林、管理西中二路兵備事、以原缺裁革故也」とある。同実録万暦十一年八月辛亥の条に、「復設山西按察司大同兵備副使一員、駐左衛」とある。

(167) 明実録嘉靖三十九年八月丙申の条に、「陞整飭大同左衛等処兵備山西按察司僉事王彙征為山西右参議、仍兼僉事、兵備如旧。従巡撫李文進奏也」とあり、同実録隆慶四年六月丙寅の条に、「加大同兵備僉事崔錦為山西布政使司右参政、仍兼僉事、管理兵備如故」とある。

(168) 明実録正徳八年三月庚午朔の条に、「添設河南陳睢二州兵備僉事一員。守臣言、二州四通之郊、盗所出没。請添設兵備官。時僉事馮相、方需選、遂以命之」とある。

(169) 明実録嘉靖十年七月辛未の条に、「裁革睢陳兵備僉事、併於屯田僉事」とある。

(170) 明実録嘉靖十七年七月辛未の条に、「陞南京広東道御史趙彦之為河南按察司僉事、整飭睢陳兵備」とある。国榷嘉靖十七年七月庚辰の条に、「復河南睢陳兵備道」とある。

(171) 明実録万暦八年六月丙午の条に、「詔近来沿辺兵備守巡及武職参遊等官多設、至非旧制、議裁革。于是、山西宣府懐隆道兵備副使一、河南総部京糧右参政一、督糧左参議一、睢陳道兵備一……倶罷没」とある。同実録万暦二十九年三月己酉の条に、「以分巡汝南道右参議黄輝、加副使銜留任見擬陞、参政蕭雍等各就陞、従河南撫按之請也。蕭雍陞按察司、整飭睢陳兵備」とある。

(172) 明実録万暦二年十一月癸巳の条に、「河南巡撫呉道直言、大梁道所属開、帰二府、延茅千里、守巡官一向駐劄省城。要将大梁分守官、専于帰徳、分巡官、専于禹州、各帯家室、常川駐劄、厳督州県、共分職業務。部覆従之」とある。

(173) 註（172）参照。

(174) 明実録成化二年三月癸亥の条に、「巡撫河南等處左副都御史賈銓奏、開封、河南二府并汝寧、南陽二府、倶名河南道、行移未便。乞将汝寧、南陽二府、改名汝南道、鋳換印信、以便移文。従之」とある。

(175) 明実録正徳十年七月己丑の条に、「陞吏科給事中閻欽為河南按察司僉事、整飭信陽兵備」とあり、汝寧府の信陽州に僉事閻欽を駐留させて、兵備を整飭させた。この信陽兵備道は信陽州の分巡を兼管した兵巡道であったと考えられる。

（176）明実録正徳十五年正月甲寅の条に、「兵科給事中李学奏、河南魯山等県盗発、実洛陽中護衛軍屯悪党也……汝寧、南陽、雖添設兵備官、不兼分巡、何以責成。乞下所司詳議。兵部議覆、宜革兵備、即以分巡官兼理其事、常駐汝寧信陽等處、歳一更代。従之」とあり、南陽府汝州魯山等の県で盗賊が出現したが、審べてみると河南洛陽中護衛の軍屯の悪党であることが判明した。汝寧、南陽府に兵備憲臣を置いても、汝南道の分巡を兼管していなかったことから生じたので、その後、汝南道の分巡官に兵備も兼管することになった。即ち、分巡官を汝寧府信陽州に常駐させ、汝南道を分巡したから、従来設置されていた信陽兵備道等を廃止した。

（177）明実録嘉靖元年五月丁巳の条に、「陞河南道御史熊相為山東按察司副使、整飭密雲等處兵備……浙江道御史張翰為河南按察司副使、整飭汝寧南陽等處兵備。各鋳関防賜之勅。従兵部会議、請添設也」とある。

（178）明実録万暦七年二月庚子の条に、「陞刑部山西司郎中范伋為河南副使、整飭汝南兵備」とある。

（179）明実録万暦二十八年八月己亥の条に、「改分守汝南道右参議黄煒、以原官兼僉事、分巡汝南、整飭兵備」とある。

（180）明実録嘉靖四十一年五月丙午の条に、「改山東巡察海道駐登州。守巡海右二道駐萊州。河南分守河北道駐懐慶、巡道駐磁州、仍兼兵備」とある。

（181）万暦会典一二八、督撫兵備の条に、靖辺兵備一員、定辺営に駐箚したと記載するが、後にみる如く、延綏鎮には二員の兵備が置かれたから、定辺営に駐留したとも推察される。

（182）明実録万暦二十五年十二月戊寅の条に、「鋳給整飭神木等處兵巡道関防」とある。

（183）明実録万暦二十三年三月乙酉の条に、「調陝西左参議張悌、管楡林東路兵備事」とある。

（184）明実録万暦六年四月戊戌の条に、「降原任山東副使洪忻為陝西参議、管理楡林兵備」とあり、同実録万暦四十六年十月丙辰朔の条に、「楡林兵備僉事張商基為副使」とあって、守巡官の就任をみた。

（185）重修寧夏志巻二、官制の河西兵糧道の条に、「(弘治)十七年始銓注僉事一員、給寧夏督儲道関防、専収糧斛、兼管水利」とある。

（186）重修寧夏志巻二、宦蹟、督儲河西道の黎堯卿の条に、「忠州人、(正徳)九年任……兼管水利、始此」とある。

(187) 重修寧夏志巻二、宦蹟、督儲河西道の劉思の条に、「保定人、(嘉靖)十一年任。平易簡静、刑無寃抑、兼管塩法、兵備霊州、如此」とある。
(188) 重修寧夏志巻二、官制、河東兵備道の条に、「隆慶九年(万暦三年)、総督王崇古以花馬池路當延寧雨尾地方遼闊、宜有憲司振攝之、乃奏設該道、整理兵防」とある。
(189) 明実録万暦十年二月癸巳の条に、「(陞)陝西行太僕寺少卿馬時泰為本寺卿、兼僉事」とあり、同実録二月乙未の条に、「陞江西僉事郭汝為陝西行太僕寺少卿、兼僉事」とある。尚、重修寧夏志巻二、官制、督儲河東道の条には、「馬時泰、河南陳留人、挙人、万暦八年任。郭汝、山東済寧人、進士、十年任」とあり、馬時泰の就任の年を万暦八年とする。
(190) 明実録弘治三年七月壬申の条に、「致仕都察院右僉都御史左鈺卒。鈺字廷珎。直隷阜城県人。自挙人選授監察御史、陞陝西按察司僉事、理環慶等處兵備遷副使。成化十四年、預征岷州番賊、以功陞従三品俸。十八年、進按察使」とあり、左鈺は成化十四年に岷州の番族を征討し、同十八年に按察使に昇進したとある。
(191) 明実録弘治四年二月辛酉の条に「調陝西按察司副使王玹于湖広、以環慶兵備裁革也」とある。また(弘治)十三年四月丁未の条に、「復設陝西按察司副使一員、整飭環慶等處兵備、兼理塩法」とあり、三日後に副使于茂が就任した。
(192) 明実録正徳元年九月戊戌の条の総制陝西都御史楊一清の辺方事宜の中に、「一、環慶兵備、改整飭環慶霊州等處兵備、迤西地方俱聴提調。常駐霊州、練兵理刑、撫夷革弊。仍聴寧夏巡撫官制之則、体統正而人心安矣……詔是之、而従其議」とあり、都御史楊一清の上奏は容認された。尚、環慶霊州等處兵備は寧夏巡撫の節制下にあった。
(193) 明実録成化五年七月癸卯の条に、「命陝西按察司僉事楊冕、専撫固原等處土達、協同鎮守守備等官、整飭兵備。従巡撫都御史馬文升等言也」とある。
(194) 明史巻四二、地理志三、平涼府固原州の条に、「本固原守禦千戸所、景泰三年以故原州城置。成化四年升為衛。弘治十五年置州、属府」とある。
(195) 明実録嘉靖三十一年四月壬申の条に、「陝西静寧州隆徳、鎮原二県、属固原兵備道」とある。
(196) 明実録弘治五年十月丁巳の条に、「四川按察司副使柳応辰、丁憂服闋。復除陝西按察司、整飭岷州等處兵備」とある。

(197) 明実録嘉靖六年正月丙午の条に、「陞河南按察司僉事祝続為陝西按察司副使、整飭岷州辺備」とある。
(198) 明実録嘉靖十五年三月戊辰の条に、「以斬獲番賊功、賜陝西洮岷辺備副使馬紀、銀二十両、紵絲二表裏」とある。
(199) 明実録万暦十七年十二月戊寅の条に、「給事中杜華先為陝西按察司僉事、整飭延安兵備」とあり、同実録万暦二十年七月癸未の条に、「陞浙江右参政郭子章為山西按察使、刑部郎中蕭察為陝西僉事、備兵延安」とある。
(200) 明実録万暦元年八月癸亥の条に、「勅分守隴右道僉事原森、冠帯閑住、分守関西道右参政楊所、臨鞏兵備副使楊起元、各降調。閲臣王遴題参也」とある。同実録万暦二十一年九月癸亥の条に、「陞陝西右参政劉易従為本省按察使臨鞏兵備」とある。
(201) 明実録万暦元年八月乙丑の条に、「(陞) 刑部雲南司員外郎大倫、為陝西僉事、備兵鞏昌」とある。
(202) 明実録万暦元年十月己未の条に、「移駐陝西苑馬寺少卿兼僉事馬文健於靖虜衛、為整飭靖虜兵糧道」とある。
(203) 明実録万暦二十六年五月甲午の条に、「陞張子忠靖虜兵備副使」とあり、同実録万暦三十年閏二月丙午の条に、「留副使黎芳陝西、管靖虜兵糧道事」とある。
(204) 明実録弘治八年五月丙申の条に、「整飭粛州兵備陝西副使李旻奏、粛州為頻年災傷」とあり、弘治八年に兵備副使李旻の名がある。
(205) 明実録嘉靖四年五月丙申の条に、「陞陝西布政司右参議趙載為本按察司副使、整飭粛州地方兵備、撫治番夷、兼管永昌等九衛所」とある。
(206) 明実録隆慶六年十一月丁亥の条に、「陞山東副使徐節為陝西右参議兼僉事甘粛管糧兼理兵備」とある。
(207) 明実録弘治元年七月甲戌の条に、「増設陝西按察司副使一員、専在西寧衛地方、撫治番夷。時四川按察司副使王軾、丁憂服闋。吏部謂、其才力可任。遂奏用之……今特命爾専一撫治番夷、整飭兵備、提督該衛、操練軍馬、保固城池」とある。撫治道と言っても兵備道の職務と同一であった。
(208) 明実録成化二十三年四月辛卯の条に、京営指揮使顔玉が備辺を奏した中で、「請於粛州、荘浪、各設憲臣一員、俾飭兵備而禁貪墨……詔可」とある。
(209) 明実録隆慶五年十一月丙寅の条に、「鋳給甘粛行太僕寺分理馬政兼整飭兵馬関防」とある。

（210）明実録万暦八年六月丙午の条に、辺腹地方の兵備守巡等官の裁革を記し、「浪荘兵備一員」とある。註（171）参照。同実録万暦十六年十一月庚戌の条に、「陞陝西右参政王藻、本省按察使備兵荘浪」とある。
（211）明実録成化六年四月丙寅の条に、「監察御史梁觀為陝西按察司副使、撫治漢中流民」とある。
（212）明実録弘治十一年二月辛巳の条に、「陞監察御史楊縉為陝西按察司副使、於漢中府等處撫民」とある。同実録正徳元年十一月丙戌の条に、「陞広東道監察御史劉淮為陝西按察司副使漢中等處撫民」とある。
（213）明実録嘉靖二十年十二月壬子朔の条に、「添設陝西布政使司分守関南道参議一員于金州住箚、與分巡副使倶兼撫民」とあり、分守関南道参議を増設して、漢中撫治道と共に撫治に当った。尚、金州とは興安州（直隷州）のことであり、万暦十一年八月に更名された（明史巻四二、地理志三）。
（214）明実録弘治九年八月庚子の条に、「陝西布政司右参議楚麟、丁憂服闋。復除原職、専撫治商洛等處、兼分守漢中府」とあり、漢中府を撫治して漢中府の分守を兼管した。
（215）明実録嘉靖二十年十二月壬子朔の条に、「其撫治商洛参議止令商州、洛南、商南、山陽、鎮安五州県分守事、仍住商州。分守関内道参議正轄西安府長安等三十一州県、不兼商洛、各給換勅書……先是、関南常設分守、後裁革、以商洛参議統之」とあり、以前、関南道は常設されていたが裁革されたとあり、関内道参議が兼管していたことが分る。また、商洛撫治道が関南道の分守を兼管したのであり、関南道分守が撫治を兼管したのではない。
（216）註（215）参照。
（217）明実録万暦七年三月庚申の条に、「陞戸部広西司郎中王體、復為陝西副使、整飭西安兵備」とある。
（218）明実録嘉靖十八年七月丙子の条に、「巡撫陝西（都）御史戴璟言、邠州地眩人稀、盗賊旁午。乞改分巡関内道為邠涇兵備、駐箚其地。仍兼分巡、其本道迤東白水等六県、勢難遙摂、則割属潼関兵備。兵部議覆。従之」とある。
（219）明実録正徳七年正月己巳の条に、「陞泗州知州張綸為陝西按察司副使、整飭潼関等處兵備。時巡撫都御史藍章請、添設兵備副使于潼関賊。故有是命」とある。
（220）註（218）参照。

(221) 明実録万暦二十年十二月辛亥の条に、「(陞) 河間府同知周有光為陝西漢羌兵備副使」とある。

(222) 明実録成化十三年正月己巳の条に、「陞監察御史江沂為四川按察司副使、整飭安綿・石泉・龍州等處兵備」とある。

(223) 明実録成化十五年五月壬午の条に、「陞四川按察司僉事范純為副使、整飭大壩兵備。先是、大壩置備辺副使一員。後改安綿等處。至是、巡撫都御史孫仁等奏、復置之」とある。尚、大壩兵備の記事はその後、明実録に見出せないから、安綿兵備道の所轄に属したと推量される。大壩城（堡）は保寧府南江県に在り、後に巡検司が設置された。

(224) 正徳五年九月乙丑の条に、「復設四川建昌、威茂、叙瀘、安綿、東達等處兵備副使、凡五人皆為劉瑾所革者、守臣以盗賊蜂起、請復添設。兵部議従之」とある。

(225) 明実録成化四年五月辛酉の条に、「陞四川按察司僉事顔正為本司副使、整飭瀘叙辺備、時山都掌初平。提督軍務兵部尚書程信等建議、設衛所増営堡及長官司衙門。故令（顔）正領瀘州等并戎、珙等県官軍、民快、往来調度、修護城池、清理河道、整理屯種諸事」とあり、副使顔正は瀘叙辺備を整飭し、瀘州等の官軍、民快を訓練し、城池、河道、屯種等を管理した。

(226) 明実録隆慶三年十一月乙酉の条に、「吏部議覆四川撫按官厳清等奏請……叙瀘兵備道、改為下川南兵備道、倶兼分巡」とあり、叙瀘兵備道が下川南道の分巡を兼管した。

(227) 明実録弘治十六年四月甲申の条に、「増設四川按察司副使一員、整飭威茂兵備、兼理本道糧儲。陞福建道監察御史莫立之為之。其威茂原管糧布政司参議、裁革別用」とある。

(228) 註（224）でみた如く、正徳五年九月に四川の建昌、威茂、叙瀘、安綿、東達等處兵備副使が復設された。但し、五番目の東達等處兵備副使については不明である。東達とは夔州府の達州（正徳九年、復升為州）と属県の東郷県の地名からとられたと推察される。(5)の夔州兵備道は嘉靖四十五年に達州に設置されたことを考慮すると、東達兵備道はその前身に当り、成化から嘉靖年間に置かれていたと考えられる。

(229) 明実録嘉靖九年十二月丙寅の条に、「四川永川県民李紹祖等、左道感人、聚衆為乱。重夔兵備僉事劉隅捕平之」とある。兵部はこの時、劉隅の他に、叙瀘兵備僉事李際元、分巡僉事蔡乾、戴元、分守左参議何鰲等を挙げて、地方諸臣の功労者に賞を与えることを申請して認められた。

(230) 明実録嘉靖四十五年九月癸丑の条に、「改設整飭荊夔兵備湖広按察司副使一員、専駐施州、以湖広荊州等處、四川重慶夔州等處属之、兼聴貴川湖州撫按官節制。仍分重慶、夔州二府、為上下川東二道。以整飭下川東道副使即兼守巡、仍駐達州、専轄夔州府衛州県并石砫上司。分巡上川東道僉事、即兼兵備、専轄重慶府衛州県并潘州、有（酉）陽等上司」とある。この条から確認できるのは次の三点である。第一点は、嘉靖四十五年九月に荊夔兵備道が設置され、湖広の荊州、四川の重慶等處を管轄し、貴川湖三省の撫按官の節制下にあったこと。第二点は、下川東道分巡官が兵備を兼管して達州に駐留した（夔州兵備道）こと。第三点は、上川東道分巡官が兵備を兼管して重慶府に駐留した（重慶兵備道）ことである。尚、荊夔兵備道は荊瞿兵備道ともいい、隆慶三年五月までの四年間設置された。万暦年間になると夔州兵備道が施州を控制した。湖広の(7)荊瞿兵備道を参照。

(231) 明実録隆慶三年十一月乙酉の条に、「吏部議覆四川撫按官嚴清等奏請、以四川按察司屯塩、水利、茶法二道、合為一道。建昌兵備道改為兵糧道、叙瀘兵備道改為下川南兵備道、倶兼分巡。上川南分巡道當移駐雅州、分守道當移住嘉定州。従之」とある。

(232) 明実録成化五年十二月辛酉の条に、「監察御史侯英、羅明、趙文華倶僉事。（侯）英、四川整飭建昌兵備」とある。

(233) 註（231）参照。

(234) 明実録成化十五年十二月辛未の条に、「陞四川按察司僉事戴省為副使、整飭松潘兵備」とある。

(235) 明実録正徳元年二月丁卯の条に、「陞四川按察司整飭松潘兵備副使張翼為四川布政司右参政、仍莅旧任」とあり、同実録正徳八年正月辛未朔の条に、「陞四川按察司僉事盧翊為本司副使、整飭松潘兵備」とある。

(236) 明実録嘉靖四十五年九月癸丑の条に、「其分守涪州参議、令兼理忠州、長寿、墊江、南川、酆都、彭水、武隆、黔江九州県」とある。

(237) 明実録万暦二十八年二月乙亥朔の条に、「以軍興就近、推補四川司道等官……真定知府秦璘晋陞副使分巡兵備川西」とある。

(238) 明実録万暦二十九年四月丙申の条に、「吏部議潘地新設郡県、既分川貴、其統轄監司委不可缺。於四川按察司添設僉事一員、分巡兼兵備、駐劄白田壩府城、整飭新復郡県并重慶衛、忠・黔二所、永寧、酉陽、石砫、平邑等土司兵務」とある。

(239) 明実録万暦三十年三月甲戌の条に、「陞四川成都府知府傅光宅為按察司副使、駐箚遵義府、整飭新設郡県事務」とある。
(240) 明実録万暦三十三年正月甲午の条に、「革四川遵義兵備左布政使崔応麒、任回籍、聴勘褫原任兵備参議徐中佳及遵義府通判鄧弘烈職、奪総兵官林桐、俸二月」とある。
(241) 明実録弘治十六年二月癸亥の条に、「先是巡撫江西都御史韓邦問奏、瑞州府、南接湖、長沙、醴陵等県。北接南昌府奉新、靖安等県。人性頑梗、俗尚刧掠。乞賜勅一道、給分巡南昌道官兼管兵備、常駐瑞州、往来巡歴捕盗、仍帯管湖広長沙、瀏陽、醴陵等県、一年更代。既而巡視都御史林俊亦為言。事下兵部覆奏、謂所言宜従、但欲帯管湖広瀏陽等県、事体紊乱、不可。上従其議、仍令分巡兵備官員、必選有風力者委任、不許循資誤事」とある。
(242) 明実録弘治十二年八月己酉の条に、「兵部尚書馬文升奏、江西九江府當長江上流、実荊南江西之襟喉、南京之藩屏。比来湖広、江西盗起、沿江亦有塩徒為患。請増設江西按察司副使一員、専理九江安慶池州建陽等府衛地方、整飭兵備。従之」とあり、五日後の八月癸丑の条に、「陞陝西漢中府知府欧鉦為江西按察司副使、専理九江安慶建陽等府衛整飭兵備」とある。
(243) 明実録弘治十二年十月戊子の条に、「監察御史陳銓等劾奏兵部尚書馬文升……又徇沈暉之請、添設湖広九永等處兵備僉事李宗泗。今又以欧鉦旧属於腹裏地方、添設江西九江兵備副使。乞裁革此二處兵備、并黜（欧）鉦及（馬）文升等、以正朋比之罪。上命二處兵備官倶革去」とある。
(244) 明実録弘治十五年八月壬戌の条に、「吏部尚書馬文升奏……令増設江西按察司副使一員、常住九江、整飭兵備……上曰、覧奏具見忠愛、所司其即看詳以聞」とある。
(245) 明実録正徳六年五月戊寅の条に、「増設江西九江兵備副使、移守備都指揮于安慶、以撫按官奏其地多盗故也」とある。
(246) 明実録正徳七年九月己酉の条に、「陞浙江按察司僉事李情、宝慶府知府胡世寧為江西按察司副使、（李）情整飭饒州万年等處兵備、（胡）世寧整飭撫州東郷等處兵備」とある。
(247) 明実録万暦八年六月丙午の条に、辺腹地方の兵備守巡等官の裁革を記し、「江西饒州兵備副使一員、僉事一員、倶請裁革、報可」とある。尚、註（171）参照。
(248) 註（246）参照。

(249) 明実録正徳十一年二月辛酉の条に、「革江西東郷県新設兵備副使、以盗平。従御史呉華奏也」とある。
(250) 明実録隆慶元年十二月甲申の条に、「江西撫按任志憑等請……改湖西分巡兼理袁州兵備、駐吉安、并轄湖広茶、攸、柳、桂、瀏陽等處。兵部覆奏。従之」とある。
(251) 明実録万暦三十年閏二月丁巳の条に、「陞光禄寺少卿楊鳳為南京太僕寺少卿……河間長蘆運使何継高為江西右参政兼僉事分巡湖西道兼理袁州兵備」とある。
(252) 明実録嘉靖十五年正月壬戌の条に、「改湖広上荊南道分巡僉事為兵備僉事、駐箚蘄州、専管漢陽而下至蘄、黄、徳安等處、名曰下江防道。原駐箚岳州僉事、専管武昌而上至沔陽、岳州、常徳、長沙等處、名曰上江防道。各給勅書関防行事。兵部覆湖広巡撫都御史翟瓚請也」とある。
(253) 江防湖禁巡司とは、岳州府に置かれた巡視都指揮使司や巡視洞庭湖等を指すと考えられる。隆慶岳州府志巻六、軍政考の巡視都指揮使司の条に、「成化間、洞庭水賊出没無常、因是建設」とある。万暦会典巻一二七、将領下、湖広の条に、「巡視洞庭湖」とある。
(254) 註(252)参照。
(255) 明実録嘉靖二十七年十一月丙申の条に、「改湖広荊西道僉事為整飭荊西等處兵備、兼管分巡。以原轄承天、徳安二府及隣近嘉魚等八県、属之。従巡撫都御史林雲同奏也」とある。
(256) 明実録嘉靖四十五年四月癸未の条に、「詔併湖広駅伝道事于清軍。改駅伝道副使住黄州、整飭武漢黄州等處兵備、兼制随州及孝感、応山、雲夢三県」とある。
(257) 明実録嘉靖四十五年四月癸未の条に、「詔併湖広駅伝道事于清軍……令分守上荊南道参政、量加憲職、整飭岳州九永等處兵備、従撫按官谷中虚、陳省奏也」とある。
(258) 明実録嘉靖二年十一月丙申の条に、「吏部言、湖広荊襄等府、與河挟接界、土着流民雑處、往々嘯聚為盗。乞如撫治鄖陽右副都御史徐蕃言、添設副使一員分巡。従之」とある。
(259) 明実録嘉靖三年十二月丙午の条に、「湖広公安県強賊熊振昂等二百余人、流刧石首等県、兵備副使楊守礼捕得誅之」とある。

(260) 註(230)参照。
(261) 明実録隆慶三年五月丁卯の条に、「湖広撫按官劉慤等奏、土寇黄中等既平。請裁革荊瞿兵備道而已、分巡上荊南道摂之。更賜之勅、俾整飭施帰兵備」とある。
(262) 明史巻七六、職官志五、留守司の条に、「嘉靖十八年、改荊州左衛為顕陵衛、置興都留守司、統顕陵・承天二衛、防護顕陵。設官如中都焉」とある。
(263) 明実録万暦七年三月丙辰の条に、「(陞)湖広常徳知府葉朝陽為副使、整飭鄖襄兵備、兼分巡下荊南道」とある。
(264) 明実録万暦三十一年三月己巳の条に、「復除原任広西右参政李燾為湖広右参政兼僉事、整飭鄖襄兵備」とある。
(265) 明実録弘治四年十一月甲戌の条に、「陞湖広按察司僉事張鋭為本司副使、整飭衡郴等処兵備」とある。
(266) 明実録正徳十二年九月辛卯の条に、「湖広巡按御史王度奏、整飭郴桂衡永兵備副使陳璧、僅足守官、而荊襄撫民副使陳鼐、才堪制変。乞更調為便。許之」とある。
(267) 明実録嘉靖十九年二月乙亥の条に、「陞浙江道監察御史李鳳翔為湖広按察司副使、整飭郴桂兵備」とある。
(268) 明実録弘治九年七月庚戌の条に、「巡撫四川都察院右副都御史馮俊卒。字士彦、宜山県人。天順四年進士……改湖広整飭沅清偏橋等処兵備。偏橋屯戍数万、餉給、陸運其艱、(馮)俊至設法鑿石河、以通漕舟、造浮橋、以済徒渉、軍民称便」とある。
(269) 明実録弘治十五年八月壬子の条に、「山東按察司副使張璡、丁憂服闋。復除湖広按察司、整飭靖州等処兵備」とある。
(270) 明実録万暦七年二月庚子の条に、「以湖広右参議章甫端為辰沅兵備副使、兼摂学校」とある。
(271) 明実録万暦三十二年十月辛亥の条に、「調辰沅兵備右参政黄元学為下江防道、右参議張応鳳、調辰沅道」とある。
(272) 明実録万暦十四年六月癸未の条に、「陞兵備河南僉事趙燿為浙江副使分巡杭厳道、兼杭厳二府兵備」とある。
(273) 明実録嘉靖四十五年十月庚申の条に、「裁革浙江金衢分巡道僉事一員、以其事併于新設徽饒厳衢兵備副使。仍令兼轄江西広信府玉山県、以防砿賊」とある。
(274) 明実録万暦六年五月癸酉の条に、「先是江浙砿徒流毒、議以金衢兵巡道兼理徽饒厳三府與玉山、永豊、遂安、松龍三県兵備。至是寇平、該部請将移咨吏部、以整飭饒金衢等処兵巡道、止管金衢二府。其饒州一府與玉山等県、仍帰併本道。另請換給勅

書。従之」とある。嘉靖四十五年に徽饒厳衢兵備道が新設され、徽州府（南直隷）、饒州府（江西）、厳州、衢州二府（浙江）の一直二省に跨った。また万暦六年五月に整飭饒金衢等処兵備道が設置されたが、この時徽州府（南直隷）は饒州府（江西）、金華、衢州二府（浙江）、玉山、永豊二県（江西広信府）、遂安県（厳州府）、松陽、龍泉二県（浙江處州府）を管轄したから、南直隷、江西、浙江の一直二省に跨り、徽饒厳衢兵備道と共に、一時的な兵備道であった。

(275) 明実録弘治十二年十一月乙丑の条に、「陞浙江按察司僉事林廷選為本司副使、整飭温、處二府兵備、兼管分巡事。従浙江鎮巡官奏也」とある。

(276) 明実録嘉靖三十三年十二月辛巳の条に、「改浙江分巡領兵僉事羅拱辰為寧紹台三府兵備、住紹興。従巡按御史趙炳然奏也」とあり、台州府でなく紹興府に駐留した。

(277) 明実録嘉靖三十一年九月辛丑の条に、「浙江巡按御史林応箕以海寇奏、免寧台温三府及象山、定海等県正官入覲。許之」とある。

(278) 明実録嘉靖三十九年二月癸卯の条に、「更定浙東守巡官信地。以台金厳為一道。文官則以分巡寧紹僉事、改為台州分巡、兼管三府兵備。武官則添設参将一員、守之。其原設寧紹台兵備副使及参将、但令止領寧紹二府。以温處衢為一道。其原設温處兵備兼分巡副使、令兼領衢州一府、仍以寧紹分巡事併於兵備道。従総督胡宗憲議也」とある。

(279) 国榷正統八年十月庚戌の条に、「増浙江布政司右参政、督巡海道」とある。

(280) 明実録正統十二年四月丙辰の条に、「増置広東布政司右参政一員、陞山東按察司副使鍾禄為之、賜之勅曰……今特命爾巡視海道、整理辺務、禁革姦弊、撫邺軍民。爾當廉潔公正、以身率人、夙夜盡心、勉稱任使、或依阿雷同、容情慢事、致有疎虞、即爾不任。若徇私受賄、党蔽悪人、妨廃軍政、貽患辺方、爾罪非軽、其敬慎之」とある。

(281) 八閩通志巻四〇、公署、漳州府の条に、「漳南道……成化六年又改為漳南道」とあり、嘉靖邵武府志巻三二、制宇の条に、「武平道……弘治二年己酉改今道」とある。

(282) 明実録万暦八年五月庚辰の条に、「鋳給福建清軍駅伝道兼管福州兵備道関防」とある。

(283) 明実録万暦十四年五月癸丑の条に、「陞江西布政司右参議李盛春為福建按察司副使清軍駅伝兼兵備福州」とある。

(284) 明実録万暦二十八年十一月壬寅の条に、「陞山東兗州府知府陳良材為福建副使、兵備福寧」とある。
(285) 明実録万暦七年四月辛巳の条に、「陞工部都水司署郎中事員外（郎）張尌為福建僉事分巡建南兼兵備」とある。
(286) 明実録万暦十四年十一月丙申の条に、「(陞) 刑部四川司署郎中事員外郎薛通生為福建僉事分巡建南道兼兵備分理事」とある。
(287) 明実録正統八年七月癸酉の条に、「勅福建布政司右参政周礼曰、福建縁海備倭官、因循苟且、兵弛餉乏、賊至無措。況有刁潑官軍、朋構兇悪、偸盗倉糧……今特命爾前去、厳督巡捕。遇有倭寇、設法擒剿。其有似前刁潑者、與按察司委官審実、軍発辺衛」とある。
(288) 明実録成化十八年正月丁酉の条に、「陞監察御史劉喬為本司副使、巡海巡視」とある。
(289) 万暦泉州府志巻四、公署の条に、「興泉道在泉州衛……（嘉靖）三十八年、倭入寇、郡邑多事。硒分福寧道、備兵福州、駐省城。改本道為興泉道、備兵興泉。泉有専道自此始」とある。
(290) 嘉靖汀州府志巻六、公署、上杭県の条に、「漳南道在県治東……成化二十三年、邑之来蘇里賊首劉昂等、聚衆攻刼隣界江西、広東諸県。勢甚猖獗。朝廷命按察司僉事伍希閔、来巡本道、許携家小駐上杭、以弭盗為事。弘治元年、寇平」とある。同書巻十五、誥勅、成化二十三年三月二十日の条を参照。
(291) 嘉靖汀州府志巻十五、誥勅、弘治九年十月十五日の条に、「勅福建按察司僉事伍希閔、福建汀漳二府所属地方、與広東潮州、江西贛州脣歯相接、山勢険阻……特簡命爾、常於汀州上杭居住、兼管漳南道、不時巡歴汀漳二府所属地方、提督府県衛所、操練軍士民壮」とある。明実録弘治九年九月庚午の条に、「復除病痊按察司副使張璁于江西、服関按察司僉事伍希閔于福建……(伍) 希閔整飭上杭兵備兼管漳南道」とある。
(292) 明実録嘉靖三十四年十月癸亥の条に、「勅福建漳南兵備道、兼轄広東之大埔、程郷二県。広東兵備道兼轄、福建之上杭及江西之龍南、安遠三県。従提督都御史汪南寧請也」とある。
(293) 明実録正統十二年四月丙辰の条に、「増置広東布政司右参政一員。陞山東按察司副使鍾禄為之。賜之勅曰……今特命爾、巡視海道、整理辺務、禁革姦弊、撫卹軍民」とある。また同実録嘉靖四十三年六月戊寅の条に、「広東旧設海道副使、駐箚省城、兼理市舶」とある。

(294) 明実録成化十八年正月丁酉の条に、「(陞)広東僉事趙弘為本司副使、巡視海道」とある。

(295) 明実録嘉靖十年閏六月己亥の条に、「裁広東按察司海道副使一員」とある。

(296) 註(297)参照

(297) 明実録嘉靖四十三年六月戊寅の条に、「添設広東海防僉事一員。広東旧設海道副使……会倭乱、海道遂専備恵潮、以市舶委之府県。於是提督両広都御史呉桂芬、請自東莞以西直抵瓊州属副使、摂之、仍制番夷。而更設海防僉事、巡歴東莞以東海豊、恵潮等処、専禦倭寇。有詔如議、暫設竣、事寧已之」とある。

(298) 明実録嘉靖四十五年四月丁丑の条に、「裁革広東整飭潮州兵備分巡僉事、以其事併於海防道。従総督侍郎呉桂芬奏也」とある。

(299) 明実録万暦三年十月丙寅の条に、「吏部覆題、広東宜以副使一員巡視海道、駐箚東莞南頭城。平時則操練、稽察百事、督兵出海勦捕。即以本省副使劉経緯、調補。従之」とある。

(300) 明実録弘治三年五月壬子朔の条に、「総督両広都御史秦紘言、両広総鎮等官、多縦私人以擾商賈、居私家以理公政、濫殺無辜、交通土官為姦、請厳加禁絶、広潮南韶四府多盗、請設社学以訓誨其子弟、編保甲以約束其強梁、仍設按察司僉事一員、守備其地。従之」とある。

(301) 明実録隆慶元年十一月丙寅の条に、「陞刑部広東司員外郎郭孝為広東按察司僉事、整飭嶺東道兵備」とある。

(302) 註(297)参照。

(303) 註(298)参照。

(304) 明実録隆慶六年二月丁酉の条に、「陞広東潮州府僉必登為本省布政司右参政兼按察司僉事、整飭潮州等処兵備」とある。

(305) 明実録嘉靖四十三年正月壬寅の条に、「以広東按察司僉事添註僉事徐甫宰、改補潮州分巡道兼理兵備事。従撫按官奏也」とある。

(306) 明実録万暦六年四月癸卯の条に、「陞江西九江府知府李得陽為広東副使、整飭嶺東兵備兼分巡恵潮」とある。尚、嶺東兵備道が初めて設置されたのは弘治十年で、恵州府長楽県に置かれた（嘉靖恵州府志巻一郡事紀）。
(307)　明実録万暦七年正月丁卯の条に、「恵潮兵巡道副使李得陽、分守嶺東道右参議李盛春、以病乞休。許之」とある。
(308)　明実録成化五年十一月甲申の条に、「巡撫広東右副都御史陳濂等奏、高廉雷肇四府及連州、密邇広西、流賊出没、調遣官軍、動経歳月」とあり、翌日（乙酉）の条に、「陞高州府知府孔鏞為広東按察司副使……至是広東巡撫都御史等官交章、請授憲職、専守高雷二府、撫治民夷、修浚城池。遇廉・肇隣境有警、率兵応之」とある。
(309)　明実録成化十三年閏二月戊午の条に、「勅広東按察司副使陶魯、提督高・雷二府兵務、防禦蠻寇」とある。
(310)　明実録成化二十年正月甲寅の条に、「命裁省提督守備、広東高廉等處按察副使陶魯、兪俊還本司管事。以総督軍務都御史朱英等奏、高廉等處地方稍寧、兼有将官分守、（陶）魯等宜暫裁省、仍令分巡等官往来提督、一年而代。故有是命」とある。
(311)　明実録弘治三年九月戊寅の条に、「復設広東按察司副使一員、整飭雷廉等處兵備」とある。
(312)　明実録弘治六年閏五月戊戌の条に、「裁革広東整飭雷廉等處兵備按察司副使一員」とある。
(313)　明実録弘治九年十月辛巳の条に、「監察御史陳銓言、広東雷廉高肇四府、西接広西諸峒徭獞、東抵海洋諸蕃。高州之雲爐大桂等處又有流賊嘯聚、動以万計。兵備副使林錦専其地、招撫流亡、控制盗賊。父老至今思之、後継者不得其人、旋亦裁革……乞仍旧設按察司副使一員、整飭四府兵備……其如所擬行」とある。
(314)　明実録弘治十年十月丙子の条に、「礼科給事中呉仕偉奏、広東高州府雲爐、大桂二山、倶當賊衝、電白県治、旧在雲爐山口、因避賊遷神電衛城内、其城堡遺趾尚存……又神電高州當雷廉肇慶各府之中、有警易於応援。神電原設参将一員、高州設兵備副使一員。近因瀧水有事、参将暫移肇慶、遂為常居之所、而兵備副使往来他處、無実在。請命参将還住神電、兵備副使専守高州、以便居中調度……従之」とある。電白県治は成化三年九月、流賊を避けて神電衛城内に移治した。神電衛に参将を還住し、高州府に設けられた兵備副使は他處を分巡したので、高州を専守する為の兵備副使の必要性を給事中呉仕偉が要請して設けられた。
(315)　明実録万暦十四年四月癸酉の条に、「陞戸部山西司署員外郎主事許国瓚為広東僉事、整飭雷、廉二府兵備、兼理分巡海北道」とある。

(316) 明実録万暦二十年三月乙酉の条に、「(陞) 刑部郎中陳良棟為広東羅定道練兵僉事」とある。
(317) 明史巻四五、地理志六、羅定州の条に、「洪武元年属徳慶州。万暦五年五月升為羅定州、直隷布政司」とある。
(318) 明実録成化六年三月甲申の条に、「陞監察御史涂棐為広東按察司副使、提督兵備分守瓊州府地方」とある。
(319) 明実録成化二十二年十二月乙未の条に、「命広東分巡海南道按察司官、須及一年於本道交代、方許回司。初総領両広太監劉個等奏、乞増設副使一員、専守瓊州。事下兵部議、不必増設。故有是命」とある。
(320) 明実録弘治元年三月庚午の条に、「礼科都給事中李孟暘言五事……一、瓊州在大海之南、旧設有兵備副使、後竟革去。但此地密邇交趾、占城、暹羅諸夷、恐海谷隠匿、逋逃為盗。乞仍設兵備以専責任」とある。
(321) 明実録弘治元年四月丙申の条に、「増設広東按察司副使一員、整飭瓊州府兵備。従礼科都給事中李孟暘言也」とある。
(322) 明実録万暦八年十一月丙子の条に、「陞広東瓊州府知府唐可封為海内道整飭兵備副使兼摂学政」とある。
(323) 明実録嘉靖二十八年六月庚戌の条に、「命広西桂林分巡道副使兼理撫夷。先是巡按御史馮彬、以広西夷寇頻興、請于桂林増設撫夷副使。事下撫按議、都御史欧陽必進、御史蕭世廷議、府江桂林、山林険悪、為群盗藪、即今日盡殲之、易以良民、不数年間、不能保其無変、要在拊循得人耳。茲左右両江既設二参将、又設二兵備、而桂林一道独欠、増之則官冗、而動多牽制、莫若以分巡道兼撫夷、庶于事任為便。兵部覆、如其議。従之」とある。
(324) 明実録隆慶元年十一月甲寅の条に、「陞刑部雲南司員外郎夏道南為広西按察司僉事、整飭蒼梧兵備」とある。
(325) 明実録万暦七年二月丁酉の条に、「陞広西思恩軍民府知府侯国治為広西副使、整飭蒼梧兵備」とある。
(326) 明実録万暦三十七年十一月戊戌の条に、「陞兵部郎中王一楨為広西蒼梧道参政」とある。
(327) 万暦会典巻一二八、督撫兵備の条に、「蒼梧兵備一員、移駐鬱林州」とある。
(328) 明実録弘治九年七月辛亥の条に、「陞浙江按察司僉事王華為広西副使、整飭府江等處兵備」とある。
(329) 明実録正徳十一年六月丙子の条に、「革広西府江兵備官、以桂林道分巡官兼理之、兵部議従巡按御史朱昂奏也」とある。
(330) 明実録嘉靖二十八年六月庚戌の条に、「茲左右両江、既設二参将。又設二兵備而桂林一道独欠」とある。
(331) 明実録万暦二十九年四月戊寅の条に、「礼部以魯王寿鏳薨逝、請賜號冊、従之。以右江兵備道副使陳勗、陞広西右参政兼僉事、征苗監軍。左江兵備道副使王約、督餉記功。従広西巡撫楊芳之請也」とある。
(332) 明実録成化十一年五月庚申の条に、「勅広西按察司副使張斆、僉事羅明、分駐欝林、賓州等境、専督兵禦賊」とある。
(333) 明実録成化二十三年六月癸未の条に、「広西柳慶府衛軍民奏、按察司僉事李珊分巡一年已満、乞仍留、提督柳慶地方、撫治民夷。守臣、都御史宋旻等以聞。兵部請如其奏。従之」とある。
(334) 明実録弘治七年二月丙子の条に、「復設広西按察司副使一員、整飭柳慶兵備、以其地去省治懸遠、民夷雑居故也」とある。
(335) 明実録弘治七年三月戊戌の条に、「陞広西慶遠府知府汪溥為広西按察司副使、整飭柳慶兵備」とある。
(336) 明実録隆慶五年三月癸未の条に、「改広西按察司駅伝道僉事為古田兵備副使、以駅伝諸務併入清軍道兼理。従総督侍郎李遷等奏也」とある。
(337) 明史巻四五、地理志六、永寧州の条に、「洪武十四年改為古田県。隆慶五年三月升為永寧州。永福……隆慶五年三月改属州。義寧……隆慶五年三月改属州」とある。
(338) 明実録隆慶五年四月壬辰朔の条に、「鋳給整飭永寧兵備関防永寧州印」とある。
(339) 明実録万暦八年六月丙午の条に、「永寧兵備一員……倶請裁革。報可」とある。
(340) 明実録泰昌元年九月甲寅の条に、「陞工部都水司郎中黄景章為広西布政使司右参政永寧兵備」とある。
(341) 明実録洪武三十年正月壬申の条に、「初置雲南提刑按察司、以陝西按察司使張定為按察司使、監察御史姜滌、楊山為副使、監生馮子恭、賈興、牛廷訓、寧温為僉事……先是以雲南地在荒服、未設按察司、令布政使司兼理之」とある。
(342) 明実録洪武三十年三月甲午の条に、「命礼部鋳雲南按察司印并巡按黔南監察御史印四顆」とある。
(343) 明実録成化十四年二月己酉の条に、「増設雲南按察司副使一員、整飭臨安兵備、以監察御史何純為之。時総兵官黔国公沐琮、巡撫都御史王恕等言、其地近南安故也」とある。
(344) 明実録弘治十七年八月庚午の条に、「命雲南臨安兵備副使兼領澂江等四府并陸涼等衛所、従巡撫都御史陳金等奏也」とある。
(345) 明実録正徳五年九月辛巳の条に、「(呉)廷挙、臨安兵備」とある。
(346) 明実録弘治四年五月戊子の条に、「陞雲南按察司僉事賀元忠為本司副使、整飭騰衝地方兵備。勅之曰、近該巡撫雲南都御史王詔等奏、騰衝地方遠在西南極辺、接連芒市、南甸、隴川、千崖、孟密等處、誠要害之地……乞添設兵備副使一員、以控制之。今特陞爾前職、専在騰衝駐劄、往来金歯地方、糾察奸私、整飭兵備、操練軍馬、修理城池、一応軍民詞訟悉與聴理務、多方設法、蓄積糧儲……凡事有応挙、與参将計議者、公同計議、停當而行。仍聴鎮巡官節制、不許偏執違拗、乖方誤事。故勅」とある。

(347) 明実録正徳五年九月辛巳の条に、「（李）金整飭騰衝兵備」とある。

(348) 明実録弘治十二年九月乙丑の条に、「福建右布政使李詔……上疏言四事……請設兵備副使一員、駐瀾滄城内、統制姚安等處。其余事宜移文鎮巡官、会議相機区處以聞。従之」とある。

(349) 明実録隆慶六年十一月乙酉の条に、「降調雲南瀾滄兵備副使周汝徳別用、撫按参其擅調官兵、空縻糧餉也」とあり、同月丁亥の条に、「浙江衢州府知府湯仲為雲南副使、整飭瀾滄姚安等處兵備」とある。

(350) 明実録万暦三十七年五月乙未の条に、「降補雲南按察司副使楊応霈為雲南瀾滄道参議」とある。

(351) 明実録嘉靖二年十一月己巳の条に、「添設雲南整飭曲靖尋甸馬竜木密霑益等處兵備副使一員、兼管晋安東川地方。従雲南鎮巡官請也」とある。

(352) 明実録万暦二十一年八月乙巳の条に、「是日……南康府知府田琯為雲南曲靖兵備」とあり、万暦二十五年七月丁巳の条に、「補調簡原任江西右参政鄭時章為雲南副使、備兵曲靖」とある。

(353) 明実録嘉靖四十五年四月壬午の条に、「改安普分巡道為兵備道、添設副使一員、整飭安普等六衛軍馬銭糧、兼管分巡」とある。

(354) 明実録永楽二十一年七月丙午の条に、「吏部言、設貴州四道按察分司……皇太子従之」とある。

(355) 明実録嘉靖十年七月己卯の条に、「貴州撫按官劉士元、郭弘化議、以貴州界連別省、苗賊不時出没。宜以威清等處兵備副使、分安平道、兼制泗城・霑益。以僉事一員改畢節等處兵備、分巡貴寧道、兼制烏撒・鎮雄・永寧等府司。都清等處兵備副使、分巡新鎮道、兼制広西南丹等舟（州）・平・清・偏鎮・銅鼓・五開等衛。以僉事一員、改思石兵備、兼制鎮・竿（筸）・平茶・潘州等處。仍添設貼堂副使一員、専理清軍。吏部覆請。従之」とある。劉士元、郭弘化の撫按官は貴州の地が別省と接し、

苗族が不時に出没するという理由から、各兵備道が各分巡道を兼管することにした。即ち、威清兵備道は安平道を分巡し、広西の泗城州、雲南の霑益州を兼制した。畢節兵備道は貴寧道を分巡し、四川の烏撒軍民府、鎮雄府、永寧宣撫司を兼制した。都清兵備道は新鎮道を分巡し、広西の南丹州、貴州の偏橋、鎮遠、清浪、湖広の平溪、銅鼓、五開衛を兼制した。思石兵備道は思仁道を分巡し、湖広の鎮南長官司、筸子坪長官司、四川の平茶洞長官司、潘州長官司（遵義軍民府）を兼制した。実録条文の末尾に、貼堂副使を増設したとあるが、これは清軍副使であろう。尚、実録条文の不明個所は、嘉靖貴州通志巻四、兵防に記載する各兵備道の所轄地域と対照した。

(356) 万暦会典巻二一〇、都察院二、在外各處按察分司の条の貴州按察司に、貴寧道、新鎮道、安平道、思石道の四道を記載するが、思石道は兵備道名であって思仁道とするべきである。読史方輿紀要、輿地総図に、貴州の分道として貴寧道、威清道、新鎮道、思石道と記載するが、威清道は安平道、思石道は思仁道とすべきである。

(357) 註（355）参照。

(358) 明実録成化十五年八月辛卯の条に、「増設貴州按察司副使一員、整飭威清等處兵備、兼理糧儲屯種、以監察御史何淳為之。巡撫都御史陳儼等議也」とある。

(359) 明実録成化二十年五月甲辰の条に、「勅貴州按察司副使方中、整飭兵備於貴州迤東地方。貴州原設兵備副使二員、倶在迤西。至是巡撫都御史謝昶奏、迤東龍星等七衛所、思南等六府、與四川湖広広西諸苗寨相隣、欲専令副使一員、往来提督。故有是命」とある。

(360) 明実録嘉靖七年三月辛巳の条に、「勅貴州威清兵備副使、改駐畢節地方、兼制雲南霑蓋（益）州、四川烏蒙、烏撒、東川、鎮雄四府并永寧宣撫司」とある。

(361) 註（355）参照。

(362) 註（355）参照。

(363) 明実録嘉靖四十一年九月壬寅の条に、「初潘州土司原属四川、統轄徴税、而其地方多在貴州之境。嘉靖初、詔改属貴州思石兵備矣已、而夷情以為不便、二省守臣各異議、有詔下総督羅崇奎勘處。至是、用（羅）崇奎議、仍以潘州隷四川、分属川東守巡、重夔三道、而貴州思石兵備道、照旧兼制潘酉平邑等土司、仍改給勅書、重事権、以弾圧之」とある。

(364) 明実録万暦十五年九月甲辰の条に、「以分守思仁道移駐思南府、改擬兼管撫夷并兼制潘州夷司地方。将分巡思仁道移駐銅仁府、添入兼撫苗、照旧兼制鎮篁平茶酉陽等處地方、将平清二衛改属思仁道、兼制偏鎮二衛、仍属新鎮道管理」とある。尚、潘州長官司は洪武五年、四川に改属し、同十五年貴州都司に改属し、同二十七年には四川布政司に改属した。万暦二十九年四月になると遵義軍民府に改置された（明史巻四三、地理志四）。

(365) 第五、六章の直省の兵備道の条で述べた如く、南北直隷と各省に置かれた分道の数は成化年間以降増加し、嘉靖年間になると六四道となった。山東、山西、河南、福建、雲南、貴州は各四道、江西、浙江、広東広西は五道、陝西、四川は各六道、一番多いのは湖広の七道であり、北直隷の口北道を含めると、都合六四道となる。

(366) 按察司官の分巡規程として、『憲綱』、『巡按事宜』が挙げられるが、布政司官の分守規定は定かではない。分守規程として考えられるものに、万暦会典巻九、関給須知の条にある『到任須知』が挙げられる。尚、到任須知には太祖と成祖の二種がある。

(367) 分守道の管轄区域は当初に於いては相違があったと推定されるが、次第に分巡道のそれとほぼ同区域になったと考えられる。

(368) 明史巻七五、職官志四、提刑按察司の条に各省の分守道名を記載し、兵備を兼管した分守道として、河南の上荊南道、荊西道、広東の羅定道の都合三道を挙げる。

(369) 行太僕寺官の兵備道には、山東の遼東行太僕寺少卿兼僉事兵備道、陝西の寧夏河東兵糧道、荘浪兵備道の三道がある。苑馬寺官の兵備道には、山東の遼東苑馬寺卿兼僉事金復・海盖兵備道と陝西の靖虜兵備道の二道がある。尚、山西の寧武兵備道は、行太僕寺官も一時期、担当した。

結語

第一部の第一章「明代都察院衙門の確立」で、洪武十五年十月の都察院の更置の条を検討したところ、当時の組織は未整理で、察院監察御史の上位に監察都御史八人を置き、且つ都御史の八人は初仕の人物を配置するだけであり、その間には上下関係も成立しなかった。この時に判然としたのは、狭義では都察院とは監察都御史を指し、広義では都御史と察院監察御史の両者を指したことであった。都察院組織の整備をみたのは洪武十七年の時点であった。この年の正月、都御史間に上下関係を導入し、都御史、副都御史、僉都御史三者の官職が決定し、その品秩も定められた。同年閏十月に、都察院は刑部、大理寺と並んで「三法司」の一つを形成したし、監察都御史が六部尚書と共に「七卿」の地位を得たことにより、都察院衙門が確立された。その結果、都察院は監察機関であると同時に六部と並んで行政的機関ともなって、監察機関としては変容せざるを得なかった。けれども都御史と御史との関係は監察の上では同等であり、御史も都御史を考察できたし、御史の任満、黜陟の決定は皇帝権下にあったので、監察の独立性は保たれたと考えられた。即ち洪武十七年閏十月、都察院は行政機関を兼ねることによって、御史は「監察官僚」となった。

第二章「明代都察院体制の成立」で、明初の御史台、察院、按察司、都察院を再検討すると、太祖は元制の監察官による分巡の制を継承するに止まらず、更に地方監察を発展させる意図をもっていたことが確認された。まず洪武元年に直隷府州県の分巡按治を監察御史に行わせ、同四年には地方監察の重視の上から、監察御史と按察司官による分巡の際の指針たる憲綱四十条を頒布した。既に洪武元年以後、地方監察官の分巡の際の便宜を考慮して各府州県に按察行署を設置させ、その制度化を目論んでいた。一方、洪武十三年、御史台の廃止後も存続した察院では、既に洪武七年当時、後の十二道御史の前身である守省御史が置かれ、守院御史も設けられている点から、その組織化が行われており、御史による地方監察重視の体制が整備されつつあった。それ故に、洪武十五年十月になって察院の上位に置かれた都察院の役割は、察院監察御史を管理することにあり、いわば総務的職務に就くことであった。また都察院に十二道御史を設置したのは洪武十五年十月の時であったが、それより遅れて八年後に戸部・刑部に十二清吏司が置かれたから、当時の中央機関の中にあっては都察院が地方統治の事情に最も通じていた機関であったことが確認された。

第三章の「建文朝の御史府」では、建文帝が設置した御史府は太祖が洪武十三年に廃止した御史台の復活を意図したものであり、監察御史の人員も六十員から二八員に減少した点からも太祖の地方監察重視の制度を否定したことが確認された。方孝孺の「御史府記」を通して、建文帝の監察制度を考察すると、監察御史を憲職官としてではなく、諫官、言官的役割を果たすことを求めていたことも判明した。しかし成祖は即位後、直ちに御史府を廃し、都察院の再置を行って太祖の地方監察制度を継承した。更に永楽五年には成祖は監司の増設を行って按察司官に各地の屯糧を監察させたり、後には巡茶御史、巡塩御史を派遣した。特に永楽十九年には政府高官を給事中と一組みにして巡撫させたが、これは巡撫派遣の先駆となった点で評価すべきである。

第四章「明代都察院の再編成」では、先ず監察御史を整理した。明初の監察御史は全て十二道御史に配置されて、各省の按察業務に携わって地方統治の状態を把握し、更に在京衙門等の文書の照刷を通じて監察職務の方法を取得した。この十二道御史の中から糾儀、登聞鼓、直隷巡按等の御史が選ばれたが、最も重視されたのは各道へ派遣されて官吏考察、刑名問擬、刷巻、追問、審録等に従事した在外巡按御史であった。第二に、北京工部を検討し、次に永楽十九年一月一日に北京は京師となり、嘗っての北平布政司は北直隷となった。しかしこの時点で、北直隷府州県は監察御史の分巡按治が行われていないことから、監察制度上では直隷扱いとはならず、南京都察院の「北京道」が廃止されるに止まった。そして漸く洪熙元年四月、北京都察院が置かれて直隷府州県を監察御史が分巡したから、この時に監察制度上、北直隷となったことが確認された。第三に、宣宗即位前後を検討したところ、成祖による靖難の変と長期に行われた北京遷都事業によって国内政治の混乱が生じると、宣宗は太祖以来の地方監察制度を強化して乗り切ったことが確認された。宣宗は監察御史、按察司官の毎年八月出巡を法令化し、宣徳元年六月には中外文武諸司の文巻の照刷を御史に行わせ、同年三月にも御史二一員に直隷府州県の文書刷巻を行わせていた。このように靖難の変により焼失、紛失した文書を点検することによって、地方政治の乱れを収拾した。更に成祖の例に倣って種々の名目の下に地方監察官を派遣して、監察強化に努めた。監察強化に努めた結果、太祖の頒布した洪武四年の憲綱四十条の内容が時代情勢に合わず、調整する必要に迫られた。そこで正統四年に憲綱三四条を頒布することになった。第四に、南京都察院を検討すると、南京都察院下の十三道御史は名目のみであり、南京文武衙門の文書点検や南直隷府州県の分巡按治は北京都察院の十三道御史の管轄下にあった。南京十三道御史は京城の軍民以外の詞訟の処理はできなかったし、清軍、刷巻、管屯等の名目で各道へ派遣される場合には、北京の対道御史が印信を管理したことが確認された。けれども、長江流域の操江官軍の監察に当っては南京都御史の管轄下にあったことも判明した。

以上、第一章から第四章で、明代の監察制度は太祖の確立した地方監察制度の重視の方針が維持され、宣徳・正統年間に再編成されたことを解明した。正統年間以後になると、地方監察官の巡撫、巡按官が按察司官や布政司官を指導し、政治、経済、軍事等の分野に亘って、縦の関係で以て運営し、都察院体制を形成することになった。この体制の例として、第二部で提学憲臣と兵備憲臣をとりあげて考察した。

第一章「提学憲臣と臥碑」で、明代に頒布された三種の臥碑条文と地方監察官との関わりについて考察した。洪武二年の臥碑によると、直隷府州県学の監察は直隷巡按御史が当り、各省府州県学の監察は按察司官が当った。条文によると、地方監察官は生員を監察した際、不適当と判断した場合には退学させることができたし、生員の成績向上が不充分である時には、守令、教官を処罰し、毎年生員の考試を行い、前年より学力が向上しない場合、守令を治罪し、教官も退職させることができた。

洪武十五年の臥碑は臥碑と名付けられているものの、生員による社会問題の提起を禁止したり、生員の政治的発言を禁止する一方、在野賢人、質朴農夫等にも建言を求め、その背景には洪武十三年の胡惟庸の獄の影響がみられた。

天順六年の臥碑は正統元年五月の合行事宜全十五条を継承し、更に新たに三条を附加して成立し、後の万暦三年の合行事宜にも影響を与えた点で、明代を通じて最も重要な臥碑であると考えられた。

万暦三年の合行事宜全十八条を検討すると、原則的には天順六年の臥碑を継承するものの、新たに附加された条文として八ヵ条も確認されるところから、第四の臥碑と考えるべきであろうと考えられた。また当時、提学憲臣が地域の文教政策にも干与していたことも確認できた。

第二章「明代の兵備道」では、第一点に、直隷府州県を分巡したのは直隷巡按御史であることが確認された。北直隷下に入った宣府は軍事上で重要な地域であったため、分巡口北道、分守口北道が設置されたとはいえ、これは例外であり、直隷府州県の分巡は直隷巡按御史が行うという原則は維持されたと考えられる。確かに直隷傍近の按察司官による兵備道も生まれたが、その指導に当ったのは巡撫、巡按官であって、直隷の監察は都察院の管轄下にあったことが判明した。第二に、成化年間に福建では欽差兵備僉事が上杭県に居住して整飭兵備道の誕生をみたが、巡撫官の管轄下にあった。第三に、江西の九江兵備道の成立事情を検討すると、流賊の侵入に際して従来の守備武臣では成果が上らなかった。そこで新しい軍事担当者として兵備憲臣が迎えられた訳であるが、その理由は単に軍事面の強化だけでは流賊に対応できず、その地域の体制強化を可能にする人物を必要としていたからであった。その場合、欽差の官であることも重要であったが、当時の地方統治の運営にあって巡撫、巡按官が大きな権限をもっていたから、彼等と同じ地方監察官であった按察司宮が兵備を担当すると協力関係が成立しやすいことが確認された。

直省十五区画に置かれた兵備道を検討すると、兵備道自体が必要に迫られて設置されたから、その必要性が失われると廃止される場合もあった。その為に兵備道を網羅するのは難しい。また兵備道担当者の兵備憲臣は軍事のみでなく、屯田、水利等の監察にも当る場合も多く、且つ憲臣である以上、軍民の詞訟も受理した。その意味でも兵備憲臣が新しい軍事担当者であったことが確認できる。各地域に誕生した兵備道を検討すると、兵備道が分巡道を兼管したり、逆に分巡道が兵備を兼管する場合もあったし、兵備道の担当者は兵備憲臣と限定された訳でなく、布政司官、行太僕寺官、苑馬寺官も担当したことが確認された。

以上の如く、兵備憲臣は撫按の指導下にあって、明代中期以降の兵備に大きく関与したが、兵備道の出現は明初の分巡制度を変革することにもなった。明初の地方監察制度は各道の分巡官が分巡按治を行うのが原則であった。屯田僉事等の按察司官はこの分巡官の補佐役に過ぎなかった。しかし、成化以後になると兵備憲臣は軍事的重要地域の分巡に止まらず、各道の分巡官をも兼職する例も生じたという点で、兵備道が明代中期以降の地方監察制度の中核を形成したと理解すべきであろう。

尚、本書の第一部、第二章は明代史研究会創立三五年記念論集、第三章と第四章は明代史研究二八、三一号に発表した拙稿に加筆、訂正した。

あとがき

修士論文で明代の巡按御史を研究テーマにしてから四十年経過した。卒業後、家の仕事に携わりながら高校の講師となり、私立高校に勤務することになった。その間にまとめた成果を、一九九九年、『明代地方監察制度の研究』（汲古書院）として出版した。

今回、中央に置かれた都察院衙門の成立過程を検討し、地方監察を重視した政策が太祖の意図であったことが確認された。そこで明代監察制度を検討する際に考えたことを述べ、あとがきに代えたいと思う。

序言で述べた如く、監察行為は君主独裁下にあっては客観性に欠けるし、具体性にも乏しい。当初、官吏考察とか風憲衙門という語句も判然とせず苦しめられた。そこで監察制度の中にあって具体的事象を取りあげて、研究の端緒にしたいと考え、府州県に設置の按察行署を考察し、次に監察官に頒布された法規を検討した。その結果、按察行署が殆んどの府州県に設置されているだけでなく、按察行署も分巡官の為の行署に止まらず、府州県によっては清軍、屯田、巡按監察御史や巡撫都御史の行署も設置されたことが判明した。監察法規は建国以前から嘉靖年間に亘って作成されたし、その源が元制の台綱にあることが導かれた。そして金、元両代に提刑按察司（後に廉訪粛政司と改められた）が設置されていた。また明初の史料では、「各道按察司」とか「各道提刑按察司」と明記されており、各道、提刑とは具体的に何を指すのか考えさせられた。

明初の監察制度は太祖が元制を継承して成立し、府州県に按察行署を設置して直隷及び各行省内を地方監察官に分巡させ、その際の法規も頒布するという用意周到な地方監察制度を樹立したことが判明した。建文帝によって一時、都察院が廃止されたものの、成祖は太祖の監察制度を継承して都察院を再置した。更に宣徳・正統年間に監察強化が進められて太祖以来の地方監察官に頒布された憲綱に関する条文を整理して刊行した。後になると正統四年の憲綱三四条と併せた「九五条」が憲綱と考えられるようになった。

太祖の志向した監察制度では、監察御史を従来の如く皇帝側近の臣とするのでなく、憲職官の役割も与え、行政、軍事と同様に特殊な官でなく一般の官僚と位置づけた点に特色がある。それ故に都察院は刑部、大理寺と共に三法司を形成し、長官の監察都御史は六部尚書と並んで「七卿」の一員となった。建文帝が都察院を御史府と改め、太平門外にあった都察院を廃して、京城内に御史府を設置した理由は、監察御史に皇帝の側近者としての役割を求め、朝謁の便を図ったからに他ならない。この点からも太祖と建文帝の監察に対する考え方の違いが明らかになる。即ち明代の監察制度の特徴は地方監察を重視したことと、監察官に司法権を与えたことの二点であろう。例えば、憲綱は隠された法令ではなく他の官僚も見ることができたし、官庁文書の点検に於いてもその評価は五段階に分れており、極端に言えば従来は見えなかった監察内容が目に見えることになった。勿論、御史の上奏は皇帝に直接届けられたし、御史の採用、罷免は皇帝が掌握していたけれども、御史は憲職官として律令（刑法）に則して処罰したから、目に見える監察の領域が拡大されたとも言える。一言で言えば、御史は給事中と官吏考察に当る「科道官」としてよりも、刑部、大理寺官と共に、「憲職官」として活動することになった。

監察御史や按察司官の「脱監察」の傾向は宣徳以降になると強まり、鉱賊等の反乱が起こると各道巡按御史は直接軍事に干与し、地方三司を指導してその鎮圧に当った。成化以降、流賊、倭寇等の侵入が起こり各省で兵備道が誕生するや、兵備憲臣は衛所軍等を管轄して、巡撫、巡按官の下で活動することにもなった。この「脱監察」の傾向は府州県学の監察にまで及び、提学憲臣の人選に当っては監察官の資質よりも儒学に通じた人物を登用した。彼等は厳密に言えば憲職官とは言えない。「脱監察」は、憲職官でなかった政府高官に監察都御史の職を名目上でも兼務させて、地方監察官としたり、布政司官に各省を分守させ、地域によっては按察司官と布政司官が交替に分巡（守）することにもなった。また本来、按察司官は風憲官である為、その任期は原則として一年であったにも拘らず、嘉靖以降になると、現地に於いてその按察司官が必要であると判断された場合、布政司の職を兼務させて任期の長期化を図ったのも、「脱監察」、「脱風憲」の傾向が高まったからであったとも言えよう。その点からすると、大胆に言えば明代の監察制度は古代、中世的段階から近代的段階への移行期であったとも考えられる。

二〇〇四年五月十二日

索　引

さ　行

た　行

な　行

は　行

著者略歴

小川　尚（おがわ　たかし）

1941. 東京浅草区生れ。

1965. 早稲田大学大学院修士課程卒業。明代史専攻。

関東第一高等学校元教諭。

著 書 等

『日本現存明人文集目録』（共編、大安、1966）『日本現存元人文集目録』（共編、汲古書院、1970）『邂逅の中で』（開成出版、1996）『明代地方監察制度の研究』（汲古書院、1999）。

明代都察院体制の研究

二〇〇四年一〇月　発行

著　者　小　川　　尚

発行者　石　坂　叡　志

印　刷　富士リプロ株式会社

発行所　汲　古　書　院

〒102-0072 東京都千代田区飯田橋二-五-四

電　話　〇三（三二六五）九七六四

FAX　〇三（三二二二）一八四五

ISBN4 - 7629 - 2732 - 5 C3022